HISTOIRE

DES HOUILLÈRES

DU NORD ET DU PAS-DE-CALAIS.

—

TOME PREMIER.

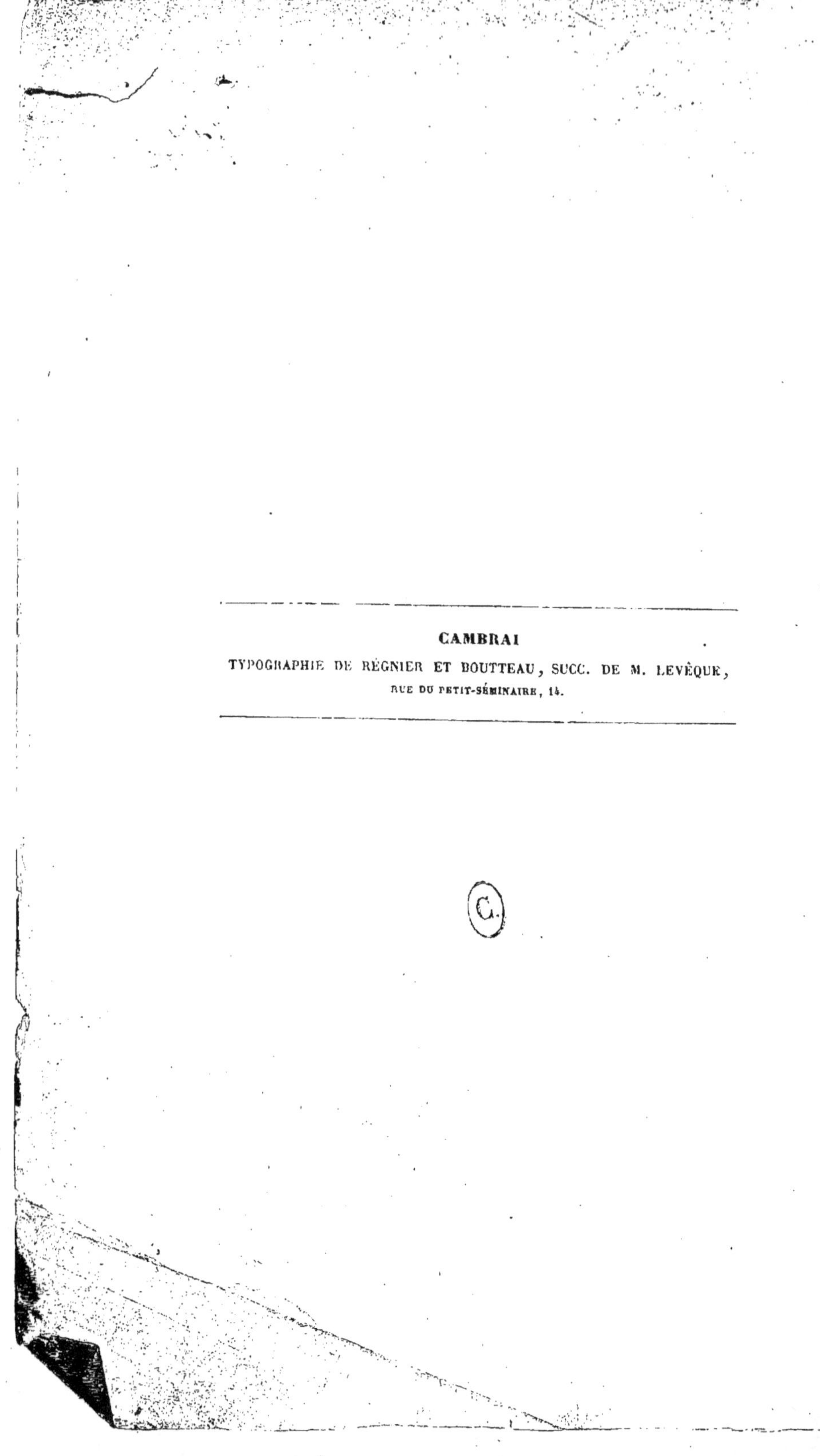

CAMBRAI

TYPOGRAPHIE DE RÉGNIER ET BOUTTEAU, SUCC. DE M. LEVÈQUE,

RUE DU PETIT-SÉMINAIRE, 14.

HISTOIRE

DES

HOUILLÈRES

DU NORD ET DU PAS-DE-CALAIS

COMPRENANT

L'ORIGINE, L'ORGANISATION, LE DÉVELOPPEMENT DES EXPLOITATIONS,

L'INDICATION DE LA VALEUR DES ACTIONS,

PRÉCÉDÉE

D'UN EXPOSÉ DE LA LÉGISLATION EN MATIÈRES DE MINES

ILLUSTRÉE DES CARTES DU BASSIN, ETC.

TOME PREMIER.

ON SOUSCRIT :

<table>
<tr><td>

A CAMBRAI
Chez MM. RÉGNIER et BOUTTEAU.
Ad. HATTU, Libraire.

A VALENCIENNES
Chez M. LEMAITRE, Libraire.

A DOUAI
Chez MM. ROBAUX, Libraire.
MADOUX, id.

A ARRAS
Chez M. GALAND.

</td><td>

A LILLE
Chez MM. BEGUIN, Libraire.
VANACKERE, id.

A BÉTHUNE
Chez M. DELPIERRE, Libraire.

A St-QUENTIN
Chez M. DOLLOY, Libraire.

A PARIS
Chez MM. MALLET-BACHELIER.
CARILIAN-GOEURY et DALMONT.

</td></tr>
</table>

1856

INTRODUCTION.

Nous entreprenons d'écrire l'historique sommaire du bassin houiller du Nord et du Pas-de-Calais.

Seulement, nous l'avouons, manquant des connaissances spéciales qui donneraient à notre travail un intérêt scientifique et technique, nous avons voulu en restreindre le cercle. Ce n'est donc ni aux savants, ni aux ingénieurs que nous nous adressons; c'est à tous ceux qui s'intéressent directement ou indirectement à la prospérité des exploitations charbonnières.

Et le nombre en est grand ! si grand qu'on pourrait, sans craindre d'être taxé d'exagération, affirmer que tous ceux qui possèdent un avoir mobilier, y font entrer tous les jours des actions de charbonnages. L'intérêt est si immense, que l'on peut écrire, sans crainte d'être démenti, qu'il existe dans les deux départements du

Nord et du Pas-de-Calais, une valeur en titres de ce genre, montant à plus de cent cinquante millions.

Depuis le capitaliste opulent qui a créé et développé quelques-unes de ces immenses opérations, jusqu'au petit rentier qui emploie annuellement le fruit de ses économies à l'achat d'une ou plusieurs actions, tout le monde a intérêt à connaître l'état actuel de l'industrie houillère.

Et pourtant, combien de possesseurs d'actions de Vicoigne, d'Aniche, de Bruay, de Bully, etc., ne savent pas même où sont situées ces magnifiques exploitations dont ils sont co-propriétaires, pour une part minime il est vrai, mais enfin pour une part déterminée ! Combien encore achètent des valeurs houillères sans les connaître et sur la foi de l'opinion ! Combien plus enfin, possèdent, pendant de longues années, des titres d'actions sans avoir jamais songé à demander sous quelle organisation sociale vivait l'entreprise, ou quels étaient les droits et les devoirs réciproques des actionnaires et de l'administration.

Heureusement, et nous devons nous hâter de le proclamer, toutes les entreprises houillères du Nord et du Pas-de-Calais sont si sérieusement constituées, si sagement administrées, si savamment conduites, qu'elles ne peuvent que gagner à voir publier leurs statuts, citer les noms de leurs administrateurs, raconter les progrès successifs qu'elles doivent au zèle et aux lumières des ingénieurs qui dirigent leurs travaux.

Nous le répétons : notre travail à pour but d'exposer la situation financière et administrative des sociétés charbonnières du bassin du Nord et du Pas-de-Calais. Nous adressons notre livre aux actionnaires de ces sociétés, nous le recommandons à leur bienveillance en assurant d'avance que tous nos efforts ont tendu à l'exposition de faits vrais, et que nous avons puisé nos informations à des sources authentiques.

Nous protestons donc contre toute pensée de partialité envers telle ou telle entreprise, et nous espérons que l'opinion de tous ceux auxquels s'adresse ce livre, l'accueillera favorablement, et reconnaîtra que nous avons, dans la limite de nos facultés, comblé une lacune regrettable dans l'histoire déjà si féconde de notre industrie.

Enfin, nous comptons sur cet encouragement pour mener à bonne fin l'entreprise que nous avons commencée, c'est-à-dire la continuation dans le même esprit, dans le même cadre de l'histoire des divers centres houillers qui existent en France. Nous parcourrons successivement les bassins de la Moselle, d'Epinac, de Blanzy, de la Loire, d'Alais, de l'Aveyron, de Brassac, etc., en terminant par quelques notes sommaires sur les diverses exploitations de moindre importance, parsemées sur le reste du territoire français.

La division de notre travail nous est indiquée par sa nature même. Nous exposerons d'une manière sommaire quelle est la législation qui régit actuellement les mines; nous reproduirons, en l'accompagnant de notes explicatives, la loi du 21 avril 1810, qui forme aujourd'hui le code de la matière.

Un aperçu de la production et de la consommation de la houille en France depuis cinquante ans, nous conduira à l'exposé de l'histoire de sa découverte dans le département du Nord. Nous tracerons ensuite le récit rapide des travaux qui depuis cette époque ont successivement amené la connaissance de nouveaux gisements et qui font du bassin du Nord une immense zone qui s'étend sans interruption depuis la frontière belge, à travers le département du Nord et celui du Pas-de-Calais. Une carte jointe au volume aidera à faire comprendre l'enchaînement de travaux qui a permis de s'avancer avec confiance. Elle pourra aussi guider ceux qui pensent que le dernier mot n'est pas dit sur l'importante question du prolongement du bassin, et que le territoire qui s'étend dans la direction du N.-O. peut encore offrir aux explorations une chance de succès.

Nous exposerons ensuite l'analyse de la situation financière et administrative de chaque concession houillère en particulier, et pour faciliter les recherches, en même temps que pour écarter toute pensée de partialité en faveur de telle ou telle exploitation, nous avons adopté pour la classification l'ordre alphabétique.

Enfin nous terminerons notre étude par un tableau synoptique présentant le résumé de la situation individuelle de chaque exploitation, et permettant d'apercevoir d'un seul coup d'œil les points de rapprochement et les différences qui existent entre toutes.

HISTOIRE

DES

HOUILLÈRES DU NORD

CHAPITRE Ier.

Importance des produits minéraux. — Les mines ont de tout temps été l'objet d'une législation spéciale. — Chez les Romains. — Dans l'ancienne Monarchie. — Loi du 12 juillet 1791. — Son but principal est de faire l'État seul maître de donner les concessions de mines.—Dernier état de la législation. — *Loi du 21 avril 1810.* — *Des mines, minières et carrières.*—De la propriété des mines.— Des actes qui précèdent la demande en concession de mines. — De la recherche et de la découverte des mines. — De la préférence à accorder pour les concessions. — Des concessions.—De l'obtention des concessions.—Des obligations des propriétaires de mines.— De l'exercice de la surveillance sur les mines par l'administration.— Des concessions antérieures à la loi du 21 avril 1810.—Des minières et carrières. — Des expertises.—De la police et de la juridiction relatives aux mines.—Décret du 3 janvier 1813 sur les dispositions de police relatives à l'exploitation des mines.—Loi du 27 avril et 4 mai 1838 relative à l'assèchement des mines.— Conclusion.

Les productions minérales forment un des éléments les plus puissants de la richesse des nations. C'est au monde souterrain que sont empruntés une multitude d'objets de première nécessité dans les sciences, les arts et l'industrie. On comprend donc que, dès la plus haute antiquité, les peuples aient dû songer à arracher à la terre ses trésors et qu'il n'est point de nation, même dans l'enfance, qui n'ait fait de notables efforts pour puiser à cette source intarissable. Sans parler de l'or et de l'argent qui doivent à leurs qualités intrinsèques d'avoir été, dès l'origine et d'être restés encore de nos jours, les signes représentatifs de toutes les valeurs d'échange et de commerce, les autres métaux ont été de bonne heure connus, recherchés et travaillés. Tous les jours de nouvelles combinaisons des corps minéraux sont revélées par les efforts des sciences et de l'industrie.

L'art de découvrir et de mettre à jour les produits minéraux est donc aussi vieux que le monde; après l'agriculture, l'industrie des mines tient donc, comme importance et comme antiquité, le premier rang.

En raison même de l'intérêt qui, de tout temps, s'est attaché à leur exploitation, les mines ont dû être l'objet des études et des recherches des particuliers, en même temps que de la sollicitude des Gouvernements. Aussi, chez les peuples anciens comme chez les modernes, le pouvoir public les a-t-il toujours considérées comme des propriétés d'un ordre tout spécial, et, comme telles, règlementées par une législation particulière. Sans nous arrêter à examiner le droit comparé en cette matière, nous devons dire que chez certains peuples de l'antiquité, les Romains par exemple, les mines furent considérées comme des objets de droit public ; non que les Empereurs s'en soient jamais attribué la propriété, mais cette partie de la richesse publique parut assez intéressante pour que l'Etat lui-même s'en réservât la police, et assez fructueuse pour qu'il en partageât le profit avec les particuliers.

Les monuments les plus reculés de notre histoire nous offrent les mêmes principes constamment suivis par le Gouvernement français. Sous Dagobert, l'État retirait des mines une redevance connue sous le nom de *cens ;* l'ordonnance de Charles VI de 1413, montre que dès lors le Gouvernement s'efforça de réprimer les entreprises des seigneurs et de protéger contre eux les propriétaires de mines. Une ordonnance célèbre, celle de Montil-lez-Tours que Louis XI donna en 1471, crée, en titre d'office, un grand maître des mines, à qui elle attribue, entr'autres droits, celui de chercher, par lui-même et par ses commis, toutes les mines qui existent en France, et de les faire ouvrir, non seulement dans les terres du domaine, mais encore dans celles des particuliers et des seigneurs en payant l'indemnité aux tréfonciers. L'édit de Henri IV du mois de juin 1601 déclare dans son préambule que les ordonnances antérieures, la création d'un grand maître, le règlement de ses fonctions, de ses privilèges et de ses droits n'ont eu pour but que d'éveiller l'activité des propriétaires et de les exciter à exploiter leurs mines. Par l'article 3 du même édit, commun à toutes les mines en général, les propriétaires qui veulent les exploiter, sont assujettis à prendre la permission du grand maître.

Enfin, par deux arrêts du Conseil, en date du 14 janvier 1744 et du 19 mars 1783, « le Gouvernement » annonçait qu'il était informé que les dispositions de » l'édit de 1601 étaient presque demeurées sans effet, » soit par la négligence des propriétaires à faire la » recherche et l'exploitation des mines, soit par le peu

» de faculté et de connaissances de la part de ceux qui
» avaient tenté de faire sur cela quelqu'entreprise.; que
» d'ailleurs la liberté indéfinie, laissée aux propriétaires
» par l'arrêt de 1698, avait fait naître en plusieurs oc-
» casions une concurrence entr'eux, également nuisible
» à leurs entreprises respectives. En conséquence, *il fut*
» *dit* qu'à l'avenir personne ne pourrait ouvrir et mettre
» en exploitation des mines de houille ou charbon de
» terre sans avoir préalablement obtenu une permission
» du contrôleur général des finances, etc. »

Nous avons cité *in extenso* cet arrêt que nous empruntons avec les détails qui précèdent aux questions
de droit de Merlin, pour montrer avec quelle sollicitude
l'ancienne Monarchie cherchait à règlementer les mines
tant au point de vue de l'intérêt général qu'à celui de
l'intérêt même des exploitants.

Et pourtant, lorsque la Révolution française eut ba-
layé toutes les anciennes institutions monarchiques et
féodales, la nécessité d'une réforme radicale dans la
législation des mines fut reconnue par la Constituante et
donna naissance à la loi du 12 juillet 1791. Voici en
quels termes le comte Regnault de Saint-Jean-d'Angely
caractérise la situation de l'industrie des mines au
commencement de la Révolution : « En France, jus-
» qu'en 1791, la législation n'a jamais été ni bien solen-
» nelle, ni bien régulière, parceque les tribunaux n'ont
» jamais pris connaissance des affaires de mines exclusi-
» vement traitées au conseil du roi. Là, les lois étaient
» modifiées par des décisions particulières; le crédit, la
» faveur, l'intrigue faisaient obtenir et révoquer succes-

» sivement les mêmes concessions, et l'Assemblée consti-
» tuante, quand elle s'occupa de cette partie de la
» législation était convaincue que les mines étaient de-
» venues la proie des courtisans se jouant également
» des droits des propriétaires de la surface et de ceux
» des inventeurs. Toutefois, on tenait pour constant,
» avant 1791, que les mines en France étaient une pro-
» priété domaniale. La loi de juillet de 1791 fut le ré-
» sultat d'une discussion solennelle, la dernière que
» Mirabeau ait éclairée de son savoir et influencée par
» son éloquence. »

L'article I consacre le principe que l'Etat est le
seul dispensateur de la concession des mines. Les termes
en sont ainsi conçus : Les mines et minières, tant métalliques que non métalliques, ainsi que les bitumes,
charbons de terre et de pierre et pyrites, sont à la
disposition de la nation, en ce sens seulement que
ces substances ne pourront être exploitées que de son
consentement et sous sa surveillance à la charge d'indemniser, d'après les règles qui seront prescrites, les
propriétaires de la surface.

On comprend que pendant la tourmente révolutionnaire et pendant la longue crise qui en fut la conséquence, cette loi eut rarement lieu de recevoir son
application. Il appartenait au génie de Napoléon de
mettre son sceau sur cette partie encore vague et peu
pratique de notre législation et c'est sous l'impulsion
de la volonté impériale et avec le concours de ce Conseil
d'Etat recruté parmi toutes les illustrations de l'Empire,
que fut promulguée la loi du 21 avril 1810, qui forme

encore aujourd'hui le Code des Mines. Nous voulons, non seulement l'analyser dans ses détails, mais encore la donner dans son ensemble, afin que le caractère propre de ses dispositions, leur enchaînement, leur ordonnance frappent davantage le lecteur.

Le titre I de la loi est seulement une nomenclature de diverses substances minérales qui, selon le mode de gisement qu'elles affectent, deviennent l'objet de dispositions législatives particulières qui font l'objet des titres suivants.

Le titre II, *de la propriété des mines* a eu pour but de déterminer d'une manière bien caractérisée le mode d'attribution de la propriété des mines. Entre le double écueil de les déclarer propriété domaniale, ou de les attribuer au propriétaire de la surface; l'Assemblée cons-

21 Avril 1810. — Loi concernant les mines, les minières et les carrières.

TIT. 1. — DES MINES, MINIÈRES ET CARRIÈRES.

Art. 1. Les masses de substances minérales ou fossiles renfermées dans le sein de la terre ou existant à sa surface sont classées, relativement aux règles de l'exploitation de chacune d'elles, sous les trois qualifications de mines, minières et carrières.

2. Seront considérées comme mines celles connues pour contenir en filons, en couches ou en amas, de l'or, de l'argent, du platine, du mercure, du plomb, du fer en filons ou couches, du cuivre, de l'étain, du zinc, de la calamine, du bismuth, du cobalt, de l'arsenic, du manganèse, de l'antimoine, du molybdène, de la plombagine ou autres matières métalliques, du soufre, du charbon de terre ou de pierre, du bois fossile, des bitumes, de l'alun et des sulfates à base métallique.

3. Les minières comprennent les minerais de fer dits d'alluvion, les terres pyriteuses propres à être converties en sulfate de fer, les terres alumineuses et les tourbes.

4. Les carrières renferment les ardoises, les grès, pierres à

tituante, dans la discussion de la loi du 12 juillet 1791,
avait déjà, en principe, conçu le système de la loi
de 1810. Mirabeau, dans la discussion, avait prononcé
ces paroles : « Si l'intérêt commun et la justice sont les
» deux fondements de la propriété, l'intérêt commun ni
» l'équité n'exigent pas que les mines soient les acces-
» soires de la surface. L'intérieur de la terre n'est pas
» susceptible d'un partage ; les mines, par leur marche
» irrégulière, le sont encore moins. Quant à la surface,
» l'intérêt de la société est que les propriétés soient
» divisées ; dans l'intérieur de la terre, il faudrait au
» contraire les réunir. Ainsi, la législation qui admet-
» trait deux sortes de propriétés comme accessoires l'une
» de l'autre, et dont l'une serait inutile parce qu'elle
» aurait l'autre pour base et pour mesure serait ab-

bâtir, et autres, les marbres, granits, pierres à chaux, pierres à
plâtre, les pouzzolannes, le trass, les basaltes, les laves, les marnes,
les craies, sables, pierres à fusil, argiles, Kaolin, terres à foulon,
terres à poterie, les substances terreuses et les cailloux de toute
nature, les terres pyriteuses regardées comme engrais : le tout
exploité à ciel ouvert ou avec des galeries souterraines.

TIT. 2. — DE LA PROPRIÉTÉ DES MINES.

5. Les mines ne peuvent être exploitées qu'en vertu d'un acte de
concession délibéré en conseil d'État.

6. Cet acte règle les droits des propriétaires de la surface sur
le produit des mines concédées.

7. Il donne la propriété perpétuelle de la mine, laquelle est dès
lors disponible et transmissible comme tous autres biens et dont
on ne peut être exproprié que dans les cas et selon les formes prescrites pour les autres propriétés, conformément au code Napoléon
et au code de procédure civile. Toute fois une mine ne peut être
vendue par lots ou partagée, sans une autorisation préalable du
gouvernement, donnée dans les mêmes formes que la concession.

8. Les mines sont immeubles. — Sont aussi immeubles, les bâ-

» surde. » — Il appartenait au génie de Napoléon de formuler nettement l'application de cette théorie.

Au sein du conseil d'Etat, il proposa cette disposition de la loi et la justifiait ainsi : « Le projet de loi doit » reposer sur les bases suivantes : Il faut d'abord poser » clairement le principe que la mine fait partie de la » propriété de la surface. On ajoutera que cependant » elle ne peut être exploitée qu'en vertu d'un acte du » souverain. La découverte d'une mine crée une pro- » priété nouvelle. Un acte du souverain devient donc » nécessaire pour que celui qui a fait la découverte » puisse en profiter, et cet acte en règlera aussi l'exploi- » tation. Mais comme le propriétaire de la surface a des » droits sur cette propriété nouvelle, l'acte doit aussi » les liquider. »

timents, machines, puits, galeries et autres travaux établis à la demeure, conformément à l'art. 524, c. Nap.— Sont aussi immeubles par destination, les chevaux, agrès, outils et ustensiles servant à l'exploitation. Ne sont considérés comme chevaux attachés à l'exploitation, que ceux qui sont exclusivement attachés aux travaux intérieurs des mines. — Néanmoins les actions ou intérêts, dans une société ou entreprise pour l'exploitation des mines seront réputés meubles, conformément à l'article 529 c. Nap.

9. Sont meubles, les matières extraites, les approvisionnements et autres objets mobiliers.

TIT. 3. — DES ACTES QUI PRÉCÈDENT LA DEMANDE EN CONCESSION DE MINES.

SECT. 1. — *De la recherche et de la découverte des mines.*

10. Nul ne peut faire des recherches pour découvrir des mines, enfoncer des sondes ou tarières sur un terrain qui ne lui appartient pas, que du consentement du propriétaire de la surface, ou avec l'autorisation du gouvernement, donnée après avoir consulté l'administration des mines, à la charge d'une préalable indemnité envers le propriétaire, et après qu'il aura été entendu.

Ce ne fut pas sans une vive opposition que ce principe fut admis. Il est évident qu'il portait atteinte au droit de propriété tel que le définissent les articles 544 du code Napoléon : La propriété est le droit de jouir et de disposer des choses de la manière la plus absolue; et 551 : Tout ce qui s'unit et s'incorpore à la chose appartient au propriétaire.

Mais ces considérations devaient céder devant l'intérêt que la société tout entière a dans la mise en exploitation des richesses minérales. On conçoit très bien que le propriétaire de la surface du sol ne pourrait, le plus souvent, faire les énormes dépenses que nécessite l'ouverture d'une mine; et d'ailleurs, quelle espérance le guiderait dans une pareille tentative, son droit cessant à la limite de son héritage? Supposons aussi qu'une

11. Nulle permission de recherches ni concession de mines ne pourra, sans le consentement formel du propriétaire de la surface, donner le droit de faire des sondes, d'ouvrir des puits ou galeries, ni celui d'établir les machines ou magasins dans les enclos murées, cours ou jardins, ni dans les terrains attenant aux habitations ou clôtures murées, dans la distance de 100 mètres desdites clôtures ou des habitations.

12. Le propriétaire pourra faire des recherches, sans formalité préalable, dans les lieux réservés par le précédent article, comme dans les autres parties de sa propriété; mais il sera obligé d'obtenir une concession avant d'y établir une exploitation. Dans aucun cas, les recherches ne pourront être autorisées dans un terrain déjà concédé.

SECT. 2. — *De la préférence à accorder pour les concessions.*

13. Tout Français ou tout étranger naturalisé ou non en France, agissant isolément ou en société, a le droit de demander, et peut obtenir, s'il y a lieu, une concession de mines.

14. L'individu ou la société doit justifier des facultés nécessaires pour entreprendre et conduire les travaux, et des moyens de sa-

association de propriétaires limitrophes se détermine
à une pareille œuvre, il suffirait toujours du caprice d'un
voisin pour arrêter toute extension. — Enfin, en présence de tant d'intérêts contradictoires, rivaux, hostiles
même, n'est-il pas de toute nécessité de faire intervenir
le pouvoir social pour déterminer dans l'intérêt de tous,
les limites et les conditions d'existence de la nouvelle
propriété conquise sur la nature. Et comme dernier ar-
gument, l'expérience des quarante dernières années ne
vient-elle pas sanctionner la sagesse des dispositions
législatives qui ont décuplé nos richesses minérales ?

Du principe que toute mine peut être l'objet d'une
concession, découle cette conséquence qu'une concession ne peut être accordée que sur la découverte et la
connaissance d'un gisement minéral.

tisfaire aux redevances et indemnités qui lui seront imposées par
l'acte de concession.

15. Il doit aussi, le cas arrivant de travaux à faire sous des
maisons ou lieux d'habitation, sous d'autres exploitations ou dans
leur voisinage immédiat, donner caution de payer toute indemnité
en cas d'accident : les demandes ou oppositions des intéressés seront, en ce cas, portées devant nos tribunaux et cours.

16. Le gouvernement juge des motifs ou considérations d'après
lesquels la préférence doit être accordée aux divers demandeurs
en concession, qu'ils soient propriétaires de la surface, inventeurs
ou autres. — En cas que l'inventeur n'obtienne pas la concession
d'une mine, il aura droit à une indemnité de la part du concessionnaire; elle sera réglée par l'acte de concession.

17. L'acte de concession fait après l'accomplissement des formalités prescrites purge, en faveur du concessionnaire, tous les droits
des propriétaires de la surface et des inventeurs, ou de leurs ayants
droits, chacun dans leur ordre, après qu'ils auront été entendus
ou appelés légalement, ainsi qu'il sera ci-après réglé.

18. La valeur des droits résultant en faveur du propriétaire de
la surface, en vertu de l'art. 6 de la présente loi, demeurera

La loi devait donc prévoir et règlementer les faits qui donnent ouverture à une demande en concession.

Il est très rare qu'une mine nouvelle se manifeste au niveau du sol, qu'elle paraisse en affleurement. Le plus souvent c'est par des inductions, par la connaissance de certains faits acquis, le voisinage d'autres exploitations qu'on est amené à faire des travaux de recherche.

Ces travaux, qui doivent pénétrer à des profondeurs plus ou moins considérables, s'opèrent à l'aide de sondes ou tarières qui doivent ramener au jour des échantillons des terrains traversés. On comprend que pour arriver là, il faut un outillage, un matériel, un établissement qui doivent occuper une certaine portion de la surface du sol.

Quand c'est le propriétaire de la surface qui entre-

réunie à la valeur de ladite surface, et sera affectée avec elle aux hypothèques prises par les créanciers du propriétaire.

19. Du moment où une mine sera concédée, même au propriétaire de la surface, cette propriété sera distinguée de celle de la surface, et désormais considérée comme propriété nouvelle, sur laquelle de nouvelles hypothèques pourront être assises, sans préjudice de celles qui auraient été ou seraient prises sur la surface et la redevance, comme il est dit à l'article précédent. — Si la concession est faite au propriétaire de la surface, ladite redevance sera évaluée pour l'exécution dudit article.

20. Une mine concédée pourra être affectée, par privilége, en faveur de ceux qui, par acte public et sans fraude, justifieraient avoir fourni des fonds pour les recherches de la mine, ainsi que pour les travaux de construction ou confection de machines nécessaires à son exploitation, à la charge de se conformer aux articles 2103 et autres du code Napoléon, relatifs aux priviléges.

21. Les autres droits de privilége et d'hypothèque pourront être acquis sur la propriété de la mine, aux termes et en conformité du code civil, comme sur les autres propriétés immobilières.

prend une recherche, point de difficulté. Il est maître du sol, il peut y bâtir, y fouiller en toute liberté.

Mais, et c'est le cas qui se présente le plus souvent, la recherche est entreprise par un particulier non propriétaire du sol sur lequel elle doit être établie.

Son premier soin doit être de se munir de l'autorisation du propriétaire du sol; avec cette garantie, il a exactement la même faculté d'exécution que le propriétaire lui-même; que si au contraire, l'autorisation lui est refusée, il a le droit de s'adresser directement à l'administration supérieure qui statue ainsi qu'il suit :

Les permissions de recherche sont accordées par le Ministre des Travaux publics sur l'avis de l'administration des mines, d'après un arrêté pris par le Préfet du département, sur la demande qui doit contenir d'une manière

TIT. 4. — DES CONCESSIONS.

SECT. 1. — *De l'obtention des concessions.*

22. La demande en concession sera faite par voie de simple pétition adressée au préfet, qui sera tenu de la faire enregistrer à sa date sur un registre particulier, et d'ordonner les publications et affiches dans les dix jours.

23. Les affiches auront lieu pendant quatre mois, dans le chef-lieu du département, dans celui de l'arrondissement où la mine est située, dans le lieu du domicile du demandeur et dans toutes les communes dans le territoire desquelles la concession peut s'étendre : elles seront insérées dans les journaux du département.

24. Les publications des demandes en concessions de mines auront lieu devant la porte de la maison commune et des églises paroissiales ou consistoriales, à la diligence des maires, à l'issue de l'office, un jour de dimanche, et au moins une fois par mois pendant la durée des affiches. Les maires seront tenus de certifier ces publications.

25. Le secrétaire général de la préfecture délivrera au requérant un extrait certifié de l'enregistrement de la demande en concession.

précise l'objet de la recherche, la désignation du terrain, et les noms et domicile du propriétaire du terrain ; la permission ne peut être accordée qu'à la charge d'une indemnité préalable envers lui, en raison de sa non jouissance et des dégâts occasionnés à la surface, et après qu'il a été entendu.

Le Préfet prend l'avis de l'Ingénieur des mines, qui fait connaître la nature du terrain, la probabilité du succès que présentent les circonstances locales et la meilleure direction à suivre dans les travaux.

L'arrêté du Préfet qui statue sur la demande doit énoncer les noms, qualité et domicile du demandeur, la date de la demande, l'objet de la recherche, la désignation précise du lieu ou des lieux sur lesquels elle pourra porter, la date de la communication faite au

26. Les demandes en concurrence et les oppositions qui y seront formées seront admises devant le préfet jusqu'au dernier jour du quatrième mois, à compter de la date de l'affiche : elles seront notifiées par actes extrajudiciaires à la préfecture du département, où elles seront enregistrées sur le registre indiqué à l'art. 22. Les oppositions seront notifiées aux parties intéressées ; et le registre sera ouvert à tous ceux qui en demanderont communication.

27. A l'expiration du délai des affiches et publications, et sur la preuve de l'accomplissement des formalités portées aux articles précédents, dans le mois qui suivra, au plus tard, le préfet du département, sur l'avis de l'ingénieur des mines, et après avoir pris des informations sur les droits et les facultés des demandeurs, donnera son avis, et le transmettra au ministre de l'intérieur.

28. Il sera définitivement statué sur la demande en concession, par un décret impérial délibéré en conseil d'État. — Jusqu'à l'émission du décret, toute opposition sera admissible devant le ministre de l'intérieur ou le secrétaire général du conseil d'État : dans ce dernier cas, elle aura lieu par une requête signée et présentée par un avocat au conseil, comme il est pratiqué pour les affaires contentieuses ; et, dans tous les cas, elle sera notifiée aux

propriétaire du terrain, l'avis de l'autorité locale, celui de l'ingénieur des mines, la discussion de l'opposition de la part du propriétaire ou des propriétaires, s'ils en ont fait, l'avis des experts sur l'indemnité à payer aux propriétaires, enfin, l'opinion motivée du Préfet sur le tout, en conséquence de laquelle ce magistrat admet ou rejette la demande, en fixant, en cas d'admission, la durée de la permission, l'étendue des terrains sur lesquels elle devra porter, et ordonne le renvoi de son arrêté et des pièces de l'affaire au Ministre pour être statué définitivement.

La durée des permissions de recherche ne peut excéder deux années, elle peut être renouvelée s'il y a lieu. Les travaux doivent être mis en vigueur avec activité et sans interruption, à peine de révocation de la permission.

parties intéressées. — Si l'opposition est motivée sur la propriété de la mine acquise par concession ou autrement, les parties seront renvoyées devant les tribunaux et cours.

29. L'étendue de la concession sera déterminée par l'acte de concession : elle sera limitée par des points fixes, pris à la surface du sol, et passant par des plans verticaux menés de cette surface dans l'intérieur de la terre à une profondeur indéfinie, à moins que les circonstances et les localités ne nécessitent un autre mode de limitation.

30. Un plan régulier de la surface, en triple expédition, et sur une échelle de 10 millimètres pour 100 mètres, sera annexé à la demande. — Ce plan devra être dressé ou vérifié par l'ingénieur des mines, et certifié par le préfet du département.

31. Plusieurs concessions pourront être réunies entre les mains du même concessionnaire, soit comme individu, soit comme représentant une compagnie, mais à la charge de tenir en activité l'exploitation de chaque concession.

SECT. 2. — *Des obligations des propriétaires de mines.*

32. L'exploitation des mines n'est pas considérée comme un commerce, et n'est pas sujette à patente.

Une disposition commune à toutes les hypothèses de recherches, c'est qu'elles ne peuvent être pratiquées à moins de cent mètres d'un enclos muré, ou des terrains attenant aux habitations, sans la permission du propriétaire.

Des recherches ne peuvent avoir lieu dans l'étendue d'une concession déjà accordée que par le concessionnaire lui-même ou avec son consentement formel. S'il en était autrement, il est évident que la loi serait éludée et que sous prétexte de recherches, il s'établirait des exploitations illicites.

En présence de l'esprit de recherches qui anime nos contrées du Nord, nous croyons devoir recommander à tous ceux qui entreprendront de semblables travaux soit sur leur propre terrain, soit avec l'assentiment du

33. Les propriétaires de mines sont tenus de payer à l'État une redevance fixe et une redevance proportionnée au produit de l'extraction.

34. La redevance fixe sera annuelle, et réglée d'après l'étendue de celle-ci : elle sera de 10 fr. par kilomètre carré. — La redevance proportionnelle sera une contribution annuelle, à laquelle les mines seront assujetties sur leurs produits.

35. La redevance proportionnelle sera réglée, chaque année, par le budget de l'État, comme les autres contributions publiques : toutefois elle ne pourra jamais s'élever au-dessus de 5 p. 100 du produit net. Il pourra être fait un abonnement pour ceux des propriétaires de mines qui le demanderont.

36. Il sera imposé en sus un décime pour franc, lequel formera un fonds de non-valeur, à la disposition du ministre de l'intérieur, pour dégrèvement en faveur des propriétaires de mines qui éprouveront des pertes ou accidents.

37. La redevance proportionnelle sera imposée et perçue comme la contribution foncière. — Les réclamations à fin de dégrèvement ou de rappel à l'égalité proportionnelle seront jugées par les conseils de préfecture. Le dégrèvement sera de droit, quand l'ex-

propriétaire du sol occupé, de faire précéder la mise
en vigueur du sondage, d'une déclaration à l'autorité
locale et d'une requête au préfet tendant à ce qu'il leur
soit donné acte de leur priorité de recherches.

A mérite égal comme découverte et comme aptitude
à obtenir la concession, cette circonstance d'une antériorité de travaux pourra déterminer le choix de l'autorité administrative.

En tous cas, lorsque celui qui aura découvert une
mine ne pourra en obtenir la concession, à défaut de
moyens suffisants pour en faire prospérer l'exploitation,
il aura droit à une indemnité de la part du concessionnaire. Cette indemnité est réglée par l'acte de concession.

La seconde section du titre III contient l'application

ploitant justifiera que sa redevance excède 5 p. 100 du produit net
de son exploitation.

38. Le gouvernement accordera, s'il y a lieu, pour les exploitations qu'il en jugera susceptibles, et par un article de l'acte de
concession ou par un décret spécial délibéré en conseil d'État
pour les mines déjà concédées, la remise en tout ou partie du
payement de la redevance proportionnelle, pour le temps qui sera
jugé convenable, et ce comme encouragement, en raison de la
difficulté des travaux : semblable remise pourra aussi être accordée
comme dédommagement, en cas d'accident de force majeure qui
surviendrait pendant l'exploitation.

39. Le produit de la redevance fixe et de la redevance proportionnelle formera un fonds spécial dont il sera tenu un compte
particulier au trésor public, et qui sera appliqué aux dépenses de
l'administration des mines, et à celles des recherches, ouvertures
et mises en activité des mines nouvelles ou rétablissement de
mines anciennes.

40. Les anciennes redevances dues à l'État, soit en vertu des
lois, ordonnances ou règlements, soit d'après les conditions énoncées en l'acte de concession, soit d'après des baux et adjudications

du principe fondamental de la loi : Tout français ou tout
étranger naturalisé ou non en France, agissant isolément ou en société, a le droit de demander, et peut
obtenir, s'il y a lieu, une concession de mines.

Le gouvernement s'étant conservé dans la seconde
section du présent titre, le droit de concéder les mines,
a dû se donner toute la latitude pour accorder les concessions à ceux qui offriraient le plus de moyens d'en
tirer parti, à ceux qui réuniraient beaucoup de capitaux
à beaucoup de connaissances, et auxquels des succès
passés donneraient la presque certitude de succès à
venir. Il appelle même les étrangers à ce concours ; ils
sont admis à jouir des richesses nouvelles, et à recevoir
des propriétés lorsqu'ils offriront l'assurance de les faire
valoir. — Cette disposition, comme le dit le comte de

au profit de la régie du domaine, cesseront d'avoir cours à compter
du jour où les redevances nouvelles seront établies.

41. Ne sont point comprises dans l'abrogation des anciennes redevances, celles dues à titre de rentes, droits et prestations quelconques, pour cession de fonds ou autres causes semblables, sans
déroger toutefois à l'application des lois qui ont supprimé les
droits féodaux.

42. Le droit attribué par l'art. 6 de la présente loi aux propriétaires de la surface sera réglé à une somme déterminée par l'acte
de concession.

43. Les propriétaires de mines sont tenus de payer les indemnités dues au propriétaire de la surface sur le terrain duquel ils
établiront leurs travaux. — Si les travaux entrepris par les explorateurs ou par les propriétaires de mines ne sont que passagers,
et si le sol où ils ont été faits peut être mis en culture au bout
d'un an, comme il était auparavant, l'indemnité sera réglée au
double de ce qu'aurait produit net le terrain endommagé.

44. Lorsque l'occupation des terrains pour la recherche ou les
travaux des mines prive les propriétaires du sol de la jouissance
du revenu au-delà du temps d'une année, ou lorsque, après les

Girardin, dans son rapport au Corps législatif, sur le projet de loi, est libérale et politique. Elle engage des hommes éclairés à venir se fixer parmi nous, et leur présente des avantages capables de les décider à nous apporter leurs capitaux et leur industrie.

Quiconque a les facultés nécessaires, peut donc obtenir une concession en justifiant qu'il peut donner caution de payer toute indemnité en cas d'accidents causés par ses travaux, soit à des habitations, soit à d'autres exploitations voisines.

L'association, cet immense levier de l'industrie moderne, voit aussi son principe consacré en matière de mines. La concession est plus souvent accordée à une réunion de particuliers qu'à une personne isolée. Quelles que soient d'ailleurs les garanties offertes, il y a pour

travaux, les terrains ne sont plus propres à la culture, on peut exiger des propriétaires des mines l'acquisition des terrains à l'usage de l'exploitation. Si le propriétaire de la surface le requiert, les pièces de terre trop endommagées ou dégradées sur une trop grande partie de leur surface devront être achetées en totalité par le propriétaire de la mine. — L'évaluation du prix sera faite, quant au mode, suivant les règles établies par la loi du 16 sept. 1807, sur le dessèchement des marais, etc., tit. XI ; mais le terrain à acquérir sera toujours estimé au double de la valeur qu'il avait avant l'exploitation de la mine.

45. Lorsque, par l'effet du voisinage ou pour toute autre cause, les travaux de l'exploitation d'une mine occasionnent des dommages à l'exploitation d'une autre mine, à raison des eaux qui pénètrent dans cette dernière en plus grande quantité ; lorsque, d'un autre côté, ces mêmes travaux produisent un effet contraire. et tendent à évacuer tout ou partie des eaux d'une autre mine, il y aura lieu à indemnité d'une mine en faveur de l'autre : le règlement s'en fera par experts.

46. Toutes les questions d'indemnités à payer par les propriétaires de mines, à raison des recherches ou travaux antérieurs à

l'Etat plus de confiance, pour la société plus de sécurité dans le concours de capitaux qu'offrira dans l'exploitation une association d'autant plus puissante qu'elle sera plus nombreuse. Les actions des compagnies de mines sont meubles (Art. 8), détermination juste autant que prévoyante et propre à réunir, pour faciliter les grands travaux, tous les intérêts et toutes les intentions.

Les concessions de mines (Art. 7) sont une propriété perpétuelle, laquelle est dès lors disponible et transmissible comme tous autres biens....

Nous enregistrons cette disposition comme une de celles qui eurent le plus d'influence sur le développement de l'industrie minière. Jusque là, en effet, la position précaire des exploitants, constamment sous le coup d'un retrait de leur concession, ne permettait aucun dévelop-

l'acte de concession, seront décidées conformément à l'art. 4 de la loi du 28 pluv. an 8.

TIT. 5. — DE L'EXERCICE DE LA SURVEILLANCE SUR LES MINES PAR L'ADMINISTRATION.

47. Les ingénieurs des mines exerceront, sous les ordres du ministre de l'intérieur et des préfets, une surveillance de police pour la conservation des édifices et la sûreté du sol.

48. Ils observeront la manière dont l'exploitation se fera, soit pour éclairer les propriétaires sur ses inconvénients ou son amélioration, soit pour avertir l'administration des vices, abus ou dangers qui s'y trouveraient.

49. Si l'exploitation est restreinte ou suspendue, de manière à inquiéter la sûreté publique ou les besoins des consommateurs, les préfets, après avoir entendu les propriétaires, en rendront compte au ministre de l'intérieur, pour y être pourvu ainsi qu'il appartiendra.

50. Si l'exploitation compromet la sûreté publique, la conservation des puits, la solidité des travaux, la sûreté des ouvriers mineurs ou des habitations de la surface, il y sera pourvu par le

pement. Écrasés par la menace perpétuelle d'un dé-
pouillement immédiat, ils négligeaient tout aménagement, se hâtaient de jouir du présent sans songer
à l'avenir, et ruinaient sans profit, en quelques années,
une exploitation qui, bien administrée, eût duré plusieurs siècles.

Comme conséquence de ce principe, les mines concédées peuvent être hypothéquées et engagées (Art. 19,
20, 21) pour sûreté des dettes contractées et des avances
de ceux qui auraient fourni les fonds pour la recherche.
Aussi les prêteurs seront-ils rassurés par la sécurité que
leur offrira ce mode de placement, et lorsqu'une société
ayant dépassé la limite de son capital, ou voulant développer ses travaux sans imposer de nouveaux sacrifices
aux intéressés, recourra au crédit public, tous les capi-

préfet, ainsi qu'il est pratiqué en matière de grande voirie, et
selon les lois.

TIT. 6. — DES CONCESSIONS OU JOUISSANCES DES MINES ANTÉRIEURES
A LA PRÉSENTE LOI.

§ 1. — *Des anciennes concessions en général.*

51. Les concessionnaires antérieurs à la présente loi deviendront, du jour de sa publication, propriétaires incommutables,
sans aucune formalité préalable d'affiches, vérifications de terrain
ou autres préliminaires, à la charge seulement d'exécuter, s'il y
en a, les conventions faites avec les propriétaires de la surface, et
sans que ceux-ci puissent se prévaloir des art. 6 et 42.

52. Les anciens concessionnaires seront, en conséquence, soumis
au payement des contributions, comme il est dit à la sect. 2 du
tit. 4, art. 33 et 34, à compter de l'année 1811.

§ 2. — *Des exploitations pour lesquelles on n'a pas exécuté
la loi de 1791.*

53. Quant aux exploitants de mines qui n'ont pas exécuté la loi
de 1791, et qui n'ont pas fait fixer, conformément à cette loi, les

taux la seconderont, garantis qu'ils seront contre toute chance d'éviction.

Enfin, et comme nous l'avons déjà dit, la concession d'une mine prend tous les caractères d'une expropriation pour but d'utilité publique. C'est un sacrifice imposé à des particuliers en faveur d'un intérêt général. Elle n'existe donc qu'à charge d'indemnité; d'un autre côté, la concession purge, en faveur du concessionnaire, tous les droits des propriétaires de la surface et des inventeurs ou de leurs ayant droit, chacun dans leur ordre, après qu'ils auront été entendus ou appelés légalement. C'est donc l'acte même de concession qui règle définitivement les droits de chacune des parties, et passé ce terme, le privilége d'exploitation entre vierge aux mains du concessionnaire qui peut l'aliéner, le grever, comme

limites de leurs concessions, ils obtiendront les concessions de leurs exploitations actuelles, conformément à la présente loi ; à l'effet de quoi les limites de leurs concessions seront fixées sur leurs demandes ou à la diligence des préfets, à la charge seulement d'exécuter les conventions faites avec les propriétaires de la surface, et sans que ceux-ci puissent se prévaloir des art. 6 et 42 de la présente loi.

54. Ils payeront, en conséquence, les redevances, comme il est dit à l'art. 52.

55. En cas d'usages locaux ou d'anciennes lois qui donneraient lieu à la décision de cas extraordinaires, les cas qui se présenteront seront décidés par les actes de concession ou par les jugements de nos cours et tribunaux, selon les droits résultant, pour les parties, des usages établis, des prescriptions légalement acquises ou des conventions réciproques.

56. Les difficultés qui s'élèveraient entre l'administration et les exploitants, relativement à la limitation des mines, seront décidées par l'acte de concession. — A l'égard des contestations qui auraient lieu entre des exploitants voisins, elles seront jugées par les tribunaux et cours.

toute propriété, mais en se soumettant aux règlements spéciaux à la matière.

Le caractère de privilége que revêtent les concessions accordées a dû déterminer le législateur à entourer les demandes de toutes les précautions qui peuvent garantir à la société l'exécution des travaux nécessaires à une bonne exploitation.

La première section du titre IV de la loi de 1810 est tout entière consacrée à cette matière.

Nous ne croyons mieux développer le texte qu'en reproduisant par extraits l'instruction du ministre de l'intérieur Montalivet pour l'exécution de la loi.

Toute nouvelle demande en concession doit être présentée au préfet du département dans l'étendue duquel la mine est située.

TIT. 7. — RÈGLEMENTS SUR LA PROPRIÉTÉ ET L'EXPLOITATION DES MINIÈRES, ET SUR L'ÉTABLISSEMENT DES FORGES, FOURNEAUX ET USINES.

SECT. 1. — *Des minières.*

57. L'exploitation des minières est assujettie à des règles spéciales. — Elle ne peut avoir lieu sans permission.

58. La permission détermine les limites de l'exploitation et les règles sous les rapports de sûreté et de salubrité publiques.

SECT. 2. — *De la propriété et de l'exploitation des minerais de fer d'alluvion.*

59. Le propriétaire du fonds sur lequel il y a du minerai de fer d'alluvion est tenu d'exploiter en quantité suffisante pour fournir, autant que faire se pourra, aux besoins des usines établies dans le voisinage avec autorisation légale : en ce cas, il ne sera assujetti qu'à en faire la déclaration au préfet du département; elle contiendra la désignation des lieux. Le préfet donnera acte de cette déclaration, ce qui vaudra permission pour le propriétaire, et l'exploitation aura lieu par lui sans autre formalité.

60. Si le propriétaire n'exploite pas, les maîtres de forges auront

La pétition doit indiquer les nom, prénom, qualité et domicile du demandeur, la désignation précise du lieu de la mine, la nature du minerai à extraire, l'état auquel les produits seront livrés au commerce, les lieux d'où l'on tirera les bois et combustibles qui seront nécessaires, l'étendue de la concession demandée, les indemnités offertes aux propriétaires des terrains, à celui qui aurait découvert la mine, s'il y a lieu; la soumission de se conformer au mode d'exploitation déterminé par le gouvernement.......

Dans tous les cas, il devra être joint à la pétition un plan régulier de la surface, en triple expédition et sur une échelle de dix millimètres pour 100 mètres, qui présente l'étendue de la concession et les limites déterminées, le plus possible, par des lignes droites me-

---

la faculté d'exploiter à sa place, à la charge : 1º d'en prévenir le propriétaire, qui, dans un mois, à compter de la notification, pourra déclarer qu'il entend exploiter lui-même; 2º d'obtenir du préfet la permission, sur l'avis de l'ingénieur des mines, après avoir entendu le propriétaire.

61. Si, après l'expiration du délai d'un mois, le propriétaire ne déclare pas qu'il entend exploiter, il sera censé renoncer à l'exploitation; le maître de forges pourra, après la permission obtenue, faire les fouilles immédiatement dans les terres incultes et en jachères, et, après la récolte, dans toutes les autres terres.

62. Lorsque le propriétaire n'exploitera pas en quantité suffisante, ou suspendra ses travaux d'extraction pendant plus d'un mois sans cause légitime, les maîtres de forges se pourvoiront auprès du préfet pour obtenir permission d'exploiter à sa place.— Si les maîtres de forges laissent écouler un mois sans faire usage de cette permission, elle sera regardée comme non avenue, et le propriétaire de terrain rentrera dans tous ses droits.

63. Quand un maître de forges cessera d'exploiter un terrain, il sera tenu de le rendre propre à la culture, ou d'indemniser le propriétaire.

nées d'un point à un autre, en observant de diriger les lignes de préférence sur des points immuables. Ce plan devra faire connaître la disposition des substances minérales à exploiter.

Il sera joint un extrait du rôle des impositions constatant la cote des demandeurs; ou, si c'est une société, elle justifiera par un acte de notoriété, que ses membres réunissent les qualités nécessaires pour exécuter les travaux et satisfaire aux indemnités et redevances auxquelles la concession devra donner lieu.

La demande en concession sera enregistrée, à la date de sa réception, à la préfecture. Le secrétaire-général donnera au requérant extrait certifié de l'enregistrement.

Le préfet ordonnera les publications et affiches de la demande dans les dix jours de sa réception.

64. En cas de concurrence entre plusieurs maîtres de forges pour l'exploitation dans un même fonds, le préfet déterminera, sur l'avis de l'ingénieur des mines, les proportions dans lesquelles chacun d'eux pourra exploiter, sauf le recours au conseil d'État. — Le préfet règlera de même les proportions dans lesquelles chaque maître de forges aura droit à l'achat du minerai, s'il est exploité par le propriétaire.

65. Lorsque les propriétaires feront l'extraction du minerai pour le vendre aux maîtres de forges, le prix en sera réglé entre eux de gré à gré, ou par des experts choisis ou nommés d'office, qui auront égard à la situation des lieux, aux frais d'extraction et aux dégâts qu'elle aura occasionnés.

66. Lorsque les maîtres de forges auront fait extraire le minerai, il sera dû au propriétaire du fonds, et avant l'enlèvement du minerai, une indemnité, qui sera aussi réglée par experts, lesquels auront égard à la situation des lieux, aux dommages causés, à la valeur du minerai, distraction faite des frais d'exploitation.

67. Si les minerais se trouvent dans les forêts impériales, dans celles des établissements publics ou des communes, la permission de les exploiter ne pourra être accordée qu'après avoir entendu

Les pétitionnaires ne peuvent se charger eux-mêmes de l'exécution des publications et affiches prescrites par la loi; elles doivent avoir lieu à la diligence des sous-préfets et des maires.

Les affiches seront apposées pendant quatre mois dans le chef-lieu du département, dans celui de l'arrondissement où la mine est située, dans celui du domicile du demandeur ou des demandeurs, et dans toutes les communes sur le territoire desquelles la concession peut s'étendre. Les publications de la demande doivent être faites, en outre, aux termes de l'article 24, au moins une fois par mois, pendant le temps fixé pour la durée des affiches.

Après l'expiration du délai légal, le préfet acquerra la preuve de l'accomplissement des formalités ci-dessus,

l'administration forestière. L'acte de permission déterminera l'étendue des terrains dans lesquels les fouilles pourront être faites : ils seront tenus, en outre, de payer les dégâts occasionnés par l'exploitation, et de repiquer en glands ou plans les places qu'elle aurait endommagés, ou une autre étendue proportionnelle déterminée par la permission.

68. Les propriétaires ou maîtres de forges ou d'usines exploitant les minerais de fer d'alluvion ne pourront, dans cette exploitation, pousser des travaux réguliers par des galeries souterraines, sans avoir obtenu une concession, avec les formalités et sous les conditions exigées par les articles de la sect. 1 du tit. 3 et les dispositions du tit. 4.

69. Il ne pourra être accordé aucune concession pour minerais d'alluvion ou pour des mines en filons ou couches, que dans les cas suivants : 1° si l'exploitation à ciel ouvert cesse d'être possible, et si l'établissement de puits, galeries et travaux d'art, est nécessaire; — 2° Si l'exploitation, quoique possible encore, doit durer peu d'années, et rendre ensuite impossible l'exploitation avec puits et galeries.

70. En cas de concession, le concessionnaire sera tenu toujours :

au moyen des certificats à lui adressés par les sous-préfets et les maires, lesquels certificats doivent faire mention des oppositions, s'il leur en est parvenu ; les sous-préfets joignent leur avis.

Les oppositions faites soit pardevant les autorités locales, soit à la préfecture sont enregistrées comme l'a été la demande en concession ; elles sont notifiées aux parties intéressées et le registre est ouvert à qui veut en avoir communication.

L'ingénieur des mines auquel les pièces de l'affaire seront remises vérifiera le plan et le certifiera. Cet ingénieur donnera son avis sur l'ensemble de l'affaire et fera connaître l'état de la mine ; il indiquera le mode d'exploitation le plus utile, la redevance fixe et proportionnelle dont la concession lui paraît susceptible, à

1° de fournir aux usines qui s'approvisionnaient de minerai sur les lieux compris en la concession, la quantité nécessaire à leur exploitation, au prix qui sera porté au cahier des charges, ou qui sera fixé par l'administration ; 2° d'indemniser les propriétaires au profit desquels l'exploitation avait lieu, dans la proportion du revenu qu'ils en tiraient.

SECT. 3. — *Des terres pyriteuses et alumineuses.*

71. L'exploitation des terres pyriteuses et alumineuses sera assujettis aux formalités prescrites par les art. 57 et 58, soit qu'elle ait lieu par les propriétaires des fonds, soit par d'autres individus qui, à défaut de ceux-ci d'exploiter, en auraient obtenu la permission.

72. Si l'exploitation a lieu par des non-propriétaires, ils seront assujettis, en faveur des propriétaires, à une indemnité qui sera réglée de gré à gré ou par experts.

SECT. 4. — *Des permissions pour l'établissement des fourneaux, forges et usines.*

73. Les fourneaux à fondre les minerais de fer et autres subs-

raison de l'influence qu'elles pourront avoir sur la suite de l'exploitation.

S'il y a discussion entre les propriétaires du terrain et le demandeur en concession, relativement aux indemnités autorisées par les articles 6 et 42 de la loi, ou réclamation de sa part à l'égard des redevances proposées par l'ingénieur des mines, ces objets seront soumis à l'avis du conseil de préfecture.

Le préfet, sur le vu de la demande, des plans qu'il doit viser, des certificats qui constatent l'exécution des formalités prescrites, de l'avis des autorités locales, de celui de l'ingénieur des mines, des oppositions, de l'avis du conseil de préfecture s'il y a lieu, et après avoir pris des informations sur les droits et les facultés des demandeurs, donne son opinion sur le tout et

tances métalliques, les forges et martinets pour ouvrer le fer et le cuivre, les usines servant de patouillets et bocards, celles pour le traitement des substances salines et pyriteuses dans lesquelles on consomme des combustibles, ne pourront être établis que sur permission accordée par un règlement d'administration publique.

74. La demande en permission sera adressée au préfet, enregistrée, le jour de la remise, sur un registre spécial à ce destiné, et affichée pendant quatre mois dans le chef-lieu du département, dans celui de l'arrondissement, dans la commune où sera situé l'établissement projeté, et dans le lieu du domicile du demandeur. — Le préfet, dans le délai d'un mois, donnera son avis tant sur la demande que sur les oppositions et les demandes en préférence qui seraient survenues; l'administration des mines donnera le sien sur la quotité du minerai à traiter; l'administration des forêts, sur l'établissement des bouches à feu, en ce qui concerne les bois, et l'administration des ponts et chaussées, sur ce qui concerne les cours d'eau navigables ou flottables.

75. Les impétrants des permissions pour les usines supporteront une taxe une fois payée, laquelle ne pourra être au-dessous de 50 fr. ni excéder 300 fr.

la transmet au Ministre des travaux publics avec toutes les pièces.

Jusqu'à l'émission du décret impérial, toute opposition est rigoureusement admissible; mais celles tardivement formées n'arriveront qu'avec le préjugé défavorable qui doit accompagner des démarches que l'on a paru désirer soustraire à l'examen préalable des autorités locales, auxquelles cependant ces réclamations seront renvoyées, dans tous les cas, pour avoir un avis motivé.

Les oppositions adressées à l'administration, et qui seraient motivées sur la propriété déjà acquise de la mine, seront renvoyées devant les tribunaux et cours.

Le gouvernement juge des motifs ou considérations d'après lesquels la préférence doit être accordée aux demandeurs, soit comme propriétaires de la surface, soit

SECT. 5. — *Dispositions générales sur les permissions.*

76. Les permissions seront données à la charge d'en faire usage dans un délai déterminé; elles auront une durée indéfinie, à moins qu'elles n'en contiennent la limitation.

77. En cas de contravention, le procès-verbal dressé par les autorités compétentes sera remis au procureur impérial, lequel poursuivra la révocation de la permission, s'il y a lieu, et l'application des lois pénales qui y sont relatives.

78. Les établissements actuellement existants sont maintenus dans leur jouissance, à la charge par ceux qui n'ont jamais eu de permission, ou qui ne pourraient représenter la permission obtenue précédemment, d'en obtenir une avant le 1er janv. 1813, sous peine de payer un triple droit de permission chaque année pendant laquelle ils auront négligé de s'en pourvoir et continué de s'en servir.

79. L'acte de permission d'établir des usines à traiter le fer autorise les impétrants à faire des fouilles même hors de leurs propriétés, et à exploiter les minerais par eux découverts, ou ceux antérieurement connus, à la charge de se conformer aux dispositions de la sect. 2.

comme ayant découvert la mine, soit à quelqu'autre titre que ce soit.

Les principaux motifs qui déterminent à accéder à une demande en concession sont :

1° L'existence reconnue d'un minerai utilement exploitable ;

2° La certitude de moyens d'exploitation offerts par les localités sans anéantir les établissements antérieurement en activité ;

3° La faculté d'asseoir l'exploitation sur une étendue de terrain suffisante pour qu'elle soit suivie par les moyens les plus économiques ;

4° La connaissance des débouchés qui doivent assurer la prospérité de l'entreprise :

5° Une intelligence active de la part des demandeurs,

80. Les impétrants sont autorisés à établir des patouillets, lavoirs et chemins de charroi, sur les terrains qui ne leur appartiennent pas, mais sous les restrictions portées en l'art. 11, le tout à charge d'indemnité envers les propriétaires du sol, et en les prévenant un mois d'avance.

TIT. 8.

SECT. 1. — *Des carrières.*

81. L'exploitation des carrières à ciel ouvert a lieu sans permission, sous la simple surveillance de la police, et avec observation des lois ou règlements généraux ou locaux.

82. Quand l'exploitation a lieu par galeries souterraines, elle est soumise à la surveillance de l'administration, comme il est dit au tit. 5.

SECT. 2. — *Des tourbières.*

83. Les tourbes ne peuvent être exploitées que par le propriétaire du terrain, ou de son consentement.

84. Tout propriétaire actuellement exploitant, ou qui voudra commencer à exploiter des tourbes dans son terrain, ne pourra continuer ou commencer son exploitation, à peine de 100 fr. d'a-

et la justification des moyens nécessaires pour satisfaire aux dépenses de l'entreprise.

Le décret de concession énonce les prénoms, nom, qualité et domicile du concessionnaire ou des concessionnaires, la nature et la situation de l'objet concédé ; il désigne les limites de la concession accordée, exprime son étendue en kilomètres carrés, fixe les indemnités à payer envers qui de droit ; il détermine le mode d'exploitation qui devra être suivi par le concessionnaire, et notamment les galeries d'écoulement et autres grands moyens d'épuisement, d'aérage, ou d'extraction des minerais, qui devront être exécutés par l'exploitation la plus économique ; les autres conditions dépendantes des circonstances locales et à l'exécution desquelles le concessionnaire se serait soumis ; enfin l'obligation d'ac-

mende, sans en avoir préalablement fait la déclaration à la sous-préfecture et obtenu l'autorisation.

85. Un règlement d'administration publique déterminera la direction générale des travaux d'extraction dans le terrain où sont situées les tourbes, celles des rigoles de dessèchement, enfin toutes les mesures propres à faciliter l'écoulement des eaux dans les vallées, et l'atterrissement des entailles tourbées.

86. Les propriétaires exploitants, soit particuliers, soit communautés d'habitants, soit établissements publics, sont tenus de s'y conformer, à peine d'être contraints à cesser leurs travaux.

TIT. 9. — DES EXPERTISES.

87. Dans tous les cas prévus par la présente loi et autres naissant des circonstances où il y aura lieu à expertise, les dispositions du tit. 14 c. pr. civ., art. 303 à 323, seront exécutées.

88. Les experts seront pris parmi les hommes notables et expérimentés dans le fait des mines et de leurs travaux.

89. Le procureur impérial sera toujours entendu et donnera ses conclusions sur le rapport des experts.

90. Nul plan ne sera admis comme pièce probante dans une

quitter les redevances générales, aux termes de la loi ; il
indique l'époque à partir de laquelle la redevance proportionnelle commencera à être percevable pour l'objet
concédé, et l'obligation aussi d'acquitter envers les propriétaires de la surface, ou à l'égard des inventeurs les
indemnités qui seront fixées ou qui seraient dues aux
termes des articles 42, 51, 53, 55 et 43, 44, 45, 46.

Un plan de la concession reste joint à la minute du
décret.

S'il y avait des changements à opérer, en vertu du
décret, sur les plans fournis, ces changements seraient
exécutés sous la surveillance de l'administration générale des mines, et les plans seraient, à cet égard, cer-
tifiés par le chef de l'administration, et visés par le
Ministre de l'intérieur (aujourd'hui des travaux publics).

contestation, s'il n'a été levé ou vérifié par un ingénieur des mines.
La vérification des plans sera toujours gratuite.

91. Les frais et vacations des experts seront réglés et arrêtés,
selon les cas, par les tribunaux : il en sera de même des honoraires qui pourront appartenir aux ingénieurs des mines : le tout
suivant le tarif qui sera fait par un règlement d'administration
publique. — Toutefois, il n'y aura pas lieu à honoraires pour les
ingénieurs des mines, lorsque leurs opérations auront été faites
soit dans l'intérêt de l'administration, soit à raison de la surveillance et de la police publique.

92. La consignation des sommes jugées nécessaires pour sub-
venir aux frais d'expertise pourra être ordonnée par le tribunal
contre celui qui poursuivra l'expertise.

TIT. 10. — DE LA POLICE ET DE LA JURIDICTION RELATIVES
AUX MINES.

93. Les contraventions des propriétaires de mines, exploitants
non encore concessionnaires, ou autres personnes, aux lois et règlements, seront dénoncées et constatées comme les contraventions
en matière de voirie et de police.

Le décret de concession est adressé, par le Ministre, au préfet du département, qui le notifie sans délai au concessionnaire et qui en ordonne les publications et affiches dans les communes sur lesquelles s'étend la concession.

La loi n'a pas dû établir d'une manière préfixe l'étendue des concessions. Elle ne pouvait pas davantage exclure du droit à de nouvelles concessions ceux qui déjà étaient en possession d'une ou plusieurs exploitations. C'est ce que prévoit l'article 31. On comprend ce qu'aurait de funeste pour l'intérêt général une pareille exclusion. Les entreprises minières et les houillères sont choses tellement considérables qu'il faut, pour les aborder, une aptitude toute spéciale jointe à des ressources pécuniaires exceptionnelles. Prohiber le droit de prétendre à plusieurs concessions, c'est priver le pays du concours de capitaux et d'intelligences qui, forcés de s'absorber dans une seule opération, laisseraient enfouis les gisements les plus productifs. D'un autre côté, la nécessité de maintenir sans cesse en activité les exploitations concédées, l'obligation d'acquitter

94. Les procès-verbaux contre les contrevenants seront affirmés dans les formes et délais prescrits par les lois.

95. Ils seront adressés en originaux à nos procureurs impériaux, qui seront tenus de poursuivre d'office les contrevenants devant les tribunaux de police correctionnelle, ainsi qu'il est réglé et usité pour les délits forestiers, et sans préjudice des dommages-intérêts des parties.

96. Les peines seront d'une amende de 500 fr. au plus et de 100 fr. au moins, double en cas de récidive; et d'une détention qui ne pourra excéder la durée fixée par le code de police correctionnelle.

annuellement les charges et les redevances qui les frappent sont une garantie du zèle qu'apporteront les concessionnaires à tenir en vigueur les travaux. De nos jours enfin, le développement de l'industrie est un gage de l'ardeur que mettront les exploitants à tenir le niveau de la production à la hauteur de la consommation du pays qu'envahissent encore les produits similaires étrangers.

La section 2 du titre IV concerne les obligations des propriétaires de mines.

Aux termes de l'article 32, l'exploitation des mines n'est pas considérée comme un commerce et n'est pas sujette à patente. Cette déclaration était nécessaire pour fixer la compétence des tribunaux ordinaires, et soustraire les sociétés formées pour l'exploitation des mines à l'empire du code de commerce, à la solidarité des dettes et à la contrainte par corps.

L'ensemble des dispositions qui sont relatives aux redevances à payer à l'Etat par les concessionnaires de mines, porte l'empreinte de la faveur qui s'attachait et s'attache encore aujourd'hui à cette industrie. Nous sommes encore tributaires de l'étranger pour des quantités considérables de fer et de charbon. Cependant, les mines répandues sur la surface du territoire sont nombreuses et inépuisables. Il fallait donc diriger l'industrie et les capitaux vers les recherches et l'exploitation des mines. La loi favorise cette exploitation en garantissant qu'elle ne sera jamais assujettie aux contributions ordinaires.

Mais il était prudent aussi d'imposer aux exploitants

une sorte de fonds de réserve qui reçût une destination spéciale affectée aux dépenses de l'administration des mines exclusivement. En effet, l'intervention de cette administration dans toutes les questions de mines, son influence salutaire sur la sécurité et le développement des exploitations justifient pleinement les dispositions des articles 33, 34 et suivants, relatifs aux redevances.

Deux sortes de redevances sont imposées aux concessionnaires. La première est fixée à dix francs par kilomètre carré de surface concédée. Elle aura pour premier résultat d'empêcher les demandes de concessions trop étendues, et cela seul est un grand bien ; elle servira aussi à fixer et à conserver les limites des mines. Enfin la concession ne sera jamais assez considérable pour rendre cette charge bien lourde pour les titulaires.

Les motifs qui ont fait édicter la redevance proportionnelle sont aussi équitables que paternels. Ici, ce n'est plus un droit absolu, rigoureux qui frappe la concession par cela seul qu'elle existe ; c'est une retenue sur les bénéfices opérés, retenue faite toute dans l'intérêt des exploitants, car la redevance proportionnelle aussi va grossir le fonds des mines.

La redevance proportionnelle, réglée chaque année par le budget de l'État, est imposée et perçue comme la contribution foncière ; elle n'excèdera pas 5 p. % du produit net.

Les propriétaires de mines adressent au préfet du département dans la première quinzaine de chaque trimestre de l'année les états de produits de leurs mines, conformément aux modèles qu'ils auront reçus de la préfecture avant le 15 février de chaque année. Ces états sont adressés à l'ingénieur des mines qui les vise et y porte ses observations, s'il y a lieu.

Le propriétaire de mines peut proposer un abonnement, mais sans préjudice à l'égalité proportionnelle. Il sera statué en cette matière comme pour les dégrèvements. La durée de cet abonnement n'excèdera pas cinq ans. Il peut être renouvelé après ce terme et fixé en raison de l'état des exploitations et des circonstances qui influent sur leur activité.

Il est perçu un décime par franc, en sus de la redevance proportionnelle, pour former un fonds de non valeur, lequel est à la disposition du Ministre de l'intérieur (aujourd'hui des travaux publics) pour degrèvement en faveur des exploitants qui auraient éprouvé des pertes ou accidents.

Les réclamations à fin de degrèvement sont adressées au préfet avec l'avis de l'autorité locale. L'ingénieur des mines fait son rapport au préfet sur l'état de l'exploitation, et le tout est soumis au conseil de préfecture pour être statué, sauf appel au conseil d'Etat de la part des réclamants, ou évocation par le Ministre des travaux publics sur l'avis de l'administration des mines.

Le degrèvement aura lieu de plein droit quand l'exploitant justifiera que sa redevance excède 5 p. % du produit net de son exploitation. La justification de cette exception est laissée à l'appréciation des conseils de préfecture. Aucune voie d'instruction n'est tracée à l'avance. Les perquisitions et les recherches dans les registres des exposants ne peuvent avoir lieu, et s'ils sont quelquefois dans le cas de les produire au conseil de préfecture à l'appui de leurs réclamations, c'est un fait tout volontaire de leur part. Le conseil, le plus souvent instruit par la notoriété, des pertes ou des bénéfices des exploitations, pourra toujours se procurer par des voies indirectes, mais sûres, les connaissances nécessaires pour asseoir des jugements équitables.

Les dispositions de l'article 38 témoignent encore des dispositions toutes protectrices qui ont accueilli en France le développement de l'industrie minérale. Lorsque des accidents de force majeure qui ne résulteront pas de négligence ou d'impéritie dans le mode d'exécution, ou lorsque des motifs d'encouragement pour des travaux difficiles donneront lieu à ce qu'il soit fait une remise sur la redevance proportionnelle, les demandes seront adressées aussi au préfet du département, et l'affaire sera instruite dans la même forme que pour les demandes en degrèvement, mais avec cette différence que l'approbation du Gouvernement est indispensable dans ce cas, et que par conséquent, il est statué par un décret impérial, sur le rapport du Ministre et de l'avis de l'administration générale des mines.

Les fonds provenant des diverses redevances relatées aux articles précédents devaient, selon le vœu de la loi énoncé en l'article 39, recevoir directement une affectation toute spéciale au développement de l'industrie minière. « La redevance proportionnelle imposée sur » les produits, disait le Ministre de l'intérieur dans sa » circulaire, a pour objet, en ajoutant la somme de son » produit à celle de la redevance fixe, de faire face aux

» dépenses de l'administration des mines, à celles des
» recherches , ouvertures et mises en activité de mines
» nouvelles, ou au rétablissement de mines anciennes.
» Ce produit pourra encore être très utilement appliqué
» pour encouragement , à raison de l'exécution de ma-
» chines puissantes ou de grands travaux économiques,
» et surtout à l'établissement de moyens d'exploitation
» utiles à plusieurs mines d'un même canton, par
» exemple, au percement de galeries profondes d'écou-
» lement, qui prépareraient un nouveau champ d'ex-
» traction à plusieurs concessions de mines, à l'établis-
» sement de fonderies centrales , etc. » Nous ne savons
pas si ce généreux programme a reçu son exécution,
mais ce que nous pouvons dire, c'est l'importance qu'a
acquise cette perception dans les dernières années.
Voici les sommes qu'ont produites au trésor les redevances sur les mines dans le seul département du Nord :

En 1849...........131,650 fr.

1850...........140,097

1851...........143,631

1852...........144,249

1853...........151,691

Il est probable que, dans la pensée des législateurs
de 1810, les redevances ne devaient pas, moins de cinquante ans plus tard , former un chiffre notable de la
fortune publique.

Quoiqu'il en soit de leur emploi, constatons comme
un bienfait l'unité de législation consacrée en cette matière par les articles 40 et 41 de la loi. Ils statuent sur
le sort des anciennes redevances dues à l'Etat, soit en

vertu de lois ou règlements, soit d'après les conditions énoncées dans l'acte de concession, soit d'après les baux et adjudications au profit de la régie du domaine, et il déclare qu'elles cesseront d'avoir cours à partir du jour de l'établissement des redevances nouvelles. Toutefois, il ne comprend pas, dans cette abrogation des anciennes redevances, celles dues à titre de rentes, droits et prestations quelconques pour cession de fonds ou autres causes semblables, sauf l'application des lois qui ont supprimé les droits féodaux.

Dans notre ancien droit public, il était admis que le dixième du produit des mines devait être dévolu au roi. Il y avait en outre des redevances stipulées pour prix de permissions d'exploiter accordées par les grands maîtres des mines ou leurs délégués. Toutes ces redevances, sous l'empire desquelles l'industrie minérale était restée stationnaire, devaient être abolies. Il en était de même des prétentions des seigneurs haut-justiciers, qui prétendaient voir dans les mines une dépendance de leurs domaines, et qui les frappaient d'un cens en vertu de leur qualité.

Indépendamment des deux redevances dues à l'Etat, le concessionnaire est encore tenu de payer une redevance ou indemnité au propriétaire du sol. Le législateur en créant la loi de 1810 est parti, nous l'avons dit, de ce principe, que le tréfonds appartenait toujours au propriétaire de la surface, que la concession opérait à son égard une sorte d'expropriation pour but d'utilité publique; qu'en conséquence il lui était due une indemnité. Quant à la nature de cette indemnité, que devait-

elle être? Deux systèmes se trouvaient en présence :
celui d'une redevance fixe et celui qui demandait la
proportionnalité, vers lequel penchait Napoléon, qui
voulait que le propriétaire du sol ne fût pas étranger
aux produits que sa chose donne. — En présence du
texte contradictoire des articles 6 et 42 de la loi, que
conclure, sinon que le législateur, au lieu de sanctionner l'un des deux modes à l'exclusion de l'autre, a
entendu laisser au Gouvernement une certaine latitude,
lors de la concession, pour choisir entr'eux, suivant les
cas? Telle est au reste l'application qui a été faite de la
loi dans la pratique. Ainsi, en fait, le Gouvernement,
consultant les usages locaux , a tantôt fixé la redevance
à une somme déterminée, et tantôt à une quotité des
produits de la mine.

L'application d'une indemnité fixe nous paraît d'ailleurs avoir prévalu dans les derniers temps ; nous
croyons que ce mode de redevance, tout en conservant
aux concessions leur véritable caractère de démembre-
ment partiel de la propriété du sol, est en même temps
favorable aux exploitants que l'indemnité proportionnelle exposerait tous les jours à l'inquisition trop souvent vexatoire des propriétaires du sol.

En dehors de cette redevance, inhérente au régime
des concessions, les propriétaires dn sol ont droit de
prétendre à des indemnités d'un autre ordre et qui sont
prévues par les articles 43 et 44 de la loi.

Des considérations d'intérêt général ont dû faire établir, au profit des concessionnaires, le droit de con-
-traindre les propriétaires du sol à souffrir et à laisser

faire sur leurs terrains les travaux qu'exige l'exploitation des mines. Toutefois, cette espèce de servitude légale qui pèse ainsi sur les propriétés de la surface, devait être rendue la moins onéreuse possible, et en tous cas devait entraîner à la charge des concessionnaires l'obligation de réparer le dommage qui pouvait en résulter. Les prescriptions des deux articles qui nous occupent, tout en consacrant les principes du droit commun, donnent au propriétaire du sol la satisfaction la plus complète en l'indemnisant largement du préjudice causé, en même temps qu'elles favorisent le développement de l'industrie minière en affranchissant les exploitants des formalités toujours si longues de l'expropriation forcée.

L'article 45 règle les droits et les obligations des concessionnaires des mines. Il a pour but de garantir la sécurité de l'exploitation et de faire en quelque sorte de toutes les mines d'un même bassin un seul faisceau relié par un intérêt commun. Le développement de cet article se trouve dans les suivants, c'est-à-dire dans ceux qui sont relatifs à la police et à la surveillance administrative des mines. Le décret du 3 janvier 1813 sur les dispositions de police relatives à l'exploitation des mines, et la loi des 27 mai et 4 juin 1838, relative à l'assèchement des mines, forment le complément des mesures législatives qui régissent la matière.

On le comprend, une économie mal entendue, l'ignorance, et quelquefois aussi la malveillance envers des exploitants voisins pourraient entraîner certains concessionnaires à opérer dans l'intérieur de leurs mines des travaux préjudiciables aux intérêts d'autres exploi-

tations du même bassin. L'article 45 pose en principe :
qu'en pareil cas il y a lieu à indemnité et que cette
indemnité sera réglée par expertise ; réciproquement
l'exploitant qui, soit de son propre mouvement, soit sur
les prescriptions contenues en son acte de concession,
ou sur l'invitation des ingénieurs des mines aura opéré
des travaux d'assèchement ou autres qui profitent aux
exploitations voisines, aura droit à une indemnité.

Il faut, pour se faire une idée de ce que peuvent être
des travaux de cette nature, se reporter aux évènements
qui, dans la pratique, surviennent dans les exploitations. Il y a vingt ans notamment, les mines de houille
de Rive-de-Gier présentaient le spectacle le plus déplorable. Une inondation souterraine avait gagné un grand
nombre d'exploitations qu'on s'était vu forcé d'abandonner, et les eaux menaçaient d'envahir les chantiers
où les travaux se continuaient encore ; ce riche bassin
houiller allait devenir stérile, et cette circonstance pouvait avoir la plus triste influence sur notre industrie
manufacturière. Pendant longtemps l'administration fit
des tentatives pour engager les divers concessionnaires
à se rapprocher et à effectuer à frais communs l'épuisement des eaux qui continuaient à s'étendre. Mais ces
tentatives restèrent sans effet à cause de l'anarchie qui
régnait entre les propriétaires des mines, et le mal s'ag-
gravait sans cesse et pouvait devenir irréparable si l'on
ne se hâtait d'y porter remède. Ce fut alors que l'administration, justement inquiète, demanda au législateur
des mesures générales, sous forme d'interprétation de
la loi de 1810, qui permissent au Gouvernement d'in-

tervenir activement et d'arracher la mine inondée à la ruine complète qui la menaçait.

Aux termes de la loi de 1810 , art. 47, les ingénieurs exercent une surveillance de police sur les exploitations. Ils observent la manière dont sont conduits les travaux, éclairent les propriétaires sur les inconvénients à éviter, les améliorations à introduire, et doivent avertir l'administration des vices, abus ou dangers qui pourraient exister. A cet effet, et pour rendre cette surveillance efficace, le décret du 3 janvier 1813 a minutieusement décrit les obligations du concessionnaire en ce qui concerne l'exploitation et la surveillance administrative.

Le concessionnaire doit avoir, sur chaque mine, un registre et un plan constatant l'avancement journalier des travaux et les circonstances de l'exploitation dont il est utile de conserver le souvenir.

Il doit tenir note des ouvriers employés ; ne les admettre qu'avec présentation d'un livret, n'accepter d'enfants qu'âgés de plus de dix ans, n'employer comme maîtres mineurs que des individus ayant déjà travaillé trois ans comme mineurs.

Un médecin doit être attaché à l'établissement qui doit avoir constamment les remèdes et médicaments prescrits par l'instruction ministérielle ; il va sans dire que les soins et secours donnés aux blessés, noyés ou asphyxiés, demeurent à la charge de l'exploitant, sans préjudice de tous dommages intérêts qui peuvent être alloués par les tribunaux aux ouvriers blessés ou aux familles des ouvriers tués.

Le concessionnaire doit avertir l'autorité locale de

l'état de la mine. Toutes les fois qu'il y a imminence de danger, et quand un accident arrive.

Il est tenu, en cas d'accident dans une mine voisine, de fournir tous les moyens de secours dont il peut disposer, soit en hommes, soit de toute autre manière, sauf répétition, etc., etc.

On le voit, le Gouvernement, dans le décret du 3 janvier 1813 avait bien déterminé les obligations les plus strictes à imposer aux exploitants, mais la loi du 27 avril 1838, est venue plus énergiquement encore mettre un terme aux abus qu'avait signalés la pratique des exploitations.

Aux termes de cette loi, lorsque plusieurs mines situées dans des concessions différentes sont atteintes ou menacées d'une inondation commune qui est de nature à compromettre leur existence, la sûreté publique ou les besoins des consommateurs, le Gouvernement peut obliger les concessionnaires de ces mines à exécuter, en commun et à leurs frais, les travaux nécessaires soit pour assécher tout ou partie des mines inondées, soit pour arrêter les progrès de l'inondation. L'application de cette mesure doit être précédée d'une enquête administrative à laquelle tous les intéressés doivent être appelés et dont les formes sont déterminées par un règlement d'administration publique.

Nous renvoyons ceux de nos lecteurs qui auraient intérêt à connaître ce document, à l'ordonnance royale des 23 mai et 1er juillet 1841.

Par suite des travaux et des indemnités qui peuvent résulter des prescriptions de la loi de 1810, de celle de

1838 et de l'ordonnance de 1841, des difficultés peuvent survenir soit entre divers concessionnaires, soit entre un concessionnaire et des particuliers ; les articles 87 à 92 de la loi de 1810 tracent les règles des expertises auxquelles donnent le plus souvent occasion ces difficultés.

Remarquons en passant les articles 88, aux termes desquels, au premier rang des experts, sont cités les ingénieurs des mines, contre lesquels les parties ne pourront exciper de leur qualité de fonctionnaires publics, et 89, le procureur impérial sera toujours entendu et donnera ses conclusions sur le rapport des experts. Ils sont encore pour nous une preuve de l'intérêt tout spécial et de la surveillance incessante que l'État a eu la pensée d'introduire dans le régime de l'exploitation des mines.

Quant à la compétence en matière de mines, c'est l'objet de la contestation lui-même qui la détermine.

Une première règle en cette matière, c'est que toutes les questions relatives à la validité et à l'interprétation de l'acte de concession, sont du ressort de l'autorité administrative.

L'administration seule a le droit de décider toutes les questions relatives à l'exploitation des mines.

Seule encore elle a le droit de déterminer le mode d'exploitation dans les mines qu'elle concède, d'autoriser les travaux nécessaires, de maintenir ou de supprimer ceux qui auraient été faits sans son autorisation.

C'est aussi à l'autorité administrative qu'il appartient d'ajouter des amendements aux statuts des sociétés anonymes des mines pour les expliquer, les compléter et en assurer l'exécution par des motifs d'ordre public, dans l'intérêt combiné de l'exploitation, des tiers et des actionnaires.

Au contraire, toutes les questions de propriété ou de possession sont du ressort de l'autorité judiciaire, notamment en ce qui touche les redevances ou les indemnités dues aux propriétaires de la surface, etc., etc.

C'est encore aux tribunaux qu'il appartient de prononcer : 1° Dans le cas de contravention des propriétaires de mines exploitants, mais non encore concessionnaires; 2° Sur les difficultés relatives aux expertises ordonnées dans les cas prévus par la loi de 1810, etc.

Nous avons essayé d'exposer sommairement les principes qui régissent la matière des mines dans notre législation. Quant à ce qui concerne les minières et carrières, nous n'avons cru devoir donner aucun commentaire du texte de la loi, ce sujet sortant complètement du cercle que nous nous étions tracé.

Notre but a été de mettre tous nos lecteurs à même de suivre la filière des actes administratifs qui, depuis la recherche des mines jusqu'à leur complète exploitation, forment la loi commune des concessionnaires. Nous renvoyons ceux à qui de plus amples connaissances seraient nécessaires au répertoire de jurisprudence de Dalloz; ils trouveront au mot *Mines* le développement des textes que nous n'avons fait qu'indiquer.

Pour nous, nous allons, maintenant que nous connaissons la charte des mines, examiner comment depuis cinquante ans les houillères de nos pays se sont développées sous son règne protecteur.

CHAPITRE II.

La première pensée qui doit se présenter à l'esprit en voyant un morceau de houille, c'est que cette substance est combustible. Aussi son usage remonte-t-il à la plus haute antiquité.

Seulement, en présence de la facilité que donnaient à la consommation domestique et industrielle les immenses forêts qui, jusqu'à la fin siècle dernier, couvraient encore le sol de presque toute l'Europe, on

comprend que les combustibles minéraux aient dû longtemps être délaissés. Le défrichement des bois, au double
point de vue du développement de l'agriculture et de la
production économique de combustible, a précédé de
beaucoup de siècles l'exploitation des mines de houille.

Et pourtant, on reporte généralement à l'époque de
l'occupation romaine, les nombreux travaux anciens que
l'exploitation actuelle rencontre dans le bassin de la
Loire; en Angleterre, des monuments authentiques nous
attestent que dès la même époque les mines de houille
étaient connues et exploitées.

La Flandre eut aussi de bonne heure ses houillères,
et sans chercher à donner à la découverte du charbon
dans le pays de Liège l'origine miraculeuse que lui
attribuent les chroniques (1), il est certain que vers la

(1) Un jour, qu'un pauvre maréchal-ferrant, nommé Hullos, était
à l'œuvre dans sa forge, passa un vieillard vénérable par sa
barbe blanche et par ses cheveux blancs, portant un vêtement
blanc. L'étranger, après avoir dit le bonjour au maréchal, lui
souhaita beaucoup d'ouvrage et particulièrement un gain considérable. — O bon vieillard, quel gain voulez-vous que je fasse, puisque mon métier peut à peine me procurer du pain? Est-ce que la
plus grande partie de mon bénéfice n'est pas absorbée par l'achat
du charbon, du cockis? — Mon ami, dit l'inconnu, il y a un
moyen de rendre votre état plus lucratif. Allez près de la mon-
tagne des Moines. Là, vous trouverez, à la surface du sol, des
veines de terre pierreuse très noires. Prenez-en des fragments et
employez-les comme le charbon; ils chaufferont parfaitement le fer.
L'inconnu avait à peine achevé ces mots, qu'il avait disparu.
Le maréchal courut à l'endroit indiqué et en rapporta ladite
terre noire; l'essai qu'il en fit vérifia l'assertion du vieillard en
tout point. Aussitôt Hullos, transporté de joie, révéla à ses voisins
la précieuse découverte qu'il venait de faire, et le bruit courut
que c'était un ange probablement qui lui avait inspiré de brûler
de cette terre noire........
(HENAUX, *recherches historiques sur l'exploitation de la
houille dans le pays de Liège.*)

fin du XIIe siècle, il y existait déjà des mines de combustible en activité.

Le Hainaut vint postérieurement dans l'ordre des découvertes, et là, comme ailleurs, le hasard seul, disent les légendes, amena à reconnaître l'existence du charbon. « Un paysan qui creusait un puits dans l'intention d'y chercher de l'eau, trouva la tête d'une veine de houille. Charmé de cette découverte, il s'associa avec cinq autres pour la continuer. Ils exploitèrent cette veine à leur profit. Leur exemple fut bientôt suivi par beaucoup d'autres, qui firent une extraction considérable de charbon de terre....... »

Il ne faudrait pas cependant s'exagérer le chiffre de la production de la houille dans le Hainaut et le pays de Liége. La rareté du bois a dû, il est vrai, se faire sentir plus tôt que partout ailleurs dans ces contrées populeuses ou depuis longtemps l'agriculture enlevait tous les ans aux forêts une portion de territoire; au milieu de ces villes industrieuses qui contenaient dans leur sein de nombreuses populations agglomérées, il fallait un chauffage économique; enfin, les arts mécaniques dont les instruments se fabriquent avec le fer et les autres métaux, réclamaient l'emploi d'un combustible à la fois abondant, énergique; c'est à toutes ces causes qu'il faut rapporter la naissance des nombreuses exploitations qui, dès le XVe siècle, avaient envahi les affleurements houillers des provinces de Liége, de Namur et du Hainaut.

Nous trouvons bien encore dans le XVIIIe, et même le XVIIe siècle, des documents administratifs qui établissent qu'à Condé, à Lille, il se faisait un commerce actif de charbon de terre; à Paris même, un édit de 1692 imposait les houilles indigènes à six sols le baril et les houilles étrangères à 30 sols.

Mais il y avait loin de là à cet emploi général de la houille qui devait un jour se substituer au bois dans la consommation. Ainsi, nous voyons dans une publication scientifique du XVIIIe siècle, le Dictionnaire Économique, l'appréciation suivante des combustibles minéraux : « Le charbon de terre est une matière noire qu'on » retire de la terre et qui sert à brûler. On en trouve » par toute l'Angleterre, dans le Nivernois et dans la » Bourgogne. Les serruriers, les maréchaux et autres » artisans aiment mieux se servir du charbon de terre » que du charbon ordinaire; sa chaleur est plus violente et il rend le fer plus traitable sous le marteau. » On ne se sert presque point d'autre charbon en Angleterre, mais il salit le linge en le rendant noir, il » cause des maladies de poitrine et de consomption et » la vapeur en est maligne et d'une odeur insupportable à ceux qui n'y sont pas accoutumés. »

Ce jugement si sévère qui se rencontre unanimement chez les auteurs du siècle dernier, permettra d'apprécier le fait suivant rapporté par M. Burat dans son remarquable *Traité de la Houille :*

« Le bois étant devenu très rare et très cher à Paris » en 1774, on amena quelques bateaux de charbon de » pierre qui se débitèrent d'abord assez bien aux ports » de Saint-Paul et de l'Ecole. Le peuple y courut en » foule et même plusieurs bonnes maisons voulurent

» en essayer dans les poêles et cheminées des anti-
» chambres; mais la malignité de ses vapeurs et son
» odeur de soufre en dégoûtèrent bientôt; et la vente
» des premiers bateaux n'ayant pas réussi, les nou-
» veaux marchands de charbon de pierre cessèrent
» bientôt d'en faire venir pour la consommation de
» Paris. »

L'exploitation d'une mine de houille au XVIIIe siècle
était donc loin d'être comme de nos jours la source
d'une fortune assurée. La consommation domestique en
repoussait l'emploi, la consommation industrielle ne
devait naître que soixante ans plus tard.

C'est seulement à la fin du siècle dernier, au moment où se préparait la révolution qui devait régénérer
toutes les institutions sociales, que s'opérait la révolution industrielle que devait donner la vie à nos houillères.

L'application de la vapeur comme force motrice était
le précurseur de tous ces prodiges de l'invention
humaine qui allaient réaliser pacifiquement ce rêve
que les utopistes d'alors osaient à peine concevoir,
substituer l'emploi des forces mécaniques à celui des
moteurs animés, la puissance infinie des machines à
l'effort nécessairement très limité de l'homme et des
animaux.

Mais le moteur trouvé, il lui fallait un aliment; la
houille allait devenir le pain de l'industrie. Et certes,
ce n'est pas un des faits les moins curieux de notre
époque, que celui du développement parallèle de nos
houillères et de notre industrie.

Toutes les causes de prospérité, les circonstances locales, la fertilité du sol, l'instinct entreprenant des
usiniers, la facilité des communications et des moyens
de transport ont influé en même temps sur les progrès
des charbonnages et sur l'ensemble du développement
industriel. Et si aujourd'hui le bassin du Nord fournit
à lui seul un cinquième de toute la production houillère de la France, sera-ce à la seule puissance des
veines exploitées qu'on devra rapporter cette gigantesque
extraction ? Non certes; car les travaux de mise en
œuvre y sont plus difficiles que partout ailleurs; les
couches combustibles y sont moins épaisses.

Mais la production y est stimulée de tous côtés par
l'existence de nombreuses usines, hauts-fourneaux,
forges, sucreries, distilleries, etc., etc., qui dévorent
les produits au sortir de la mine; les canaux, les chemins de fer, les routes de terre qui sillonnent en tous
sens le pays, ouvrent le débouché inépuisable de la
consommation lointaine, et transportent nos houilles
jusqu'à Paris, jusqu'à Rouen même.

L'ensemble des besoins est si pressant, que, malgré les
efforts incessants des exploitants, la consommation
emprunta encore aux houillères belges la quantité
énorme de trente-huit millions d'hectolitres pendant
l'année 1855.

De toutes parts, les exploitations anciennes augmentent leurs moyens de production, percent de nouvelles
fosses, ouvrent de nouveaux chantiers, créent des machines plus puissantes; les exploitations nouvelles s'é-
tablissent avec des capitaux de plus en plus considéra-

bles, et l'on peut prévoir un moment prochain où la production actuelle sera doublée sans avoir atteint le chiffre demandé par la consommation.

Et ici nous devons emprunter à la statistique quelques détails intéressants sur ce qu'a été la consommation de la houille en France depuis la fin du siècle dernier, quelle a été, dans le mouvement général de l'industrie houillère, la part du bassin du Nord, et enfin quelle influence a exercé sur la prospérité du département du Nord et en particulier des districts houillers, la découverte et le développement de l'industrie charbonnière.

Des chiffres préciseront mieux les faits que nous avons signalés.

Nous empruntons à un rapport fait par Monsieur Adolphe Brongniart à la Société d'Encouragement les chiffres suivants :

En 1789 la France produisait   4,500,000 quint. mét.
    1815   9,500,000
    1830   18,000,000
    1846   44,000,000
Et en 1854   55,000,000

C'est-à-dire que la production y a doublé tous les treize ou quatorze ans depuis cinquante ans.

La consommation, nous dit Monsieur Burat, a suivi la même marche; de 1789 à 1846, elle a monté de quatre millions de quintaux métriques à soixante-six millions. Elle s'élevait, d'après le relevé des douanes, au chiffre énorme de quatre-vingt millions de quintaux métriques dans l'année 1855.

Voici comment se décomposait en 1846 la production et l'importation.

1° PRODUCTION INDIGÈNE :

	Quint. Mét.	
Bassin houiller de la Loire. .	15,217,559	
Bassin houiller de Valenciennes.	10,391,726	
Bassin houiller d'Alais. . . .	4,213,769	Quint. Mét.
Bassin houiller du Creuzot et Blanzy.	3,120,545	44,693,420
Bassin houiller d'Aubin . . .	1,803,848	
58 autres bassins carbonifères	9,946,003	

IMPORTATION :

De Belgique.	13,502,066	
De la Grande-Bretagne. . . .	6,113,010	21,939,220
Des provinces Rhénanes. . .	2,284,051	
De divers points	40,093	

En tout.	66,632,640
Exportation	543,792

Reste pour la consommation intérieure. . .	66,088,848

Si l'on pouvait supposer que les besoins de l'industrie suivissent la même progression pendant une nouvelle période de cinquante années, on arriverait en 1895 au chiffre énorme de sept cent millions d'hectolitres, dont la production serait demandée aux houillères françaises.

Dans la production totale de la France, si nous recherchons quelle a été la part du bassin du Nord, voici les résultats que donne la statistique :

En 1789 il produisait 3,750,000 quint. mét.
1801 2,400,000
1830 4,000,000
1840 8,000,000
1846 10,391,726
Enfin en 1854 14,292,064

Si nous comparons ce chiffre déjà si considérable à ceux qu'a offerts, dans la même année 1854, le tableau de la production indigène et de l'importation, nous obtenons les résultats suivants.

Quint. Mét.

L'exploitation indigène du Nord a donné 14,292,064

Il a été importé dans le cours de la même année :

Quint. Mét.

1° Des bassins Anglais. . . 69,368
2° Du bassin de Mons. . . 17,592,282 ⎱ 21,662,344
3° Du bassin de Charleroy. 4,000,121 ⎰

Total en production et importation. . 35,954,402

La consommation du département du Nord est évaluée à une quantité de. 16,455,701

Il a été exporté pendant la même année sur les autres départements, Seine, Pas-de-Calais, Somme, Aisne, Seine-Inférieure. . 19,354,940

Sur l'étranger : Belgique, Angleterre, Pays-Bas. 143,761

Total égal. 35,954,402

Nous n'avons pu encore nous procurer le tableau général de la production du bassin du Nord en 1855 ; nous savons cependant que la production a encore dépassé celle que nous venons d'écrire d'au moins 20 p. %; quant à l'importation belge, elle a monté, d'après le relevé des douanes, à un chiffre qui laisse encore au développement de nos houillères un avenir indéfini.

L'influence qu'exerça le développement de l'industrie houillère sur l'accroissement de la population des centres d'extraction, n'est pas moins remarquable. Anzin, dont le nom est aujourd'hui proverbial, n'était en 1699, lors du recensement qui fut fait du Haynaut français, qu'un misérable village de 45 feux, peuplé par deux cent vingt-un habitants. Cent ans plus tard, en 1800, il comptait trois cent soixante-sept maisons et deux mille huit cent quatre-vingt-dix-huit habitants. En 1846, la population, dans l'espace de moins de cinquante années, avait encore doublé et l'on comptait dans la même agglomération un total de quatre mille quatre cents âmes. Nous en dirions autant de Fresnes, de Vieux-Condé, de Denain qui, en 1831, avait seize cents habitants et dont la population de huit mille âmes, tend aujourd'hui à s'accroître de jour en jour.

Parlerons-nous de Lourches, il y a vingt ans encore composé de quelques pauvres chaumières? A Lourches, la première personne inscrite à l'état-civil au livre des naissances est encore aujourd'hui une jeune femme, et le recensement accuse une population actuelle de quatre mille habitants.

En économie sociale, l'accroissement de population

est toujours corrélatif du développement de la richesse
publique. Aux populations disséminées et peu nombreuses correspond un état social peu prospère; les
centres populeux sont l'indice certain d'un développement industriel et commercial. Il faut avoir parcouru
les districts houillers du bassin du Nord pour se figurer
la richesse que peut produire une industrie fécondée
par les capitaux et le travail. Nous ne parlerons pas des
exploitations elles-mêmes qui se révèlent au jour par
leurs constructions imposantes, par les approvisionnements de bois et de matériaux qui doivent aller soutenir
les galeries souterraines, par les fours à coke, dont les
longues lignes flamboyantes présentent la nuit un aspect
fantastique. Nous ne citerons pas les hauts-fourneaux,
les forges, les laminoirs qui dévorent tous les jours la
plus notable partie des combustibles extraits. Mais en
dehors de ces établissements, qui n'ont leur existence
possible que sur le terrain même des houillères, chaque
année, chaque jour même voit éclore une industrie
nouvelle, s'élever une usine. Les verreries, les sucreries, les distilleries, les fabriques de chicorée et de
produits chimiques, se créent, se développent et donnent chaque jour à la fortune publique un nouvel
élément. Pourrait-on craindre que les bras viennent à
manquer à l'agriculture au milieu de cette progression
de l'industrie? Ouvrez la statistique générale et vous
verrez que le département du Nord, et l'arrondissement
de Valenciennes en particulier, sont cités comme tenant
le premier rang parmi les plus avancés. Quelle preuve
encore plus concluante que le prix fabuleux auquel on

estime le sol. Douze mille francs par hectare est un prix de vente commun, et une location de trois cents francs pour la même quantité se rencontre fréquemment. Avant même que l'Etat eût songé à doter nos pays de ces voies de communication si rapides, que toutes les distances paraissent pour ainsi dire effacées; la compagnie d'Anzin avait déjà relié par un chemin de fer ses deux points les plus riches d'exploitation. Et quand plus tard, la grande ligne du Nord eut donné un nouvel élément de succès à nos contrées, toutes les exploitations firent leurs efforts pour s'y raccorder; toutes, aujourd'hui, sont desservies par des moyens de transports; et quand la consommation locale ne suffirait pas à absorber tous les charbons extraits, la production ne s'en ralentirait pas, tant sont faciles, tant sont économiques les voies de communications ouvertes aux exploitants.

Aussi, est-ce avec certitude que l'on peut répéter à tous ceux qu'intéresse directement ou indirectement le succès de nos exploitations houillères : L'industrie compte sur vous, quelque grands que soient les sacrifices à faire, quelqu'immenses que soient les capitaux à dépenser, marchez; la consommation qui vous presse aujourd'hui, vous pressera bientôt davantage.

En étudiant l'origine des exploitations et leur situation présente, nous trouverons un fécond enseignement, et chacun restera convaincu qu'à un passé riche déjà, succèdera un plus riche avenir.

L'Histoire des Houillères du Nord rencontre, à son début, le nom d'un homme à qui nos pays doivent leur prospérité industrielle.

A une époque où la consommation du charbon minéral était encore singulièrement restreinte, et ne trouvait guère d'autres débouchés que les ateliers de for-
gerons et les usages du foyer domestique, le comte
J. Des Androuins, poussé déjà par l'exemple du succès
qu'obtenait de l'autre côté des frontières du Hainaut
français l'industrie houillère, animé aussi de ce feu
sacré qui dévore les hommes de génie, le comte Des
Androuins, commençait sur le territoire de Fresnes les
premiers travaux de recherches.

Et qu'il nous soit permis de le dire en passant : ne
serait-il pas temps que, de nos jours, une solennelle
consécration fût donnée à sa mémoire dans ces contrées
qu'enrichit sa découverte, et que la ville de Valenciennes, qui a vu naître et se développer son immense
fortune, grâce aux mines de houille, offrît à celui qui
arracha à la terre le secret de ses trésors, l'hommage
d'un monument? Nous voyons tous les jours élever des
statues à ceux qui gagnèrent la brillante illustration
des champs de bataille; ne serait-il pas juste aussi de
perpétuer les traits de ceux qui, dans l'arène pacifique
de l'industrie, firent triompher le progrès?

Quoiqu'il en doive être de cette opinion, constatons,
dès l'abord, qu'en 1717, le comte Des Androuins, à la
suite de profondes études et de patientes recherches,
découvrit sous le territoire de Fresnes les premières
couches de houille du bassin français du Nord.

Dans le développement particulier que nous consa-
crerons à l'histoire de la compagnie d'Anzin, nous
trouverons associés à son nom, celui des Taffin, des

Mathieu qui, aujourd'hui encore, voient leurs descendants se perpétuer dans la direction des grandes houillères de notre bassin. Mais dans ce rapide exposé, qu'il nous suffise de constater que ces intrépides chercheurs ne se découragèrent pas. Aux difficultés presqu'insurmontables que faisait naître la présence d'immenses nappes d'eau souterraines, jaillissant au milieu des travaux, Mathieu opposait l'invention du cuvelage. La consommation laissait de côté les charbons maigres et pierreux de Fresnes, Des Androuins rechercha l'étage houiller qui devait donner un produit analogue à ceux des exploitations du pays de Mons. Enfin, après dix-sept ans de travaux non interrompus, après avoir percé dix-sept avaleresses ou puits de recherches, inventé machines sur machines, enfoui trois millions, Des Androuins arriva en 1734, aux portes de Valenciennes, à recouper, dans la commune d'Anzin, la première veine de charbon gras. Il était temps; son génie avait triomphé, mais sa fortune était engloutie.

A cette date (1734), il faut rapporter l'origine de la fortune de la célèbre compagnie d'Anzin. Non pas que les inventeurs eussent, à partir de ce moment, vu l'avenir se dessiner magnifique. A la lutte contre les éléments succéda pour eux la lutte contre les intérêts opposés à leur établissement. Les compagnies rivales, les seigneurs haut-justiciers que réclamaient des redevances considérables, la nécessité de faire constamment face à de nouveaux travaux, les conduisirent jusqu'en 1757, époque où une fusion de tous les prétendants fut décidée dans l'acte d'association

qui est aujourd'hui encore la charte de la Compagnie
d'Anzin.

Dire quelle foule de concurrents le succès des Des
Androuins et des Mathieu devait faire naître serait
chose impossible. De tous côtés, des associations se
formèrent, des capitaux se réunirent, des travaux s'or-
ganisèrent. La science n'avait pas encore enseigné
quelles étaient les limites du bassin; aussi vit-on les
recherches dirigées vers les points les plus singulièrement choisis. Dans les environs d'Avesnes on fouilla
sans succès à Jeumont, à Berlaimont, à Sassignies, à
Landrecies en 1735; dans les environs de Cambrai, à
Prémont en 1756; à Glageon en 1775; à Villers-Pol et
à Orsinval dès 1756. Nous ne pouvons citer tous les
points où l'aveugle manie des chercheurs de houille les
entraîna. Mais à côté de ces tentatives qui ne devaient
aboutir qu'à la ruine de leurs auteurs, nous devons
signaler une tendance qui poussait les esprits dans la
direction de l'Artois.

Parmi les compagnies qui firent dans ce pays la recherche de la houille, il en est une qui mérite une
mention pour sa persévérance et ses nombreux travaux.
C'est la compagnie Willaume Turner qui, en 1752, exé-
cutait à Marchiennes une recherche que l'abondance
des eaux forçait d'abandonner à 250 pieds. En même
temps, elle entreprenait une avaleresse à Ecrechin,
près Douai. Les travaux souvent interrompus, toujours
repris, ne cessèrent qu'en 1759, après avoir coûté
260,000 livres.

La même compagnie explorait en 1758, à Brebières,

près Douai; en 1759, à Rœulx-en-Artois; en 1761, à Fampoux, à Bugnicourt, et enfin à Monchy-Preux qui devait, soixante ans plus tard, voir les mêmes tentatives se renouveler avec la même chance et de nouveaux capitaux s'enfouir à côté de ceux que la compagnie Turner avait engloutis.

La compagnie Turner ne fut pas la seule qui chercha la houille en Artois. En 1744, les états de cette province avaient accueilli une demande en concession formée par la compagnie Dona, comprenant Lens, Serven, Villers-Chatel, Sombrin, Arras, Fampoux et Farbus. Les travaux n'aboutirent à aucun résultat. En 1747, le sieur De Villers, de Frévent, obtint, par arrêt du 10 mars, la concession de tout l'Artois. Il explora de 1748 à 1762, à Arras, à Pernes, à Souchez, à Monchy-le-Preux. Les travaux furent abandonnés, dit-on, « sur l'idée que » certains membres de la compagnie s'étaient faite, que » les ouvriers du Hainaut qu'elle employait étaient in-» fidèles. »

En 1762, les états d'Artois demandèrent la concession de toute la province, et promirent une récompense de deux cent mille livres à celui qui exploiterait le premier le charbon dans l'Artois. Trois compagnies se présentèrent en 1778 et 1779, entre lesquelles la province fut partagée : ce furent la compagnie d'Aniche ou de marquis de Trainel, qui n'entreprit jamais de travaux sérieux en Artois; la compagnie d'Anzin qui fit sans succès des recherches à Villers-Brulin, à Berlette et au-delà de Saint-Pol, et enfin la compagnie du duc de Guines qui, en 1780, poussa un sondage entre Lille et

Aire. En 1781, elle entreprit un puits à Achicourt, au sud d'Arras, « et malgré les efforts réunis de deux » pompes à feu et une machine à quarré posées sur le » même puits, on ne put, par sept années de travaux » infructueux, vaincre les eaux du niveau. Ce puits » n'atteignit tout au plus qu'une profondeur de 57 mè- » tres. » En 1788, on commença une fosse à Tilloy, sur la route d'Arras à Cambrai. Les travaux qui semblaient, dit-on, promettre du succès, furent abandonnés après quatre ans, par suite de l'augmentation incessante des eaux et d'un accident qui arriva et compromit la sûreté du puits. La Révolution dispersa les associés.

Nous n'avons pu que parcourir d'une manière bien sommaire l'histoire déplorable de ces travaux de recherche. Mais il est facile de juger par le nombre des puits qui furent successivement repris et abandonnés, quelles sommes immenses durent être dépensées en pure perte. Les causes auxquelles on peut rapporter ces insuccès si nombreux sont, en première ligne : l'ignorance où l'on était encore à la fin du siècle dernier du mode d'existence des formations houillères ; et ensuite la fausse opinion où se mettaient tous les chercheurs, que la houille représentait à l'intérieur du sol une sorte de bande qui, partout, devait se trouver à la même profondeur. Aussi, voit-on, à peu d'exceptions près, tous les sondages et les puits de recherche s'arrêter à une profondeur de soixante-quinze ou quatre-vingts mètres. On ne voyait que les résultats atteints par la compagnie Des Androuins, sans observer qu'il existait dans le bassin une direction unique qui allait toujours s'enfonçant sous les terrains supérieurs dans la ligne de l'est à ouest.

De toutes les compagnies qui se formèrent après le succès d'Anzin, une seule, guidée par l'expérience ou servie par le hasard, atteignit dans le Nord le but si vivement poursuivi : ce fut la compagnie d'Aniche ou du marquis De Trainel. Nous reviendrons, en traitant son histoire, sur tous les faits qui signalèrent ses travaux. Citons seulement l'époque de sa formation (1773). Elle marque, non-seulement une date, dans l'histoire houillère de nos pays, mais elle est encore le signe d'une tendance basée sur les faits et le raisonnement, à poursuivre le prolongement du bassin dans la direction est-ouest. C'était un grand pas vers l'avenir, et un jour devait arriver où l'activité humaine, s'appuyant sur la situation de cette concession, chercherait la suite des veines dans la direction du Pas-de-Calais, et engendrerait cette série d'exploitations qui sillonne aujourd'hui le Nord de la France jusqu'au-delà de Béthune.

Les travaux de la compagnie d'Aniche furent poussés avec activité; mais les premiers résultats ne répondirent pas aux espérances qu'on avait conçues; et quand la Révolution française arriva, on avait déjà dépensé la somme de treize cent mille livres sans être parvenu à une extraction annuelle de plus de quarante mille quintaux métriques. C'était peu, mais le problême était résolu, et cinquante ans plus tard, sous l'impulsion d'une direction appuyée sur les capitaux et l'intelligence, l'exploitation d'Aniche devait prendre rang parmi les plus prospères du bassin du Nord.

Anzin, dans toute la longue période qui s'écoula de
1757 à 1789, était donc une puissance sans rivale. Sa
production augmentait chaque année; elle était venue,
en 1791, à produire annuellement plus de trois millions
de quintaux métriques; ses ouvriers formaient un total
d'au moins quatre mille hommes. Enfin, son périmètre
s'était successivement aggrandi et se composait, quand
vint la Révolution, des concessions de Fresnes, Vieux-
Condé, Anzin et Saint-Saulve.

Ici finit la première période de l'industrie houillère
du Nord. L'invasion des armées étrangères dans nos
contrées amena une perturbation dans les exploitations
qui, victimes des chances de la guerre, furent ruinées,
brûlées ou dévastées par l'ennemi. Au sortir de la tourmente, la compagnie d'Anzin, déjà si puissante, avait
dû réduire de plus de moitié le chiffre de sa production.
Mais grâce à la richesse inépuisable de ses concessions,
grâce à l'activité de son administration, les plaies qu'a-
vaient produites les désastres de 1793 se cicatrisèrent
rapidement, et, en 1831, elle avait reconquis son ancienne splendeur, et se développait par l'adjonction à
son périmètre, déjà considérable, des deux concessions
de Denain et d'Odomez. La première, surtout, devait
en quelques années, devenir un puissant foyer industriel et le plus beau fleuron de sa couronne.

Une ère nouvelle s'ouvre en 1832 pour les houillères.
Nous avons passé en revue les innombrables tentatives
qui avaient signalé la seconde moitié du siècle dernier.
Un fait dominait toutes ces entreprises: c'était la ferme
volonté qui animait les chercheurs de mener à fin, avec

leurs propres ressources, les entreprises commencées, et leurs actes d'association les dépeignent tous comme devant, sans modification à leur pacte social, devenir exploitants à leur nom personnel. Un élément nouveau allait entrer dans la constitution des compagnies charbonnières. L'esprit d'association, qui n'était encore qu'en germe dans les premières entreprises, allait régner dans toute sa puissance, et engendrer ces gigantesques réunions de capitaux que n'auraient osé rêver les Des Androuins ou les Trainel. Mais l'association, par cela seul qu'elle existe, donne presqu'inévitablement naissance à la spéculation. C'est le caractère propre de la seconde époque de l'industrie houillère d'être l'occasion, le prétexte même de spéculations qui atteignirent parfois le degré d'effronterie qu'avait jadis su atteindre la trop fameuse banque de Law. Une frénésie sembla frapper les populations entières. Mais si nos contrées du Nord comptèrent bien des victimes, au moins les résultats magnifiques, qui couronnèrent bon nombre de recherches, furent-ils pour la richesse publique et les fortunes particulières, un résultat singulièrement heureux.

Une ordonnance du roi, du 12 février 1832, portait création de la concession de Douchy, avec un périmètre de 34 kilomètres, 19 hectares 26 ares. Les actions de la compagnie concessionnaire, vivement recherchées par la faveur publique, atteignirent, en moins de deux ans, des prix fabuleux. De deux mille francs qu'elles valaient alors, elles montèrent jusqu'à trois cent mille francs. Un pareil succès, que rien pourtant alors ne justifiait, devait éblouir bien des yeux, faire tourner bien des

têtes. Aussi vit-on les associations se multiplier, les recherches s'établir de tous côtés et le sol du département
se perforer sous les coups de sonde des chercheurs.
Beaucoup y furent entraînés sans se rendre bien compte
des résultats qu'ils pouvaient obtenir. Les plus sérieux,
les plus intelligents eurent soin de s'écarter le moins
possible de la ligne reconnue et exploitée par les
concessionnaires anciens. C'est ainsi que nous voyons
concéder, en 1832, par ordonnance du roi en date du
6 octobre, les terrains limitrophes de la compagnie
d'Anzin sur le territoire de Bruille. Cette concession
devait plus tard, par une fusion, former un des éléments de la riche compagnie de Vicoigne. Quelques
années plus tard, la concession de Bruille, qui ne
comptait dans l'origine que 403 hectares de surface,
s'aggrandissait par la concession de Château-l'Abbaye
(Ordonnance du roi du 17 août 1836). — Dans la même
période, des sociétés de recherches créées à Cambrai, à
Douai, à Valenciennes, exploraient en même temps
les lisières du bassin, et après des succès divers, donnaient naissance aux concessions de Marly (Ordonnance
du roi du 8 décembre 1736), d'Hasnon (Ordonnance du
roi du 27 janvier 1840), de Vicoigne (Ordonnance du
roi du 12 septembre 1841). Les deux dernières devaient
peu de temps après, se fusionnant avec les concessions
de Bruille et de Château-l'Abbaye, former la compagnie
de Vicoigne que nous trouvons, quelques années plus
tard, faisant avec succès des recherches dans le Pasde-Calais et établissant un nouveau centre d'exploitation sous le nom de concession de Nœux.

Au midi d'Aniche, la découverte de la houille sous les communes d'Azincourt et d'Erchin, donnait lieu à la formation de la compagnie d'Azincourt et à une concession, en date du 29 décembre 1840.

La partie de territoire qui s'étend entre la frontière belge et les concessions de Fresnes et Vieux-Condé devait séduire les chercheurs de houille. Un terrain vacant semblait là, ouvrir un nouveau champ d'exploitation. De Thivencelles et de Crespin, on voyait, d'un côté la fumée des hautes cheminées des exploitations du Borinage, de l'autre, la flamme des fours à coke d'Elouges. Dans le territoire français s'élevaient d'abord les exploitations de Fresnes et de Vieux-Condé; plus loin, les chantiers d'Anzin! Les probabilités prenaient les proportions de certitudes. Aussi, vers 1840, de nouvelles explorations étaient tentées sur les territoires de Thivencelles, de Saint-Aybert, de Quiévrechain, d'Escaupont. Des intérêts particuliers nous ont amené à connaître le détail des travaux qui avaient été entrepris sur ces deux points, et nous avons la conviction que la houille existe sous tous ces territoires. Des concessions accordées par ordonnance du roi du 10 septembre 1841, consacraient la prise de possession sur les points que nous venons d'indiquer. Elles sont insérées dans ces termes au *Bulletin des Lois :*

« 1° Ordonnance portant concession aux sieurs duc » de Dalmatie, marquis de Dalmatie, Genty de Bus- » sy, comte de Noue et autres, des mines de houille » existant dans les communes de Vicq, Quaroube, » Thivencelles, Saint-Aybert et Crespin (Nord.) Cette

» concession prendra le nom de *Concession de Thi-*
» *vencelles ;*

» 2° Aux mêmes, des mines de houille situées dans
» les communes de Fresnes, Escaupont et Vicq (Nord.)
» Cette concession prendra le nom de *Concession d'Es-*
» *caupont ;*

» 3° Aux sieurs vicomte de Preval, Maherault et
» autres, des mines de houille existant dans les com-
» munes de Thivencelles et de Saint-Aybert (Nord.) Cette
» concession prendra le nom de *Concession de Saint-*
» *Aybert ;*

» 4° Enfin, ordonnance du roi, portant fixation des
» limites de la concession des mines de houille dites *de*
» *Fresnes* (Nord.) »

Toutes ces concessions, sérieusement exploitées, mais
dans des conditions difficiles, se fusionnèrent en une
seule, qui prit la dénomination de concession de Fres-
nes-Midi, mais qui n'a réalisé à ce jour d'exploitation
que sur le seul territoire de Fresnes.

Quel que soit devenu le sort de chacune de ces compagnies, quelque résultat qu'ait donné plus tard l'exploitation du terrain houiller reconnu, toujours est-il
que son existence dans chacun des périmètres concédés
ne saurait être révoquée en doute.

Le bassin du Nord entre 1841 et 1846 fut l'objet
d'explorations nombreuses; parmi les compagnies qui
entreprirent des travaux sérieux, une surtout, celle des
Canonniers de Lille, mérite d'être citée tout particulièrement pour sa persévérance et les sacrifices qu'elle
s'imposa. Ses travaux n'ont malheureusement abouti

qu'à la rencontre de trois couches peu épaisses et peu régulières de houille maigre; la fosse de Marchiennes, que cette compagnie a fait ouvrir, n'a pas pu l'indemniser des dépenses considérables qu'elle a faites ; toute pensée d'exploitation y est aujourd'hui, sinon complètement abandonnée, au moins ajournée.

Une autre compagnie, celle de Crespin, avait obtenu une concession et commencé une avaleresse sur le territoire de Quiévrechain, auprès de la station du chemin de fer du Nord, à Blanc-Misseron; nous ne pouvons dire si les travaux de recherches qui avaient précédé l'instance en concession avaient rencontré le terrain houiller; mais nous savons, qu'après avoir été abandonnés pendant plusieurs années, ils ont repris vigueur depuis plusieurs mois, par l'initiative de M. le comte de Seraincourt. Il est à désirer que ces nouveaux travaux, sérieusement conduits par la compagnie des sondages Kind, viennent jeter la lumière sur l'allure de la partie du bassin qui s'étend depuis la frontière belge jusqu'aux exploitations de houille grasse d'Anzin.

Cette question, intéressante aujourd'hui était, il y a dix ans, considérée comme accessoire en présence du grand problème qui préoccupait tous les esprits, celui du prolongement occidental du bassin.

Nous savons déjà que depuis longtemps tous les regards se tournaient vers le département du Pas-de-Calais. Il était logiquement impossible que le bassin qui, à Aniche, est d'une puissance de veine et d'une largeur considérable, se terminât brusquement en une sorte d'impasse. Ce fait, contraire à toutes les données

géologiques, n'eût pu s'expliquer que par un cataclysme
qui aurait brusquement modifié les terrains. Or, rien
de semblable ne se faisait deviner soit dans les travaux
souterrains, soit à la simple inspection de la surface du
sol. Le bassin devait donc suivre sa direction vers
l'ouest et s'étendre dans le département du Pas-de-
Calais. Mais ici les renseignements manquaient. La
compagnie d'Aniche, alors encore peu prospère, n'avait
pu reconnaître la nature des terrains formant la limite
occidentale de sa concession. D'un autre côté, les recherches malheureuses entreprises aux environs d'Arras,
à Vis, à Monchy-le-Preux, avaient établi que la direction devait se porter vers le nord-ouest. Guidée par
ces précédents, par les échecs de ceux qui avaient frayé
le chemin, la compagnie de la Scarpe, dont le siège
était à Cambrai, dut à l'initiative de son président,
M. Soyez, d'établir un sondage auprès des limites occi-
dentales d'Aniche. Ce sondage, entrepris vers 1846,
rencontra le terrain houiller à la profondeur de 134
mètres. Le problème était résolu. Le bassin se continuait
vers le nord-ouest. Un déplacement de son axe avait abusé
les premiers explorateurs. La compagnie de la Scarpe
avait ouvert une voie nouvelle à l'industrie houillère.

Et bientôt on vit s'établir, sur tous les points du
prolongement supposé, des travaux de recherche qui
amenèrent successivement la découverte du charbon à
Hénin-Liétard, à Courrières, à Lens, etc. De puissantes
compagnies, profitant habilement des ruineuses expériences qu'avaient faites les premiers explorateurs foncèrent rapidement de nouveaux puits d'extraction, qui

furent le germe de toutes les concessions aujourd'hui flo-
rissantes d'Hénin-Liétard, Courrières, Lens, Bully-Grenay et Nœux. Un fait bien caractéristique, c'est que les
concessionnaires habilement guidés dans leurs travaux
préparatoires par les ingénieurs des mines, et surtout
par M. Dusouich, dont le nom doit rester attaché à la
découverte du prolongement de la zône houillère dans
le Pas-de-Calais, obtinrent leurs concessions de manière à embrasser les deux lisières du bassin. Ce mode
de répartition permit à tous de développer d'une manière uniforme l'ensemble des travaux et laissait à
chaque concession, dans son entier, l'ensemble des fais-
ceaux de veines que pouvait contenir chaque étage de
la formation.

Au-delà de ces premières exploitations, les recherches
se succédèrent avec ardeur. Mais à Béthune et au-delà de
Béthune, les incertitudes relativement à la direction du
bassin recommencèrent, et aujourd'hui encore la question n'est pas résolue. Des explorations faites à l'ouest et
au midi de Béthune ont rencontré la houille et donné
lieu aux concessions de Bruay *(compagnie Lecomte)*, et
de Ferfay *(compagnie Chartier)*; une recherche tentée
à Vendin, a également trouvé du charbon, la compagnie constituée pour exploiter cette découverte est
aujourd'hui en instance devant l'administration pour
obtenir la concession.

Dans cet état de choses, les avis des hommes compé-
tents sont partagés sur la direction à donner ultérieurement aux travaux de recherches. Divers sondages,
entrepris dans l'intervalle qui sépare l'exploitation de

Ferfay, qui occupe la position la plus occidentale du bassin, des houillères d'Hardinghen et de Ferques dans le Boulonnais, n'ont pas permis de conclure à une continuité entre ces deux points, et paraissent indiquer Ferfay comme le centre d'une sorte de golfe qui se serait produit sur ce point du bassin.

Il resterait donc à tenter de suivre aujourd'hui la direction vers le nord-ouest, et de ce côté encore, il est fort difficile d'asseoir une opinion sur des faits suffisamment concordants pour permettre de prononcer avec certitude. Quoi qu'il en soit, sentinelle avancée, la compagnie de Vendin-lez-Béthune forme aujourd'hui l'avant-garde des exploitants. Son périmètre est une sorte de phare qui doit guider les explorateurs dans la mer de l'inconnu. Plusieurs, déjà, ont, depuis son établissement, fait naufrage dans leurs recherches. Un jour viendra où la nouvelle énigme adressée à l'industrie houillère trouvera son Œdipe, et le temps n'est pas loin, peut-être, où la continuité de notre bassin du Nord avec celui du midi de l'Angleterre, sera complètement démontrée.

Et maintenant, si nous jetons rapidement un regard en arrière, combien nous semble déjà loin de nous l'époque où les compagnies d'Anzin et d'Aniche exploitaient seules le bassin du Nord; vingt ans sont à peine écoulés et vingt concessions, utilement exploitées, versent à l'industrie des produits considérables déjà, mais pourtant insuffisants à satisfaire la consommation.

Pourquoi faut-il qu'au milieu de cet enchaînement de faits si prospères, ici encore comme au siècle der-

dernier, nous ayons à enregistrer bien des recherches vaines, bien des capitaux enfouis en pure perte, bien des désastres, bien des ruines. Hélas! nous l'avons déjà dit, la spéculation avait, dès 1832, remplacé pour beaucoup l'esprit de recherche. Sans notions préalables, sans autre mobile que la soif du gain, sans autre donnée que l'éternel *qui sait ?* on se précipitait aveuglement dans les aventures. Les actions de recherche, c'est-à-dire l'espérance d'une éventualité très douteuse, se vendaient, s'achetaient à des primes fabuleuses. C'est ainsi qu'ont été successivement entrepris des travaux à travers tout le département du Pas-de-Calais, dans l'arrondissement de Cambrai, dans celui d'Avesnes. Les noms de Monchy-le-Preux, de Cantin, d'Ecrechin, de Banteux, de Bouchain, sont encore dans la mémoire de ceux que nous liront, comme des souvenirs de déceptions et d'aveuglement.

Après ce rapide exposé si nous jetons les yeux sur la situation de l'industrie minière jusque dans les vingt dernières années, nous la voyons restant le monopole exclusif de quelques grands capitalistes qui exploitaient, sans les développer, les anciennes concessions, et ne songeaient à tirer de ces valeurs qu'un produit relativement peu considérable.

Jusqu'à la fin du siècle dernier, la consommation domestique seule fournissait aux houillères un débouché régulier. Le bois était le seul combustible reconnu dans la majeure partie du pays. Les appareils de chauffage mal combinés pour l'usage de la houille contribuaient à propager l'opinion que le combustible minéral traînait nécessairement après lui tous les inconvénients d'une épaisse fumée et d'une odeur infecte. Le préjugé était tellement enraciné que quelques bateaux de charbon du Nord amenés à Paris pendant le rigoureux hiver de 1774, ne purent même au milieu de la disette de bois, trouver d'acquéreurs et que les pauvres même refusèrent de s'en servir.

Cette situation peu encourageante pour l'industrie houillère allait sans doute se modifier notablement par la révolution que l'emploi de la vapeur comme force motrice allait imprimer à toutes les branches de l'industrie.

Mais la tourmente révolutionnaire et bientôt après les guerres de l'Empire paralysèrent dans son essor l'industrie qui naissait, et c'est seulement avec la Restauration que nous voyons commencer cet immense mouvement industriel et commercial qui devait aller toujours progressant dans de gigantesques proportions jusqu'à nos jours, mouvement tel que nous n'en pouvons même encore aujourd'hui percevoir la limite.

Sans vapeur, plus d'industrie; sans charbon, pas de vapeur : tel fut le problème posé à la science moderne. Cet élément premier, ce pain, si nous pouvons nous exprimer ainsi, viendrait-il à manquer? le mouvement s'arrêterait tout-à-coup, l'industrie tout entière rentrerait dans le néant.

Ces craintes, formulées par des esprits sérieux mais défiants, stimulèrent les efforts. De languissante qu'elle était, l'exploitation des houillères devint énergique et puissante. Des recherches, d'abord isolées, bientôt nombreuses, quelquefois stériles, mais souvent aussi couronnées d'un prompt succès, éveillèrent l'esprit de la spéculation, et attirèrent des capitaux qui, d'abord timides, bientôt plus audacieux, se jetèrent dans la nouvelle voie ouverte aux découvertes.

Quel a été le sort de ces hardis explorateurs, de ces pionniers de l'industrie minière ? nous n'avons pas pour mission de le décrire. Rappelons une fois encore le nom du comte Des Androuins qui leur ouvrit la route. Moins heureux que lui, beaucoup n'arrivèrent pas à temps. Bien des spéculateurs, saisis par la fièvre houillère qui de 1834 à 1838 avait traversé tous les esprits, succombèrent sous les coups du fléau; bien des lutteurs restèrent sur le champ de bataille; d'autres se retirèrent à temps de la lice, mais non sans avoir plus ou moins profondément entamé leur patrimoine. Beaucoup aussi, hâtons-nous de le dire, durent au succès de leurs découvertes, de rapides et brillantes fortunes.

Pourquoi des sorts si différents furent-ils le partage des uns et des autres ? La question est assez complexe pour qu'elle mérite d'être, sinon complètement élucidée, au moins suffisamment indiquée pour servir d'ojet aux sérieuses méditations de ceux qui tenteraient de nouvelles explorations.

Et d'abord, mettons au premier rang des causes qui amenèrent de si cruels mécomptes, l'ignorance où l'on était jusque dans les dernières années du mode d'existence des formations houillères. On s'imaginait assez généralement que le charbon minéral existait partout, et qu'il suffisait de fouiller dans l'intérieur de notre globe, à une profondeur plus ou moins considérable

pour atteindre le gisement du précieux combustible.
Aussi, sous l'empire de cette idée préconçue, vit-on les
entreprises les plus bizarres se créer, s'annoncer prompt-
tement et attirer à elles sur l'espoir d'un résultat chi-
mérique, les capitaux les plus récalcitrants jusque là,
à toute idée industrielle.

Aujourd'hui, l'état de la science ne permet plus aux
esprits de pareils égarements. L'étude des différents
étages superposés qui forment la croute du globe, a
permis, aux hommes pratiques comme aux savants, de
déterminer d'une façon précise, l'âge et l'antériorité de
chacun des terrains traversés par la sonde. De patientes
recherches, des observations multipliées sur mille points
différents, ont permis aux Cuvier, aux Elie de Beau-
mont, aux Dufresnoy, de préciser à la seule vue d'un
échantillon quelle était la période géologique à laquelle
on pouvait le rapporter. Des études plus circonscrites,
entreprises dans le département de Saône-et-Loire, par
M. Manès, dans le Nord et le Pas-de-Calais, par
M. Dusouich, ont notamment permis de délimiter avec
précision les bassins d'Epinac et de Blanzy et le grand
bassin du Nord. Grâce à ces données scientifiques, les
recherches ont perdu leur caractère purement aléa-
toire, et si l'on ne peut encore dire qu'elles procèdent
avec certitude, la pensée de recherche excluant par
elle-même celle d'un résultat connu, au moins sont-
elles suffisamment rationnelles, et n'avons-nous plus le
triste spectacle de travaux commencés au milieu de
terrains que leur situation géologique démontre clairement être antérieurs à la formation houillère,

Une cause non moins fréquente d'insuccès dans les recherches autrefois pratiquées, était dans l'imperfection des instruments employés, dans l'inexpérience de ceux qui conduisaient les travaux. On le comprend, tant qu'il ne s'était agi que de pénétrer dans le sol à de petites profondeurs, un outillage quelconque pouvait, sans inconvénient, s'appliquer, un ouvrier ordinaire pouvait sans soin, le manœuvrer. Mais lorsque les morts terrains mirent entre la surface et le gisement houiller, une distance de cent cinquante ou deux cents mètres, les difficultés allèrent croissant dans une proportion effrayante. Il fallait conserver au trou de sonde une direction verticale, parer aux éboulements que produisaient les sables et les couches tendres, imaginer des engins puissants pour manœuvrer les énormes outils destinés à perforer les bancs les plus durs. Les Mulot, les Degousée, les Kind ont successivement apporté dans les travaux de recherches de si immenses perfectionnements, que l'art des sondages est aujourd'hui une spécialité dans l'industrie minérale.

L'individu ou l'association qui avait pu parvenir à franchir ces obstacles, n'était encore qu'au seuil de la carrière. L'association, cette puissance immense que l'esprit de notre siècle a mise au secours de l'industrie, n'était pas encore universellement appliquée à l'industrie houillère. Des capitaux immenses, quant aux ressources de ceux qui les livraient, mais insuffisants, quant aux travaux à exécuter, n'aboutissaient le plus souvent qu'à produire une exploitation incomplète, et dont les développements étaient subordonnés à une

longue suite d'années de prospérité. Quelquefois même,
et nous en avons vu des exemples, un puits commencé
restait ouvert et inachevé, faute de capitaux pour en
poursuivre le percement.

A toutes ces causes, joignons enfin les difficultés
toujours nouvelles que présentait à chaque pas l'exploitation de terrains inconnus ; les obstacles sans cesse
renaissants qu'offraient les immenses nappes d'eau souterraines qui se trouvent au milieu des couches de
terrains ; l'emploi encore restreint des machines à
vapeur pour l'épuisement des eaux, et nous devrons
reconnaître que, pour surmonter ces pénibles épreuves,
il fallait joindre au feu sacré de la spéculation le sentiment bien profond de la nécessité du succès.

L'habile administration des hommes qui se mirent à
la tête de la plupart des sociétés d'exploitation sut, au
milieu de la débacle qui suivit le premier enthousiasme,
ranimer les courages, rallier les capitaux, faire des
prodiges pour suppléer à la pauvreté des ressources par
l'énergie du dévouement. Pendant le même temps, le
génie inventif des ingénieurs s'aiguisa au frottement
des obstacles. Dans cette lutte contre les éléments, se
forma rapidement cette génération intelligente, sérieuse
de savants pratiques qui, à chaque problème, trouvèrent une solution, à chaque obstacle, un remède, et
parvinrent, par d'incessants efforts, à codifier, si nous
pouvons nous exprimer ainsi, les règles et les principes
de l'industrie minière. Par des prodiges de génie, les
niveaux les plus formidables ont été franchis, l'approfondissement d'un puits n'est plus qu'une question de

temps et d'argent, l'extraction à six cents mètres, un simple problème de force motrice.

Aujourd'hui, l'industrie houillère a victorieusement franchi l'époque périlleuse de l'enfance. Aux hésitations, aux découragements, aux déconvenues, succède une ère de courage, d'espoir, de succès. Les résultats obtenus font présager, dans un temps rapproché, des résultats plus magnifiques encore. On escompte les promesses du présent, et cela à coup sûr; l'état actuel des choses répond de l'avenir.

Aussi, la spéculation qui, dans les premiers temps de la fièvre houillère, s'était abattue sans discernement sur toutes les valeurs bonnes ou mauvaises, cherche aujourd'hui à s'éclairer sur l'origine, le développement, l'organisation des affaires auxquelles elle donne le concours de ses capitaux.

Nous l'avons dit, c'est pour répondre à ce besoin, c'est pour combler une lacune qui existait dans l'histoire de notre industrie que ce livre a été entrepris.

La pensée qui nous l'a dicté amenait tout naturellement notre esprit à embrasser un cercle d'observations déterminées.

Et d'abord, que sont aujourd'hui les actions houillères? Elles forment deux catégories bien distinctes : 1° Celles qui, dès actuellement, rapportent un revenu annuel; 2° Celles qui ne produisent à ce jour aucun revenu.

Les premières émanent de compagnies ayant au moins huit ou dix ans d'existence, et qui sont en pleine exploitation. Le revenu actuel s'élève assez généralement à dix, quinze, trente pour cent du prix d'émission. Aussi, voit-on ces actions obtenir aujourd'hui des primes considérables, et leur valeur conventionnelle être dix fois supérieure à leur valeur nominale. Comme exemple, nous pouvons citer les actions de Vicoigne notamment qui, émises à 500 francs, atteignent aujourd'hui cinq mille francs, les actions d'Aniche qui, de deux mille francs, en 1842, se sont successivement élevées à soixante-quinze mille francs.

Toutes les actions de cette nature forment plutôt, si nous pouvons nous exprimer ainsi, des valeurs de placement que des valeurs de spéculation. En effet, la somme de capitaux qu'il faut débourser pour les acquérir, les font tenir en dehors du marché de la spéculation.

A côté de ces valeurs de placement, arrivent celles qui ne donnent à ce jour aucun produit et que nous appelons plus volontiers valeurs de spéculation.

Dès que la présence de la houille a été officiellement constatée, il s'organise généralement une association pour demander la concession du gisement reconnu et parvenir à l'exploitation. En principe, nous devons le dire, toutes les entreprises houillères sont bonnes en elles-mêmes, toutes donneront un résultat productif. Mais la réalisation de ce résultat peut varier selon les circonstances. C'est le plus ou moins de chances favorables qu'offre l'ensemble de l'opération qui doit déterminer d'abord la faveur. La spéculation analyse tous les éléments de succès que présente l'entreprise, et la confiance qu'inspire son avenir se traduit par une prime.

Les primes varient, et nous les avons vu doubler le capital d'émission dans la compagnie de Bully-Grenay, par exemple, qui, pourtant n'a encore, à ce jour, donné aucun dividende.

Notre but, étant d'éclairer acheteurs et vendeurs sur l'état actuel de toutes les sociétés houillères du bassin du Nord, nous devons nous supposer dans leur position et parcourir successivement toutes les causes qui peuvent déterminer un choix parmi les valeurs du marché houiller.

Ainsi, nous devrons faire connaître l'époque de la découverte du charbon dans chacune des concessions obtenues ou demandées. Ce document, purement historique, peut néanmoins avoir son utilité pratique et aider à apprécier quelle fut l'organisation bonne ou mauvaise, la situation plus ou moins favorable qui, dans un temps donné, produisit tel ou tel résultat.

L'organisation des compagnies charbonnières formera le second point de nos recherches. L'organisation d'une entreprise est l'un des plus puissants éléments de succès. C'est là un axiôme que la vue même des faits qui se passent quotidiennement autour de nous, se charge de démontrer surabondamment. Dans cette étude, nous comprendrons à la fois l'organisation financière, c'est-à-dire la distribution du capital, la répartition des bénéfices et l'organisation administrative, c'est-à-dire l'attribution des pouvoirs et la délimitation des droits et des devoirs de l'administration et des actionnaires. L'ensemble des statuts que nous reproduirons *in extenso* chaque fois que les circonstances le permettront, donnera à chaque intéressé la connaissance du pacte social qui, trop souvent, est complètement inconnu des actionnaires.

La date de la concession, la mention du périmètre concédé et l'indication des limites déterminées par l'acte de concession formeront un troisième point de chaque exposé. La richesse d'une concession en étendue est pour la société un des éléments d'une longue existence. La connaissance des limites exactes aidera à faire connaître quels sont les débouchés, les communications, les centres industriels qui assurent aux produits extraits un facile écoulement.

Une question qui nous a surtout préoccupé et à laquelle nous voudrions donner toute l'importance qu'elle mérite, est celle du développement des travaux. C'est là, en effet, que se résume toute l'exploitation : produire à bon marché, produire beaucoup, assurer pour longtemps une production facile. Il est évident qu'une exploitation qui perce un deuxième puits, n'augmente pas notablement ses frais généraux qui, se répartissant sur une quantité double de produits extraits, frappent moins sensiblement chaque hectolitre sortant du fond. Il va de soi qu'un aménagement convenable permet une production qui, sans cesser d'être abondante, peut durer de longues années.

Le revenu donné par les diverses exploitations est souvent, pour les acheteurs, une cause déterminante de rechercher les actions de telle ou telle compagnie. Ce revenu, disons-le d'abord, est encore loin de présenter aujourd'hui le chiffre qu'il doit donner un jour. Le but principal que poursuivent les administrations, n'est pas un produit, un dividende actuel. Elles cherchent, et avec raison, à donner aux exploitations un développement qui les mette à la hauteur de la mission industrielle qu'elles doivent accomplir. Encaisser les bénéfices nets pour les distribuer sans réserve, serait un acte de mauvaise administration, nous pourrions dire de forfaiture. Quelque soit l'état prospère d'une exploitation, il reste encore partout aujourd'hui des puits nouveaux à percer, des galeries à ouvrir, des voies de communications à établir. Et tous ces ouvrages ne pourraient s'accomplir sans dépenses considérables. Ainsi donc, qu'il ne vienne à la pensée de personne de blâmer la prudente parcimonie avec laquelle les administrations de quelques puissantes compagnies ont jusqu'ici distribué des dividendes. Attendre, c'est semer pour recueillir, c'est sacrifier une jouissance minime et momentanée pour une prospérité sérieuse et durable. Que les impatients se calment. Nous croyons qu'il en sera des houillères comme des chemins de fer. A l'esprit de spéculation, succèdera bientôt une pensée plus calme, celle de placement assuré de fonds. Au lieu d'escompter la hausse que promet aujourd'hui l'achèvement d'une fosse, l'obtention d'une concession, on examinera plus soigneusement la question du revenu; et si une ère pacifique ouvre à l'industrie les plus larges débouchés, nous verrons les revenus augmenter dans une proportion telle que les valeurs qui paraissent aujourd'hui cotées dans l'opinion à des prix fabuleux, obtiendront, par la seule force de leurs produits annuels, une hausse encore considérable.

Autant que les documents nous l'ont permis, nous donnerons le revenu des cinq dernières années. Les esprits les plus chagrins ne pourront se refuser à confesser qu'une progression constante et considérable a consacré l'avenir des houillères, et doit déterminer vers ces entreprises, une affluence de capitaux qu'attirent encore aujourd'hui les autres affaires industrielles, notamment les chemins de fer.

Ce mouvement a déjà commencé; le public, bien qu'on l'accuse souvent d'un engouement exagéré, a tellement bien senti l'importance que devait prendre l'industrie houillère que, depuis la création des nombreuses exploitations qui sillonnent aujourd'hui le monde souterrain, il a toujours suivi, souvent deviné et précipité l'impulsion à la hausse des valeurs charbonnières. Malgré quelques oscillations, quelques fluctuations insignifiantes qui ont, parfois, atteint les actions de quelques compagnies, nous pouvons l'affirmer sans crainte, le mouvement a toujours été ascendant, et pour citer quelque exemple, la compagnie de Vicoigne voit aujourd'hui ses actions cotées à dix fois, la somme du capital d'émission; Bully-Grenay, sans avoir donné de dividende, a vu ses actions de mille francs s'élever à près de trois mille francs; Bruay, d'une valeur originaire de mille francs, libéré à quatre cents francs, trouve acheteur à seize cents francs, etc., etc.

Nous serons donc heureux d'enregistrer cette faveur accordée aux entreprises houillères, sans aucune exception, et comme pour le revenu nous exposerons la valeur moyenne des titres de chaque société pendant les cinq dernières années.

Enfin, et pour terminer notre statistique, nous établirons la relation du revenu annuel d'abord, avec le prix d'émission des titres, et aussi avec le prix que l'opinion publique leur a successivement donné. Une conclusion qui sera générale pour toutes les exploitations et qui frappera, nous en sommes convaincu, tous les lecteurs : c'est que la faveur qu'obtiennent toutes les actions charbonnières et qui est immense, si on la compare aux produits réalisés, chaque année, est le gage d'une confiance universelle dans leur avenir.

CHAPITRE III.

La Compagnie des mines d'Aniche, aujourd'hui l'une
des plus riches du bassin du Nord, tant par l'étendue
de sa concession et la puissance des veines de houille
qu'elle renferme, que par le développement d'exploitation dont elle est l'objet, est un exemple remarquable
de ce que peut une administration dévouée, active,
intelligente, pour le succès d'une entreprise houillère.

Son histoire peut se diviser en deux périodes bien
distinctes : l'une qui commence en 1773 et finit en 1842,
l'autre qui part de cette dernière époque jusqu'à nos jours.

Les faits qui donnèrent naissance à cette compagnie
sont des plus simples : Un grand seigneur, le marquis
De Trainel, haut-justicier des quatre villages de Villers-au-Tertre, Monchecourt, Bugnicourt et Fressin,
excité par les succès qu'avaient obtenus les recherches du
comte Des Androuins et par la prospérité dont jouissait
déjà la compagnie des mines d'Anzin, guidé peut-être
aussi par les tentatives faites sur les terres avoisinant
ses domaines, fit partager ses espérances à quelques-
uns de ses fermiers, et en 1773, le 11 novembre,
intervenait le *contrat d'association pour les fosses de
Villers-au-Tertre*, qui devait donner naissance à la
compagnie d'Aniche. Nous reviendrons en détail sur ce
contrat, en examinant l'organisation administrative et
financière de la compagnie d'Aniche.

Tout ce que nous en prenons aujourd'hui, c'est
uniquement la date, que nous retrouvons dans un acte
que nous devons citer *in extenso*, parce qu'il nous offre
la première délimitation de la concession d'Aniche. Cet
acte est un arrêt du conseil en date du 10 mars 1774.

Arrêt du Conseil d'Etat du 10 mars 1774, portant concession
au marquis De Trainel, jusqu'en 1805, d'Aniche et environ du
Hainaut.

Sur la requête présentée au roi...... par le marquis
De Trainel, contenant qu'il est propriétaire de plusieurs
terres à clocher dans la province du Hainaut français,
entre Bouchain et Douai....., il a formé le dessein d'y
ouvrir et exploiter sous le bon plaisir de Sa Majesté, des
fosses à charbon, et a fait déjà même sonder le terrain

jusque près de 400 pieds de profondeur, et il s'est mis
en état d'ouvrir deux fosses pour exploiter les veines
qui s'y rencontrent, et a commencé les approvisionnements nécessaires pour cet objet, ce qui a déjà constitué
le suppliant, dans une dépense de plus de 100,000 livres...... Mais une entreprise de cette importance et les
risques qui en sont inséparables, procureraient infailli-
blement la ruine du suppliant, s'il n'y était expressé-
ment autorisé par Sa Majesté, et si elle n'avait la bonté
d'ôter à ses voisins jaloux de sa découverte, l'envie et le
pouvoir de lui nuire en les empêchant de former de
pareils établissements dans une distance capable de
préjudicier à ceux du suppliant....... requérait à ces
causes qu'il plût à Sa Majesté lui accorder le privilége
exclusif d'exploiter, pendant cinquante années, lesdites
mines de charbon de terre qui se trouvent ou pourront
se trouver comprises dans ledit terrain, situé entre......
...... Le roi...... accorde au sieur marquis De Trainel,
ses hoirs ou ayant cause, la permission exclusive d'exploiter, pendant 30 années, à compter du premier janvier 1775, les mines de charbon de terre qui se trouvent
et pourront se trouver comprises dans le terrain situé
entre les rivières de la Sensée et la Scarpe, borné à l'est
par la chaussée de Marchiennes et celle de Bouchain,
à l'ouest par la Sensée et le canal qui conduit à Douai,
au nord par la Scarpe, et au midi par la Sensée; ordonne Sa Majesté que ledit sieur De Trainel etc...... ,
jouiront de tous les priviléges...... dont jouissent et
doivent jouir les entrepreneurs et ouvriers de mines,
à la charge par lui de se conformer aux arrêts et règle-

ments du conseil concernant l'exploitation des mines de charbon, et en outre de dédommager préalablement les propriétaires des terrains qu'il pourra endommager, et encore de payer annuellement la somme de quatre cents livres pour l'entretien de l'Ecole des Mines...... Enjoint Sa Majesté au sieur intendant de sa province de Hainaut de tenir la main à l'exécution du présent arrêté, lui attribuant à cet effet toute cour, juridiction et connaissance en première instance, sauf l'appel au conseil......

Nous insistons surtout dans cet avis sur la délimitation qui avait été sollicitée par la compagnie.

Elle se trouve par un singulier hasard avoir pour bornes au nord la ligne qui aujourd'hui encore est reconnue être la lisière du Bassin. A l'est elle est toujours limitrophe de la compagnie d'Anzin. Les limites à l'ouest sont encore celles qui aujourd'hui la séparent de la compagnie de l'Escarpelle. Enfin la lisière sud de la concession s'étendait au moins de cinq kilomètres plus au midi que les limites de la concession actuelle. En comparant le plan annexé à la demande en concession de 1774 avec celui que nous joignons à cette étude, on trouvera que la concession primitive embrassait tous les terrains compris entre Aniche et Brebières, au nord et le cours de la Sensée au midi. Dans cet espace est comprise une autre concession qui fera l'objet de l'une de nos études, la concession d'Azincourt.

On le voit, les explorateurs du dix-huitième siècle, se ménageaient des ressources en étendue superficielle. Il est vrai que l'état des connaissances géologiques à cette

époque autorisait de semblables délimitations. D'ailleurs
la consommation restreinte du combustible minéral, était
un motif que les demandeurs en concession faisaient unanimement valoir pour obtenir un périmètre étendu. La
multiplication des priviléges d'exploitation eut été alors
une cause de concurrence entre les concessionnaires, et
par conséquent de ruine de l'industrie houillère.

Aussi, ne doit-on pas s'étonner de voir la compagnie
du marquis De Trainel, après quelques années d'existence, et alors encore que ses travaux se bornaient à de
simples explorations sans production régulière, demander une extension de périmètre en se fondant sur
ce motif qu'une compagnie nouvelle pourrait, en s'établissant *contiguement,* lui ravir le fruit de ses opérations,
lui enlever son principal débouché et le seul par eau
dont elle pût espérer de faire immédiatement usage.

Nous publions l'arrêt du conseil du roi qui statue
conformément à la requête présentée, et qui donne à la
compagnie d'Aniche, au delà de sa concession primitive,
tout le terrain compris entre Brebières au nord, Arras
à l'ouest, Cambrai au sud, et Bouchain à l'est.

Arrêt du Conseil d'Etat du 6 Août 1779, portant augmentation
de la concession d'Aniche.

Sur la requête présentée au roi par le sieur marquis De
Trainel, concluant que par arrêt du 10 mars 1774, il lui
aurait été accordé la permission exclusive d'exploiter.....
qu'après cinq années de travaux les plus dispendieux ,
ledit sieur marquis De Trainel, fut assez heureux pour
découvrir des veines de charbon exploitables sur le

territoire d'Aniche, dépendant de la châtellenie de Bouchain; mais que telle avantageuse que soit cette découverte, elle deviendrait bientôt infructueuse si on ne lui accordait pas une augmentation de démarcation, par la raison que celle qu'il a obtenue par l'arrêt précité se trouve réduite d'après les recherches inutiles et dispendieuses qu'il a faites dans sa totalité, à une portion de terrain véritablement utile, très bornée et insuffisante pour y former une exploitation durable et capable de l'indemniser de ses mises et avances faites et à faire; qu'il devient d'ailleurs indispensable d'assurer à cet établissement un débouché par eau par le canal de la Sensée, avec la faculté de pouvoir ouvrir des fosses à sa droite et à sa gauche; qu'il serait au surplus contraire aux principes d'encouragement et de protection particulière que Sa Majesté accorde toujours aux travaux de cette importance, lorsque surtout ils annoncent, comme ceux dudit sieur marquis De Trainel, une parfaite réussite, que d'exposer ces derniers à être bientôt anéantis par l'établissement d'une nouvelle compagnie, qui profitant des découvertes et alignements dudit sieur marquis De Trainel, pourrait tôt ou tard lui ravir le fruit de ses opérations, en établissant et dirigeant ses ouvrages contiguement à sa démarcation actuelle, et en lui enlevant son principal débouché et le seul par eau dont il puisse espérer de faire immédiatement usage, de manière que dans cette position, l'exploitation dudit sieur marquis De Trainel, devenant isolée et placée dans un point très resserré entre la compagnie d'Anzin à l'est, et la nouvelle qui pourrait s'établir à l'ouest, servirait à peine à four-

nir aux besoins de quelques villages circonvoisins, et par
suite ledit sieur marquis De Trainel, se verrait forcé à tout
abandonner et de supporter une dépense très considérable, qu'il se trouverait avoir sacrifiée en pure perte,
requérait à ces causes lui accorder une augmentation de
démarcation conforme au plan joint à la requête......

Le Roi accorde audit sieur marquis De Trainel, ses
hoirs, ou ayant cause, une augmentation de démarcation
telle qu'elle se trouve figurée au plan joint à ladite requête, veut en conséquence et ordonne Sa Majesté que
l'ensemble de la totalité de la démarcation dudit sieur
marquis De Trainel soit et demeure bornée à l'avenir :

A l'est, par la chaussée de Marchiennes à Bouchain
et celle dudit Bouchain à Cambrai ;

Au midi, par le chemin de Cambrai à Arras jusque
vers le village de Monchy-le-Preux ;

A l'ouest, par une ligne directe à tirer dudit chemin
de Cambrai à Arras à diriger sur les clochers dudit
Monchy-le-Preux et de Gravelle jusqu'à la chaussée de
Douai à Arras ;

Au nord, par ladite chaussée de Douai à Arras, depuis
ledit village de Gravelle jusqu'audit Douai, et par la
Scarpe depuis cette dernière ville jusqu'à Marchiennes.

Sans néanmoins que ledit sieur marquis De Trainel
ni tout autres entrepreneurs de mines qui pourront
s'établir aux environs, puissent approcher leurs travaux de plus de 600 toises des susdites limites.

Enjoint Sa Majesté aux sieurs intendants et commissaires, respectivement départis dans les provinces du
Hainaut cambresis, Flandre et Artois, de tenir chacun,

pour ce qui les concerne, la main à l'exécution du présent arrêt, leur attribuant toute cour, juridiction, etc....»

L'étendue totale de cette concession dépassait deux cent cinquante kilomètres carrés : supposons la exploitable dans toute son étendue, il eut fallu pour mettre en œuvre toutes les richesses qu'elle aurait contenues un capital d'au moins cinq millions de livres. Il y aurait eu d'ailleurs à craindre que les exploitants choisissant les points qui leur offraient les travaux les moins couteux, les débouchés les plus faciles, laissassent de côté la portion de la concession la moins favorablement située, au grand détriment des consommateurs. C'est précisément pour porter remède à ces inconvénients que la loi du 21 avril 1810, tout en laissant à la sagesse de l'administration supérieure le soin de limiter l'étendue des concessions, a en même temps pour mettre un frein aux demandes de concessions exagérées, imposé à chaque exploitation une redevance fixe basée sur l'étendue superficielle.

Quoiqu'il en soit, nous devons constater que dans son acte originaire, la compagnie d'Aniche avait demandé et obtenu tout le territoire utile du bassin qu'elle aurait pu désirer, et qu'il lui fut définitivement attribué par le décret impérial, qui la renferma dans les limites qu'elle occupe aujourd'hui. Son périmètre occupe une surface de 118 kilomètres carrés, 57 hectares, 26 ares.

Elle est bornée au nord par le cours de la Scarpe, depuis Roost-Warendin jusqu'à la chaussée de Bouchain à Orchies.

A l'ouest, par une ligne tirée de Warendin à Brebières.

Au midi, par une ligne tirée de Brebières à Erchin, et de ce dernier point à la chaussée de Bouchain en passant par Aniche.

A l'est, par la chaussée de Bouchain à Orchies.

Elle a été exceptionnellement favorisée par le hasard dans cette attribution, car elle ne compte pour ainsi dire aucune partie stérile dans son périmètre. En effet la lisière méridionale n'atteint pas les limites sud du bassin, puisque la compagnie d'Azincourt trouve encore une exploitation profitable au midi d'Aniche. D'un autre côté, les recherches faites au nord par la compagnie des Canonniers de Lille, ont constaté la présence du terrain houiller et même de veines de houille. Ses gisements à l'est sont depuis longtemps reconnus par les exploitations de Vicoigne et de Denain. Enfin, les succès des recherches de la compagnie de la Scarpe ont depuis, 1846, démontré la continuité des veines jusqu'aux portes de Douai. La compagnie d'Aniche a même, depuis quelques années, ouvert une fosse contre les fortifications de cette ville. Cette fosse, nommée la *Fosse-Gayant*, est aujourd'hui en pleine exploitation et fournit du charbon gras de la meilleure qualité.

On le voit, sous le point de vue de la richesse du gisement, la compagnie d'Aniche a toujours eu une position extrêmement favorable. Aujourd'hui, plus que jamais, grâce aux débouchés que lui ouvrent dans toutes les directions les moyens de communication dont elle dispose, elle peut étendre indéfiniment sa production, sans craindre que la consommation lui fasse défaut, comme aussi elle peut donner à son extraction toute l'activité possible sans craindre d'épuiser ses richesses combustibles.

Donc, au point de vue de la position topographique, nulle concession ne peut espérer d'avenir plus long et plus prospère.

Nous devons, après cette première considération, étudier quel a été le mode d'organisatiou sous l'empire duquel, après bien des péripéties que nous essayerons de raconter, la compagnie d'Aniche est arrivée au degré de puissance où nous la trouvons aujourd'hui.

Nous le savons déjà, par l'acte de concession que nous avons rapporté, elle avait pris naissance le onze novembre 1773.

Un premier fait, nous le croyons, frappera comme nous tous les lecteurs. C'est l'association dans le même acte, de noms appartenant aux sommités de l'aristocratie, les Trainel, les Belzunce, les Nédonchel, les Saint-Aldegonde, avec des noms tirés de la bourgeoisie, les Lenvin, les Tréca, les Desvignes. Cette tendance à la fusion des castes, n'est point un évènement isolé, nous la retrouvons dans la plupart des entreprises houillères du XVIIIᵉ siècle.

Voici dans tout son entier l'acte de société de la compagnie d'Aniche.

CONTRAT D'ASSOCIATION

POUR LES FOSSES DE VILLERS-AU-TERTRE

Du 11 Novembre 1773.

En conséquence de la lettre adressée à M. de Taboureau, intendant de la province du Hainaut, par monseigneur Bertin, ministre des mines et minières de France, en date du 15 septembre 1773, qui autorise mondit sieur Taboureau de délivrer une permission à M. le marquis De Trainel, d'exploiter provisoirement, pendant un an, les mines de charbon qu'il a découvert, dans ses terres de Villers-au-Tertre, de Bugnicourt, Monchicourt, Fressin, Chatellenie de Bouchain, et de l'Ordonnance rendue par ledit sieur intendant, le dix-neuf du même mois, et d'ailleurs l'espérance que l'on a, d'après la parole du ministre donnée à M. le marquis De Trainel, d'obtenir un octroi pour la recherche et l'exploitation du charbon de terre, non seulement dans les quatre terres ci-dessus nommées, mais encore dans les territoires et terrains adjacents qui procureront une exploitation d'un étendue plus considérable,

Nous soussignés, sommes convenus de nous associer pour ladite exploitation et extraction de charbon, au gain et à la perte comme s'en suit :

ARTICLE PREMIER.

La présente Société sera composée de vingt-cinq sols, dans lesquels il y aura deux sols six deniers qui ne feront point de fonds, et vingt-deux sols six deniers qui doivent fournir à ceux qui seront délibérés comme ci-après.

ARTICLE DEUX.

Des deux sols six deniers qui ne sont pas soumis à faire de fonds, il en appartiendra à M. le marquis De Trainel comme obtenteur de l'octroi et en considération de ce qu'il veut bien ne point exiger de droit d'entrecens, au cas que l'on extraie du charbon dans les quatre terres dont il est seigneur haut-justicier, comprises dans la démarcation du terrain pour lequel on espère obtenir l'octroi, un sol quatre deniers et demi, ci . . . . 1 sol 4 den. $^1/_2$

A M. Desvignes père, en reconnaissance de son travail, voyages, etc., quatre deniers et demi, ci. . . . . . » 4 $^1/_2$

A une ou deux personnes qui seront choisies par mondit sieur le marquis De Trainel, pour le bien de la chose commune sans être tenu à les nommer, six deniers, ci. . . . . » 6

Et les trois deniers restants à la disposition de mondit sieur De Trainel et des directeurs, pour une personne utile à la compagnie, ci . . . . . . » 3

Total. . . . . 2 s. 6 den.

ARTICLE TROIS.

Quoique les deux sols six deniers ci-dessus ne soient point tenus de fournir aux avances, il est néanmoins convenu qu'en cas de réussite de l'entreprise, les fonds qui auront été faits par les autres associés pour raison desdits deux sols six deniers, seront retirés à proportion de ce que chacun y aura contribué, sur les bénéfices résultant de l'entreprise, mais à raison de la moitié seulement par chaque année, c'est-à-dire que dans le cas où il y aurait un dividende de bénéfice à raison de mille livres au sol, il n'en pourra être retenu que cinq cents livres pour la restitution des avances, et les autres cinq cents livres seront payées aux co-propriétaires desdits deux sols six deniers, ce qui sera suivi de même jusqu'à l'entière restitution desdites avances.

ARTICLE QUATRE.

Au cas contraire de perte et de non réussite dans ladite entreprise, les co-propriétaires desdits deux sols six deniers, ne seront tenus à aucune restitution pour raison des avances faites par les autres associés à telles sommes qu'elles puissent monter.

ARTICLE CINQ.

Les autres vingt-deux sols six deniers composant le surplus de ladite société appartiendront :

A Mme la comtesse de Harville, un sol. .	1 sol	» den.
A M. le comte de Belzunce, trois deniers.	»	3
A M. le comte de St-Aldegonde, un sol. A Mme la comtesse de St-Aldegonde, six deniers.	1	6
A MM. de Bernicourt et Cambronne, à Douai.	1	»
A M. de Vitalis, commandant de Bouchain	2	6
A M. Remy-Dumesnil, à Douai. . . . A M. Remy-Desjardin, à Douai. . . .	1	»
A M. de Fiennes, de Sautrecourt. . . .	»	6

A reporter. . . . . 7 s. 9 den.

Report.	7 s.	9 den.
A M. de Béranger, à Douai.		
A M. de Wavrechin, à Douai	1	»
A M. Dehaut, mayeur de Bouchain . .	1	»
A M. Dusart, trésorier de la ville de Valenciennes	1	»
A M. Desvignes, père, à Valenciennes.	3	»
A M. Ganneau, négociant à Dunkerque.	»	6
A M. et Mlle Delfosse, frère et sœur, à St-Omer.	»	9
A M. Desvignes, greffier du magistrat de Valenciennes.	1	9
A M. Mathias Desvignes, fermier à Hordain	1	3
A M. Lenvin, fermier à Fressin	»	3
A M. Trescat, fermier à Monchicourt .	»	6
A M. Vartel.	»	3
Il a été tenu en réserve pour des personnes connues d'une partie de la compagnie et dont les noms et intérêts seront repris à la suite du présent contrat, trois sols six deniers.	3	6
Total.	22 s.	6 den.

ARTICLE SIX.

Le nombre des directeurs sera de huit, non compris M. le marquis De Trainel, qui assistera aux délibérations tantes et quantes fois il jugera convenir, savoir :

MM. de Béranger.

Desvignes, père.

Dusart.

Desvignes, greffier.

Mathias Desvignes.

Lenvin.

Et le huitième sera choisi par les directeurs ci-dessus.

ARTICLE SEPT.

Les assemblées et les délibérations de la compagnie ne pourront être tenues et prises en moindre nombre de cinq des directeurs, après néanmoins qu'ils auront été tous convoqués.

ARTICLE HUIT.

Les délibérations prises par cinq des directeurs au moins auront la même force que si elles avaient été prises par tous lesdits directeurs, et seront les résolutions signées par eux, quand même il y aurait contrariété d'avis.

ARTICLE NEUF.

En cas de mort, d'éloignement ou de renonciation de l'un des directeurs il sera remplacé à la pluralité des voix des directeurs restants.

ARTICLE DIX.

Ils auront la liberté de délibérer les fonds nécessaires à l'entreprise, de nommer un caissier et autres employés et ouvriers, ordonner les achats, les ouvrages et généralement toutes les choses nécessaires au bien de l'entre-

prise ; ils seront aussi chargés de l'audition des comptes
et des gratifications utiles au bien de la compagnie, et
les comptes par eux signés et arrêtés, tant en recette qu'en
dépense, ne pourront être contestés par qui que ce soit.

ARTICLE ONZE.

Mais pour les choses les plus importantes, telles que
le choix d'un directeur des ouvrages, l'ouverture d'une
ou plusieurs fosses, établissement de machine à feu, et
abandon d'une fosse ouverte, les délibérations devront
être prises et signées par ledit sieur marquis De Trainel
et les huit directeurs ; et s'il y en avait quelqu'un qui,
par incommodité ou autre empêchement ne puisse se
rendre à l'assemblée, on lui en demandera son avis par
écrit, lequel vaudra comme s'il y avait été présent.

ARTICLE DOUZE.

Les délibérations pour faire des fonds d'avance ne
pourront être plus hautes que de mille livres de France
au sol ; les fonds en seront remis au caissier dans trois
semaines au plus tard à compter du jour de l'advertance
à chaque intéressé obligé de faire des fonds ; ainsi la délibération de milles livres au sol ne fera qu'un fonds de
caisse de vingt-deux mille cinq cents livres à cause des
deux sols six deniers qui ne doivent point faire d'avances, et à défaut de faire les fonds en temps, les directeurs
seront autorisés de les poursuivre, ou d'en prendre à
intérêts aux dépens du défaillant, et si lesdits intéressés
étaient en défaut de fournir aux fonds délibérés dans le
terme de trois mois, il sera libre à la compagnie, repré-

sentée par ses directeurs, de reprendre ledit intérêt, ou
de le céder à qui et aux conditions qu'elles trouvera convenir, avec perte des fonds faits par le défaillant, pourvu
néanmoins deux advertances préalables, non compris
la lettre d'avis de la délibération.

ARTICLE TREIZE.

Il sera libre à chacun des intéressés de ladite compagnie, reconnus ou croupiers, de vendre son intérêt à qui
il trouvera convenir et quand il le jugera bon, pourvu
néanmoins, si c'est un croupier, d'en faire l'offre à celui
de qui il tiendra ledit intérêt, ou de l'offrir à la compagnie si le cédant l'exige, et si c'est un associé connu,
il lui suffira de l'offrir à messieurs les directeurs pour
être repris par tous les intéressés connus et assemblés
si bon leur semble, ou l'abandonner, ce qui devra se faire
en dedans le terme d'un mois.

ARTICLE QUARTORZE.

Il sera encore libre à chacun des associés de quitter
la compagnie et son intérêt en totalité ou en partie en
perdant les fonds qu'il y aura exposés à due concurrence,
et jusqu'au jour de son abandonnement, et en payant
sa cote-part des dettes qui se trouveront contractées par
la société au moment de son abandon.

ARTICLE QUINZE.

Les directeurs s'assembleront deux fois tous les mois
dans l'endroit qu'ils auront choisi et plus souvent si les
besoins de la compagnie l'exigent.

ARTICLE SEIZE.

Tous les intéressés connus auront droit d'avoir inspection des comptes de la compagnie au bureau et sans déplacer, et les croupiers ne pourront s'adresser qu'à leurs cédants pour avoir connaissance du dividende suivant la feuille qui leur sera donnée.

ARTICLE DIX-SEPT.

Les directeurs ne prendront aucuns frais de voyages ni vacations, mais seulement ceux de nourriture et de voiture.

ARTICLE DIX-HUIT.

Il a été convenu que la compagnie ne pourra faire de fosses dans l'intérieur du château, jardin et parc; et au cas où l'on viendrait à établir des fosses à Villers, on ne pourra le faire qu'à 50 toises de distance de l'enclos.

Ainsi fait, arrêté, convenu et signé en triple dont l'un pour M. le marquis De Trainel, l'autre pour le bureau, et le troisième pour M. Desvignes, père, après lecture à Valenciennes, Douai et Bouchain respectivement, le onze novembre mil sept cent soixante-treize.

Signé : VITALIS, DEHAULT-REMY, REMY-DESJARDIN, BÉRANGER DE WAVRECHIN, RUYAUT DE BERNICOURT, RUYAUT DE CAMBRONNE, TRAINEL, DESVIGNES, J.-B. DESVIGNES, VARTEL, DUSART, M. DESVIGNES, LE COMTE DE SAINT-ALDEGONDE NOIRCARME-DUHAMEL, COMTESSE DE SAINT-ALDEGONDE, A.-J. TRECA, LENVIN.

A la suite de cette copie on lit :

Des trois sols six deniers qui ont été tenus en réserve par le présent contrat, la compagnie en a rendu aux personnes suivantes :

A M. le c^{te} de Nédonchel, six den., ci.   » sols 6 den.

A M. Taaff, major du régiment irlandais
de Dillon, trois den., ci. . . . . . .   »   3

A M. de Gheugnies de Condé, six den. ci.   »   6

A M. Dehault, pour deux personnes
connues de la comp^{gnie}, neuf den. ci.   »   9

A M. Pierre Desvignes, quatre den., ci.   »   4

A M. Quennesson, fils, à Bugnicourt,
trois den., ci . . . .   »   3

A M. Dumont, fils, à Bouchain, quatre
den., ci. . . . .   »   4

A M. le baron de Nédonchel, trois den.,
ci. . . . .   »   3

Signé : Dehault, de Gheugnies de Quiévy,
le comte de Nédonchel, Dumont,
de Beaufort, Taaf, Quennesson.

Nota. — Des quatre deniers restants,
deux ont été cédés à M. de Monchevreuil, demeurant à Paris, par la délibération du 13 décembre 1773,
quittes de toutes mises jusqu'à ce
jour, moyennant la somme de dix
mille livres, ci . . . .   »   2
Les deux autres deniers ont été donnés
au sieur Castille, receveur particulier desdites fosses par ladite délibération aux conditions portées par la
commission, ci. . . . .   »   2

Total. . . . . 3 sols 6 den.

Nous appelons tout particulièrement l'attention de nos lecteurs sur la teneur de cet acte qui forme encore aujourd'hui le pacte social de la compagnie d'Aniche. Il n'y a point été introduit de modifications. Toutes les clauses qui concernent la distribution du capital, le mode d'administration, les droits des intéressés ont été scrupuleusement observées jusqu'à nos jours.

Mais un point aura dû frapper tous les esprits : c'est la différence singulière qui existe entre le système de détermination du capital, et ce qui existe dans tous les contrats de société fait de nos jours, pour semblable entreprise.

Aujourd'hui les obligations des associés sont définies, limitées. Une compagnie se crée au capital de deux millions, par exemple ; ce capital se divise en deux mille actions de mille francs chacune ou bien encore en quatre mille actions de cinq cents francs. Chacun sait d'avance, en souscrivant une quote part, quelle est la portée de son engagement. Le chiffre de sa perte en cas d'insuccès est déterminé.

Dans l'acte social d'Aniche au contraire, rien de pareil n'existait. Pas de limite au capital, pas de quotité de versements fixée d'avance pour chaque action.

On comprend, qu'avec ce système d'organisation, il fallait que le nombre des intéressés fût assez restreint pour permettre à l'administration de diriger facilement les recouvrements des appels de fonds. Cette constitution aussi supposait chez tous les intéressés une foi assez grande dans le succès de l'entreprise, une confiance assez illimitée dans l'administration, pour suivre sans

murmurer toutes les phases d'une exploitation difficile
à créer et délicate à conduire.

Aujourd'hui que la compagnie d'Aniche est entrée
dans la période de la prospérité, cette organisation d'un
capital illimité est sans aucun inconvénient. Jamais plus
il n'y aura lieu pour les intéressés de subir sur leurs
actions de nouveaux appels de fonds. Mais à l'époque
de la création de l'entreprise, au milieu des difficultés
de toute nature qui s'élevèrent devant les intéressés originaires, la question du capital éventuel à verser devait
être un écueil pour beaucoup d'actionnaires. Aussi ce
ne fut pas sans luttes judiciaires que l'administration
parvint toujours à la réalisation des versements délibérés ; nous en aurons dans le cours de ce récit un
exemple dans le procès que les directeurs intentèrent
au comte de St-Aldegonde.

Quelques autres dispositions remarquables sont encore
à signaler dans ces statuts, et d'abord, le droit de retrait
stipulé au profit de la compagnie, toutes les fois qu'un
intéressé voudra céder son action. Dans une organisation comme celle d'Aniche, on comprend qu'il y ait
intérêt pour les directeurs et pour tous les intéressés à
n'admettre que des co-associés qui offriraient toute garantie de solvabilité (Art. 13). Cette disposition, nouvelle alors, se retrouve aujourd'hui dans la plupart des
sociétés en actions, nouvellement formées. Elle a sa raison d'être, et est bien légitimée par l'intérêt qu'a la société tout entière, à ne pas laisser avilir la valeur de ses
titres par la malveillance d'une minorité.

L'omnipotence des directeurs et la forme oligarchique

donnée à l'administration, peuvent avoir été critiquées et avoir parfois donné lieu à des récriminations. Mais nous tenons pour sage la constitution qui, en protégeant les droits de chacun, concentre dans un petit nombre d'hommes la direction des affaires communes. Les assemblées plus facilement réunies, les délibérations plus mûrement réfléchies, les décisions plus rapidement exécutées compensent bien, en matière administrative, les avantages, d'ailleurs fort contestables, du vote universel. Tous les actionnaires ont néanmoins le droit d'avoir inspection des comptes de la société, mais sans déplacer (Art. 16).

Comme contrepoids à l'obligation pour ainsi dire indéfinie de satisfaire par des versements aux besoins de la société, nous trouvons, dans l'article 14, la faculté laissée à chacun des co-intéressés d'abandonner son action, moyennant le payement de la cote-part afférente à cette action, dans les dettes sociales, au jour de la renonciation.

Une petite quotité des actions avait été réservée à M. De Trainel et à M. Desvignes qui, selon toute probabilité, avaient été inventeurs de l'entreprise. Ces parts étaient destinées à les indemniser; l'un, des droits d'entre-cens qu'il pouvait avoir à exiger de la compagnie concessionnaire en sa qualité de haut justicier des villages qu'elle explorait; l'autre, des soins et démarches auxquels il s'était livré dans l'intérêt de l'entreprise. Nous devons à l'obligeance de l'un de nos compatriotes d'avoir eu en main l'un des titres délivrés par le conseil d'administration, comme action libérée.

Nous croyons devoir reproduire ce curieux document dans son entier. Il a traversé une longue série d'années, et malgré les situations diverses qu'a traversées la compagnie, il a conservé toute sa force originaire et conserve, dans la série des actions d'Aniche, son rang et les droits qui y sont attachés.

En voici le texte complet :

FOSSES A CHARBON
DE M. LE MARQUIS DE TRAINEL,
N° 276.

Action d'un denier sans faire fonds dans les vingt-cinq sols d'intérêts de l'entreprise des Fosses à Charbon de la compagnie d'Aniche.

Action au porteur d'un denier dans trente deniers d'intérêts, sans faire fonds, dans les vingt-cinq sols d'intérêts qui composent le fond de ladite compagnie. Et ce, conformément à l'acte de société du 11 novembre 1773, auquel les actionnaires se soumettent, et à tous les règlements y portés; et avant de pouvoir vendre ou céder la présente action, il sera tenu de la présenter à la compagnie, pour user de son droit de retrait, si elle le juge à propos.

Fait à l'assemblée desdites fosses, tenue à Aniche, le 22 mai 1781.

Certifié par nous les directeurs soussignés,

Signé : TRAINEL, DE WAVRECHIN, DEHAULT.

Nos lecteurs remarqueront sans doute l'anomalie que présente ce titre qualifié *au porteur* et qui porte écrite en toutes lettres, la condition de retrait par la compagnie, à sa volonté, en cas de cession par le titulaire. La solution de cette question peut avoir son importance aujourd'hui encore. Mais malgré la dénomination de titres au porteur donnée dans les titres comme celui que nous avons reproduit, nous pensons que les actions d'Aniche sont purement et simplement nominatives. On ne pourrait comprendre qu'il en fût autrement en présence du texte si formel des statuts, en présence aussi du mode d'organisation de la société qui exige, soit pour les versements, soit pour les distributions, la connaissance par l'administration du nom et du domicile de tous les intéressés.

Quoi qu'il en soit, nous ne pouvons qu'admirer la sagesse qui a présidé à l'élaboration de l'acte de société d'Aniche. Il a subi l'épreuve du temps, et les différentes générations de directeurs qui se sont succédés à la tête des affaires de l'association n'ont jamais senti la nécessité de le modifier. Ses prescriptions conservent encore aujourd'hui la même vigueur, et pour n'en citer qu'un exemple, le titre d'action dont nous avons reproduit le texte, est encore à ce jour grevé des obligations que lui imposait l'art. 3 des statuts; il redoit à la caisse sociale 1,800 francs, et ne sera complètement libéré que par les retenues de moitié sur les dividendes prochains.

Immédiatement après la constitution de la société, les travaux commencèrent par l'établissement d'un forage, à l'angle du bois de Fressain que l'on jugea à propos de continuer « le plus avant qu'il sera possible » avant que d'ouvrir une avaleresse. — Pour plus de sûreté, sans doute, on décida de faire « opérer plusieurs tourneurs

» de baguettes en les plaçant sur la veine que l'on croit
» exister à l'angle du bois de Fressain et leur faisant
» suivre les traces de ladite veine jusqu'aux environs de
» Valenciennes et au-delà pour savoir où ladite veine y
» tombera. »

On décida également de faire « commencer la même
» opération à la veine au plus au nord d'Anzin pour la
» suivre jusqu'à la chaussée de Cambrai à Douai. »

Nous empruntons ce curieux détail au savant ouvrage de M. Edouard Grard (*Histoire des Mines de
houille*, etc.) Il est textuellement extrait du registre aux
délibérations de la compagnie d'Aniche à la date du 22
novembre 1773.

Nous ne savons ce qui résulta de ce procédé empiri-
que, ni la réponse que la baguette divinatoire donna aux
directeurs de la compagnie, nous avouons que sorcellerie pour sorcellerie, nous aimons autant ce moyen d'in-
terroger les secrets de la nature, que les ressources du
somnambulisme pronées dans des temps plus modernes.

. Il y a lieu de supposer que la baguette de coudrier
rendit un oracle favorable, car au mois de décembre de
la même année (1773) on prend la détermination d'ouvrir immédiatement une fosse à l'angle du bois de Fressain, à quinze pieds du forage et de lui donner « 6 pieds
1/2 de Hainaut en dedans œuvre; » le cuvelage doit être
de six pouces d'épaisseur hors des eaux, et de 7 pouces
dans le niveau. Malgré les prédictions ce fut une tentative inutile.

Sept forages et quatre fosses, entrepris presqu'en
même temps et avec une énergie remarquable, explo-

rèrent successivement Monchicourt, Bugnicourt, Masny
Bouchain, etc.

Enfin, en août 1777, on arrête que deux fosses seront
percées sur Aniche dans un champ appartenant à Monsieur le marquis De Trainel, proche la chaussée de
Bouchain à Douai, à 300 toises environ d'Auberchicourt, en donnant une distance de 30 toises environ
d'une fosse à l'autre. — Une seule de ces deux fosses fut
conduite à bonne fin.

Elle avait nom fosse Sainte-Catherine, et la nuit du 11
au 12 septembre 1778, vit naître au fond de cette fosse
la fortune de la compagnie d'Aniche, par la découverte
de la première couche de houille à 68 ou 70 toises de
profondeur.

Nous devons le dire : la compagnie du marquis De
Trainel était, au moment de son succès, identiquement
dans la même position que l'association Des Androuins
et Taffin, quand on recoupa la première veine d'Anzin.
Le but était atteint, ou au moins se rapprochait notablement. Mais les sacrifices opérés étaient hors de proportion avec les résultats obtenus actuellement.

Il avait été fait 11,000 livres de mises de fonds par
sol, ce qui, a raison de 22 sols 1/2 obligés de faire les
mises, avait dû donner 247,500 livres. Ce chiffre représente au moins 350,000 francs d'après la valeur de notre
monnaie actuelle.

Cependant la découverte de la houille rendit courage
aux entrepreneurs. Le bruit de leur succès se répandit
bientôt, et en moins de trois mois les deniers d'Aniche
acquirent une valeur telle qu'ils se vendirent cinq fois

leur prix d'émission. En effet, les deux deniers restant à
la disposition de la société sont vendus dix mille livres
à M. de Monchevreuil, receveur général des finances de
la Normandie qui offre ses soins auprès du ministre. A
5,000 francs le denier, le sol valait 60,000, et les 25 sols
formant le capital formaient un total de 1,500,000 livres
alors que l'on en avait dépensé 247,500. Toute précieuse
que fût la découverte, elle ne pouvait être évaluée à ce
taux; aussi, le premier engouement passé, les actions
reprirent-elles un cours plus en harmonie avec la situation vraie de l'entreprise, et le procès du comte de Saint-
Aldegonde vint révéler la pauvreté des résultats obtenus.

Quoi qu'il en soit, les directeurs prennent toutes les
mesures pour faire marcher l'exploitation. Nous rapportons, d'après M. Edouard Grard, les diverses délibérations qui furent successivement prises vers la fin
de 1773. « On fera juridiquement constater la décou-
» verte ; on demandera l'exemption du droit de domaine
» sur le charbon à tirer de la concession, ainsi que des
» huit sols pour livre de ce droit et des vingtièmes et
» autres tailles ; on demandera, comme l'avait obtenu la
» compagnie Des Androuins, des encouragements pé-
» cuniaires et des bois. On s'assurera à quels seigneurs
» appartiennent les terres au levant et au couchant de
» la découverte, pour traiter de leur droit d'entre-cens.
» On charge M. le marquis De Trainel de se faire auto-
» riser à prendre à frais sur les mains-mortes jusqu'à
» concurrence de 100,000 écus. M. de Lassus est chargé
» de voir la compagnie d'Anzin : 1° pour s'entendre
» sur les limites à fixer pour l'emplacement des établis-

» sements respectifs des deux compagnies, le long de la
» chaussée de Marchiennes et de Bouchain, et 2° pour
» ne pas vendre le charbon à un moindre prix dans une
» compagnie que dans l'autre. — Enfin, on crée deux
» deniers en sus du nombre voulu par le contrat et on
» les met à la disposition de M. De Trainel pour *une*
» *personne de confiance auprès du ministre*, personne
» qui n'est connue que de lui et ne sera assujettie
» qu'aux mises à venir. »

Malgré les immenses dépenses qui avaient été faites
au mois de septembre 1778, il n'y avait sur Aniche,
qu'une seule fosse en état de donner lieu à une exploitation. Deux mois plus tard et par suite des délibérations
que nous venons de citer, on décida d'en ouvrir une
nouvelle plus au midi et qui se relierait à la première,
par une galerie. En janvier 1779, après moins de trois
mois de travaux, la fosse du midi est arrêtée. Une
sixième et une septième fosses sont entreprises, qui por-
teront les noms de *Saint-Mathias* et *Sainte-Thérèse*.

Vers le mois d'août 1779, la nécessité de l'établissement d'une machine à feu pour l'épuisement des niveaux, s'étant impérieusement manifestée, les directeurs
délibèrent que l'on fera venir de Paris, Constantin Périer.
Mais cette résolution n'aboutit pas, et ce ne fut qu'en
janvier 1784, qu'on convint avec Dorsé, de Boussu,
de la livraison d'une machine moyennant le prix de
45,000 livres.

En résumé, à la fin de 1784, on n'avait encore reconnu aucune veine exploitable. D'après les avis d'ingénieurs du Hainaut que l'administration avait fait

appeler, les travaux devaient être considérablement modifiés sous le rapport de la direction à donner aux galeries d'exploitation.

Ce furent sur ces nouveaux errements que trois nouvelles fosses furent ouvertes, de 1782 à 1786. On y rencontra de nouvelles veines de charbon. Mais ce charbon n'était pas très pur, il renfermait des parties terreuses et se vendait avec peine, bien qu'il fût offert à un prix bien inférieur à ceux d'Anzin : Il est probable, ajoute M. Dieudonné dans sa *Statistique du département du Nord*, qu'on en aurait trouvé d'une meilleure qualité en s'enfonçant davantage pour exploiter les veines inférieures, mais soit que l'ingénieur directeur des travaux ne réunît pas les connaissances nécessaires, soit qu'il y eût de la malveillance de sa part, il ne prit pas les précautions nécessaires pour les garantir des eaux, et les fosses durent être abandonnées.

Postérieurement à 1786, deux fosses nouvelles furent foncées. Ces deux fosses nommées *Sainte-Barbe* et *Saint-Waast*, eurent une existence plus durable que celles qui avaient été primitivement établies. Elles durent à leur position rapprochée de faciliter l'exploitation et de servir alternativement à l'épuisement des eaux, jusqu'en 1844.

Depuis 1786 jusqu'à la Révolution française, il ne fut point ouvert de nouvelles fosses. Mais les vices de construction qui existaient dans les anciennes, nécessita des travaux continuels, soit d'approfondissement, soit de réparations; en même temps l'extraction était tellement restreinte, qu'en 1789 on délibère si l'on continuera ou non la vente du produit de l'extraction, à cause de la nécessité de réserver la houille pour l'alimentation des machines d'épuisement.

Une pareille situation devait nécessairement amener la désunion parmi les intéressés.

Déjà, en 1778, quelques mois avant la découverte de la première couche de houille, à la fosse *Sainte-Catherine*, l'administration avait dû décider, sur la proposition de l'un des membres de convoquer une assemblée générale, « Qu'une telle mesure étant contraire au contrat de so- » ciété pour cette entreprise, elle ne pouvait avoir lieu, et » qu'en conformité dudit acte, les intéressés ou croupiers » mécontents étaient respectivement libres de se défaire » de leurs intérêts, moyennant d'en offrir préalablement » la préférence à la compagnie. Il fut également décidé » que ceux qui ne feraient point leurs mises, perdraient » leurs intérêts, conformément à l'art. 22 du contrat. »

De 1786 à 1791, au milieu des embarras de toutes sortes qui assiégeaient les directeurs, ils eurent, toujours par suite du mécontement des actionnaires, à soutenir contre l'un d'eux, le comte de Sainte-Aldegonde, un procès qui n'avait pas encore abouti lorsqu'arriva la Révolution.

Nous reproduisons une sentence du conseil du roi du 14 juin 1788 qui statue sur la cause en ces termes :

« Sur la requête présentée par le comte de Saint-Aldegonde de Noircarmes, seigneur de Rieulac et autres lieux, contenant.... Le marquis De Trainel a cédé son privilége à une compagnie qui se forma pour l'exploitation des mines et dont le suppliant fait partie, dans les coffres de laquelle il a déjà versé près de 470,000 livres.

.... Les directeurs ont étrangement abusé de leurs pouvoirs, leurs déprédations sont devenues énormes et sont montées à un tel point qu'elles ne sauraient plus être tolérées. Le comte de Saint-Aldegonde, qui s'aperçut de la mauvaise administration des mines, refusa sa quote-part dans les nouveaux appels que firent les directeurs; il protesta qu'il n'avancerait plus de fonds qu'on ne lui eût justifié que tous les autres actionnaires avaient fourni leurs appels, et qu'on ne lui eût donné connaissance de la caisse..... Le sieur Hassenfratz fut envoyé sur les lieux par le gouvernement...... Les directeurs firent une sommation au suppliant de fournir sa quote-part; ils l'attaquèrent ensuite par la chatellenie de Bouchain.... Est intervenue, le 29 septembre, une sentence qui, au lieu de renvoyer les parties devant le commissaire départi par S. M., donne acte aux directeurs des mines d'Aniche des offres faites par eux de donner au suppliant inspection des comptes de la société ; ordonne au suppliant de payer la somme de 16,000 livres pour les deux mises délibérées, sinon le déclare déchu de ses intérêts dans ladite société, libre à la société d'en disposer comme elle trouvera convenir.....

Requérait le suppliant qu'il plût à S. M. et à nos seigneurs de son conseil ordonner que l'arrêt de son conseil, du 10 mars 1774, qui enjoint au sieur Intendant de tenir la main à l'exécution dudit arrêt, lui attribuant, à cet effet, toute juridiction et connaissance, et icelle interdit à ses autres cours et juges, sera exécuté selon sa forme et teneur, en conséquence casser et annuler la sentence rendue par le juge de la chatellenie de Bouchain....

Le ROI, en son conseil, a débouté et déboute le suppliant de sa demande en cassation. »

Il ne faudrait cependant pas accepter sans contrôle le chiffre auquel le comte de Saint-Aldegonde évalue sa quote-part contributive dans la société d'Aniche. Nous savons qu'en son nom personnel et au nom de sa femme il avait souscrit un sol six deniers. En 1779, la compagnie avait exercé son droit de retrait sur six deniers qui lui avaient été vendus, moyennant la somme de cinquante mille livres. En supposant donc qu'il soit resté avec les dix-huit deniers qu'il possédait originairement, la somme qu'il soutient avoir payée formerait un total de 26,000 livres par chaque denier et donnerait un total de dépenses faites d'environ 6,000,000 de livres pour les 22 sols 6 deniers appelés aux versements. Il est facile de se convaincre à première vue qu'une pareille évaluation est exagérée, et constituait tout simplement, de la part de M. de Sainte-Aldegonde, un moyen de défense propre à incriminer les directeurs de l'association, mais qui, par son exagération même, dut aller au delà du but et contribuer à la perte de son procès.

Il sut, au reste, l'éterniser par toutes les lenteurs que les anciennes lois de procédure mettaient au service des plaideurs obstinés, car, en 1789, il était encore débiteur de 20,000 livres vis-à-vis la compagnie, et en 1791, on règle les debours et salaires du procureur de la compagnie, sauf à répéter à la charge de M. de Sainte-Aldegonde qui a donné lieu à ces faits.

Il est probable que les adversaires ne donnèrent point de suite à ces différents et que ce procès disparut dans l'oubli sous la pression des évènements politiques qui ne devaient pas tarder à remuer le pays.

Les débuts d'Aniche, furent comme ceux d'Anzin, entravés par les prétentions des seigneurs hauts justiciers qui prétendaient avoir à réclamer sur tous les exploitants de leurs domaines un droit d'entre-cent.

L'acte de société d'Aniche, nous le savons, constatait, de la part du marquis De Trainel, l'abandon de ce droit. Mais les concessionnaires du siècle dernier, dans leur ardeur à poursuivre l'obtention de territoires immenses, dans leurs explorations à travers des provinces entières, devaient rencontrer souvent les prétentions des seigneurs à percevoir le droit d'entre-cent qu'établissaient la législation du Hainaut en matière de mines.

Le plus sérieux des obstacles que la compagnie trouva de ce côté, fut la résistance du comte de Mastaing, qui ne voulait abandonner son droit qu'à la condition d'une rente de deux mille livres par an.

On comprend combien était rigoureuse une pareille prétention pour une compagnie dont toutes les opérations se traduisaient jusque-là par des versements de fonds. Aussi, les directeurs, après plusieurs arrêts qui condamnent la compagnie à payer les droits réclamés, durent-ils recourir à des moyens de transaction, et finirent par régler leur position vis-à-vis le comte de Mastaing, moyennant une redevance annuelle de douze cents livres.

Si nous résumons l'ensemble des travaux faits, et si nous y rapportons le total des dépenses opérées par la compagnie d'Aniche depuis sa fondation jusqu'en 1789,

nous pensons qu'on dira comme nous, que les résultats
obtenus étaient bien inférieurs à ce qu'on était en droit
d'attendre d'une exploitation placée dans les conditions
exceptionnellement favorables qui distinguaient Aniche.

On avait fait de 1774 à 1786 :

En 1774 ... 2 avaleresses » .... »
   1777 ... » .... 1 puits d'extr^{on} »
   1778 ... 2 .... » .... »
   1779 ... » .... 2 .... »
   1784 ... » .... » .... 1 puits d'épuis^{nt}
   1789 ... » .... 2 .... »

—   —   —

4   5   1

En tout 10 puits, dont 6 utiles, et de plus 7 forages.

La patiente érudition de M. Edouard Grard est parvenue à recomposer le bilan de la compagnie. Nous
extrayons de son ouvrage, que nous avons déjà souvent
cité, la récapitulation suivante :

De l'origine à la découverte (1778), les mises de fonds
s'étaient rapidement succédées.

On avait versé 247,500

De cette époque à 1786, date de l'exploitation, on avait fait onze mises de 1,000 livres
au sol, comme de l'origine à la découverte,
ce qui fait pour 22 sols 8 deniers, qui devaient faire ces mises, y compris les 2 deniers ajoutés après coup. 249,333

A reporter. 496,833

Livres.

Report. 496,833

De plus, l'autorisation d'emprunter donnée d'abord, comme on l'a vu, pour 100,000
écus, fut portée à 500,000 livres, et on en em-
emprunta réellement au moins. 450,000

Ce qui constitue une dépense de . . . 946,833

Si les emprunts avaient été faits à 4 et 3 et demi pour
cent, ils coûtèrent de frais comme provenant de gens de
main-morte :

1° Pour les lettres patentes qui les autori- Livres.
sèrent, *par faveur*. 7,000

2° Pour l'enregistrement de ces lettres au
parlement 5,125

Ensemble 12,125

Après 1786, les mises ne furent pas moins fréquentes.

Il y eut dans cet intervalle 17 appels de fonds de
1,000 livres par sol, ce qui donne toujours, à raison de
22 sols, 8 deniers. 385,200

En y ajoutant les dépenses antérieures . 946,833

Total dépensé de 1773 à 1794 inclus . . 1,332,033

Voilà pour le capital engagé.

Si maintenant nous examinons quelle était la situation de la compagnie comme exploitation en 1789, nous
trouverons, en recourant à la statistique du département
du Nord, dressée en 1802, par M. Dieudonné, alors
préfet, les détails ainsi conçus :

TABLEAU DES RECETTES ET DES DÉPENSES DE L'EXPLOITATION DES FOSSES D'ANICHE EN 1789.

RECETTES.	FRANCS	C.	DÉPENSES.	FRANCS	C.
369,033 myriagrammes de charbon marchand.	46,129	12	80 ouvriers	22,000	»
14,135 myriagrammes de charbon, sale ou menu employé dans l'intérieur de l'exploitation.	1,272	15	14,145 myriagrammes de charbon, employé comme combustible. . .	1,272	15
			200 stères de bois de chêne scié. .	3,640	»
			Dépenses pour achat et entretien de chevaux, construction et entretien de pompes à feu, ustensiles, etc. .	10,915	»
Total.	47,401	27	Total.	40,467	15

BALANCE : { Recettes . . . . 47,401 fr. 27 c.
{ Dépenses 40,467   15

Bénéfices. . . . . 6,934 fr. 12 c.

Nous n'avons pas besoin d'insister sur ce que présente
d'erroné le tableau ci-dessus quant à une réalisation
de bénéfices.

En effet, nous supposons comme constant, qu'après
avoir payé ses frais d'exploitation, il reste à la compagnie d'Aniche, en 1789, un bénéfice de 6,934 francs
12 centimes. Que sera cette somme en face du capital
engagé qui montait, nous l'avons rapporté, à environ quatorze cent mille francs ? A peine 1 p. %, d'intérêts.

Nous ne nous appesantirons pas plus longtemps sur
ces chiffres, et notre conclusion, dans cette première
partie de l'histoire de la compagnie, sera celle que donnait M. Hecart en 1791 : « qu'elle n'a pas lieu de se
louer, jusqu'à présent, de sa spéculation. »

Nous n'ajouterons pas, avec l'honorable écrivain,
que cette position est due aux entraves que mettait la
compagnie d'Anzin........ C'est là le grand cheval de
bataille des entreprises malheureuses. On a toujours un
faible à reporter à des menées cachées, à des hostilités
sourdes et systématiques, les résultats malheureux qui
découlent le plus souvent de l'ignorance ou du manque
de soin des administrateurs.

Quelle que soit, au reste, l'appréciation que l'on doit
faire des causes qui ont, pendant les vingt premières
années de son existence, entravé l'exploitation des mines d'Aniche, nous devons emprunter à la statistique
de M. Dieudonné deux tableaux comparés de la production et des dépenses de ces mines en 1801.

Tableau de l'exploitation des fosses d'Aniche et d'Auberchicourt.

PRODUITS :

PRODUITS.	QUANTITÉS		VALEURS	
	1789	1801	1789	1801
Houille ou charbon de terre mar-chand.	Quintaux Métriques. 36,903	Quintaux Métriques. 184,516	46,129 f. 12 c.	253,710 f. 20 c.
Charbon sale ou menu, employé dans l'intérieur de l'exploitation.	1,413	7,067	1,272 15	6,360 75
	38,316	191,583	47,401 27	260,070 95

DÉPENSES : — (Suite).

OBJETS DE DÉPENSES.	QUANTITÉS		VALEURS	
	1789	1801	1789	1801
Salaires d'ouvriers.	80 ouv.	340 ouv.	22,000 f. »» c.	130,000 f. »» c.
Houille empl. comme combustible.	1,443 q. m.	7,067 q. m.	1,272 15	6,360 75
Bois { scié	200 stércs.	1,000 stères.	3,640 »»	18,200 »»
{ en perches.	200 stères.	1,000 stères.	2,640 »»	15,200 »»
Dépenses pour achat ou entretien de chevaux, construction et entretien de pompes à feu, ustensiles.	. . . .	. . . .	10,915	34,576 »»
			40,467 15	204,336 75

BALANCE :

	1789	1801
Recettes.	47,401 f. 27 c.	260,070 f. »» c.
Dépenses	40,467 15	204,336 75
Excédant de la recette sur la dép^se.	6,934 f. 12 c.	55,733 f. 25 c.

Malgré l'étendue du document officiel que nous venons de reproduire, nous avons tenu à le mettre tout entier sous les yeux de nos lecteurs.

Que l'on se reporte à l'époque où il fut rédigé, et l'on ne pourra se défendre de reconnaître ce qu'il a fallu d'énergie à l'administration des mines d'Aniche pour traverser sans péril une période aussi désastreuse que le fut, pour toute espèce d'industrie, celle de la Révolution française. Voir quintupler les produits d'une exploitation au sortir d'une crise pareille, prouve à la fois l'habileté que déployèrent les directeurs, et la richesse du gisement exploité. Aussi, sommes-nous heureux de signaler ici le nom de l'ingénieur éclairé, *Cavillier*, qui avait su tenir à un pareil niveau la situation de la compagnie.

Cependant, tout en accordant une entière authenticité aux renseignements que nous venons de citer, nous devons dire qu'il y a une étrange erreur dans l'appréciation du bénéfice constaté par la statistique de M. Dieudonné.

En effet, les deux sommes de 6,934 fr. 42 c. au compte de l'année 1789, et 55,733 fr. 25 c. au compte de 1804, qui paraissent ressortir comme bénéfice, ne sont, en réalité, que la différence entre le prix de vente et le prix de revient par chaque quintal métrique extrait du fond.

Dans les frais d'exploitation, ne sont compris ni les frais généraux d'exploitation, ni l'intérêt des sommes déboursées, ni la réserve, ni l'amortissement.

La situation des actionnaires d'Aniche, à cette

époque, était moins favorable que ne pourrait le laisser
supposer la statistique.

Il devait encore s'écouler de longues années avant
que l'exploitation fût réellement productive pour les
intéressés; il fallait encore que de nouveaux appels de
fonds, souvent répétés et prudemment utilisés, permissent à la société de donner à ses travaux les développements qu'ils atteignent aujourd'hui.

Quelles sont les circonstances particulières qui arrê-
tèrent subitement le développement de la compagnie
d'Aniche dans l'intervalle compris entre 1802 et 1842?
C'est une question assez difficile à résoudre et dont nous
ne pouvons donner la solution qu'à l'aide d'inductions.
D'ailleurs, c'est de l'histoire presque contemporaine, et
à défaut de documents complètement authentiques, les
appréciations sont toujours délicates.

Cependant, deux faits généraux ont dominé la
situation.

D'abord, la qualité du charbon d'Aniche était généralement peu goûtée des consommateurs. La statistique
de Dieudonné nous dit que « le charbon d'Aniche
» n'était pas très pur; il renfermait des parties terreuses;
» il se vendait avec peine, bien qu'il fût offert à un prix
» inférieur à ceux d'Anzin. Il est probable qu'on en
» aurait trouvé d'une meilleure qualité en s'enfonçant
» davantage pour exploiter les veines inférieures...... »

Ce reproche pouvait être fondé lors des débuts de
de l'exploitation; il était sans doute très habilement
exploité par les propriétaires des exploitations voisines
de Belgique et d'Anzin qui pouvaient ne pas voir volon-

tiers le développement qu'acquérait cette compagnie
rivale. Le public aussi, toujours imbu de la première
pensée que lui avait suggérée l'aspect et l'usage des
premiers charbons vendus, ne voulait pas tenter de
nouveaux essais. Et nous devons le dire, ce n'est pas
un des moindres titres de la nouvelle administration
d'Aniche d'être parvenue à déraciner le préjugé qui
avait si longtemps fait proscrire ses produits, et d'avoir
amené au carreau des fosses d'Aniche la masse des
consommateurs.

Une seconde cause de décadence de la compagnie se
trouve aussi dans la consommation, relativement peu
considérable, qui existe jusque vers 1849. L'usage de
la vapeur tendait bien depuis quelques années à se
généraliser. Mais il faut le dire, cette première impulsion
devait être d'abord profitable aux compagnies organisées
pour produire beaucoup, et pour arriver à ce résultat, il
fallait des capitaux à dépenser en travaux préparatoires.

Ceci nous amène à examiner qu'elle était la situation
financière de la compagnie en 1842. Cette troisième
considération, l'épuisement de capitaux considérables
sans résultats, était peut-être, par-dessus tout, la cause
dominante de la mauvaise situation de la compagnie.

Dès la Révolution française, les membres de l'association étant dispersés, les actions étant restées impro-
ductives, les nouveaux versements durent être fort difficiles à opérer.

L'exploitation suffisait pour empêcher la mort de l'entreprise; elle ne pouvait la vivifier. Il fallait l'infusion
d'un nouveau sang, l'apport de nouveaux capitaux.

Ce résultat fut atteint en 1842. Au moment où l'ardeur des recherches commençait à se calmer, où la spéculation commençait à faire place à l'examen sérieux, une réunion de capitalistes étudia la question de la reprise des travaux sur une plus vaste échelle, en prenant pour base, la situation intrinsèque de l'entreprise, et en pesant quelles chances d'avenir la position géographique et les ressources mêmes du terrain pouvaient offrir à un développement rationel.

Nous le disons avec satisfaction, c'est de Cambrai que partit l'initiative, et c'est dans nos murs que se recruta le premier noyau d'intéressés qui entreprirent de vivifier l'exploitation d'Aniche.

Nous ne pouvons citer les noms de tous ceux qui, les premiers, prirent part à cette résolution. On comprend qu'il ne peut entrer dans notre pensée de raconter des détails qui touchent à l'existence particulière des citoyens. Nous dirons seulement que la plupart n'ont pas cessé d'être, depuis cette époque, intéressés dans l'entreprise et qu'aujourd'hui encore, l'administration compte encore dans son sein plusieurs de ceux qui opérèrent avec tant de succès la régénération de la concession d'Aniche.

Pour arriver au but que se proposaient les nouveaux intéressés, il fallait arriver à acquérir, sinon la totalité, au moins la majorité des actions existantes.

Ils furent puissamment aidés par la lassitude et le découragement qui avaient gagné les anciens actionnaires. Ces derniers, fatigués de la longue possession de titres improductifs, ne durent pas être bien exigeants sur le prix de cession. Moyennant le prix de 3,000 francs par denier, beaucoup de titres furent cédés. D'autres capitalistes ayant songé à réaliser le même projet à Valenciennes en rachetant des actions au cours de 2,500 ou 3,000, un procès s'engagea à propos de l'exercice du droit de retrait, prévu par les statuts. La solution de ce procès fut l'exercice du droit de retrait par la nouvelle entreprise. Ce retrait eut lieu moyennant des sommes qui varièrent de 4 à 5,000 francs. On le voit, pour engager l'association dans une pareille voie, il fallait avoir la confiance dans l'avenir de l'entreprise, et de plus, être soutenu par l'opinion publique, qui commençait à rechercher les titres si long-temps laissés dans l'oubli. Aussi, les demandes devenant chaque jour plus nombreuses, les cours ne tardèrent pas à s'élever, et à la fin de l'année 1843, les actions se négociaient à quatre mille francs par denier. La possession de parts d'intérêt considérables avait poussé à l'administration quelques-uns des nouveaux titulaires. Et ceux-ci, qui entraient dans l'affaire avec des vues larges et sérieuses, qui d'ailleurs n'avaient pas eu à subir l'épreuve longue et difficile d'une participation à une entreprise constamment improductive, votèrent des capitaux et délibérèrent l'exécution de nouveaux travaux. L'opinion publique, nous venons de le dire, avait fait un retour vers les actions d'Aniche. Les directeurs, profitant habilement de ce revirement, émirent successivement au prix de 10,000 fr. l'une, soixante-dix actions qui, par suite de l'exercice du droit de retrait ou par l'abandon ou la déchéance des anciens proprié-

taires, étaient devenues la propriété de la compagnie.
Cette somme de dix mille francs, représente approxi-
mativement le total du prix d'acquisition et des nouveaux versements des acquéreurs de 1842.

On le voit, vers 1844, époque où eurent lieu ces opérations, la situation financière de la compagnie d'A-
niche était singulièrement améliorée. La question de
mise en œuvre de ces nouvelles ressources devait préoccuper les directeurs ; et nous dirons avec bonheur, à ce
point de vue nulle entreprise ne pouvait être mieux
servie par la fortune. Et ici, nous rencontrons les noms
d'hommes à qui l'entreprise d'Aniche doit une notable
partie de sa prospérité. Sans parler des membres du
conseil de direction, qui tous contribuèrent à donner à
l'exploitation son mouvement progressif, citons MM. Lefrançois et Villemain. Le premier, comme agent général, le second, comme ingénieur, eurent, dans la
fortune nouvelle d'Aniche, une influence qu'on ne
saurait contester. Par des efforts constants d'intelligence
et de dévouement, avec des ressources relativement peu
considérables, ils développèrent les anciens chantiers
d'exploitation, en ouvrirent de nouveaux, foncèrent des
puits d'extraction, créèrent des débouchés, enfin rame-
nèrent la consommation vers une exploitation, dont
elle semblait s'être éloignée pour toujours.

Il faut aussi le dire, si la nouvelle administration
opéra dans la situation une complète révolution, la
position d'Aniche, comme centre d'industrie houillère,
fut aussi pour beaucoup, dans le changement qui
se manifesta dans la destinée de la compagnie.

Il n'est pas, à coup sûr, dans tout le bassin du Nord, une seule concession qui présente un aspect plus favorable au point de vue des débouchés et des voies de communication. Que l'on jette les yeux sur la carte, et le premier examen démontrera surabondamment cette assertion.

D'abord, la consommation locale, au milieu d'une contrée à la fois industrielle et agricole, s'est, depuis vingt ans, considérablement développée sous l'influence de l'établissement des sucreries et des distilleries, qui se sont successivement créées dans les environs; les industriels, appelés par la certitude de ne jamais voir leurs usines manquer de betteraves ou de charbon, ont, eux-mêmes, apporté dans le pays, par les salaires qu'ils y ont versés, une aisance, une richesse qui appelaient d'autres industries. Aussi, les agglomérations de population d'abord peu considérables, se sont-elles rapidement multipliées. La consommation locale s'est augmentée avec le bien-être, et aujourd'hui Aniche trouve autour d'elle des consommateurs empressés qui, par l'affluence des demandes, forcent à une production de jour en jour plus étendue.

A cette source première de succès, l'établissement du chemin de fer du Nord qui, depuis 1845, traverse toute l'étendue de la concession, en ajouta une seconde. Grâce à lui, la compagnie d'Aniche peut, en quelques heures, alimenter de combustible les usines qui s'étendent dans le Nord, depuis Douai jusqu'à la mer. Les charbons extraits n'ont plus à subir ces longs séjours sur le carreau des fosses, ces longs voyages que les lenteurs de la navigation apportaient, au grand détriment des producteurs et de la consommation.

D'un autre côté, et lorsque les besoins de la consommation ou des circonstances locales le demandent, des rivières et des canaux bornent les limites de la compagnie. La Scarpe en forme la limite septentrionale, et par sa jonction sous les murs de Douai avec le canal de la Deûle, ou plus loin avec celui de la Sensée, elle ouvre soit vers Lille, soit vers Cambrai de larges débouchés. L'Escaut navigable n'est séparé de l'exploitation d'Aniche qui par quelques kilomètres, et l'embarquement des produits à bord des bateaux à Bouchain, est un moyen fréquemment employé par la compagnie pour les demandes que lui adresse Paris.

Enfin, le chemin de fer qui doit relier la ligne de Paris à Valenciennes, à celle de Paris à Erquelines, est plus favorable à la concession d'Aniche qu'à aucune autre du bassin. Prenant naissance au milieu même des centres d'exploitation de la compagnie, il touche Cambrai, dont la clientèle est une des plus sérieuses par le nombre des usines comme par leur importance, et va porter, sur toute la ligne du Câteau à Saint-Quentin, des houilles françaises, qui pourront facilement soutenir la concurrence des charbons belges de Charleroy.

Tout récemment encore, la compagnie, après avoir exploré les terrains les plus voisins de Douai, a recoupé l'étage houiller, comprenant les houilles grasses. Une fosse, percée tout auprès des fortifications de cette ville, assure une consommation locale intarissable, par suite du développement industriel qui s'y produit depuis quelques années.

Mieux que toutes les paroles, un tableau de la production de charbon pendant les cinq dernières années par la compagnie d'Aniche prouvera nos assertions.

Nous empruntons les détails du tableau qui suit à la statistique minière du département du Nord. Nous avons cru devoir le compléter par un relevé du nombre d'ouvriers, de chevaux et de machines qui servent à l'extraction.

COMPAGNIE D'ANICHE.

Tableau de la Production depuis 1850 jusqu'en 1855.

Années.	Nombre d'Ouvriers	Chevaux.	Machines.	Production.
				Quint. Mét.
1850	1,306	50	7	1,083,958
1851	1,366	49	7	1,211,399
1852	1,395	61	10	1,512,121
1853	1,588	77	9	1,716,861
1854	1,705	90	11	1,868,114

Ces chiffres n'ont pas besoin de commentaires. Nous n'avons pu trouver le chiffre de la production en 1855, mais s'il faut en juger par la progression qu'ont suivie les autres exploitations, et par les renseignements qui nous sont donnés, il aurait dépassé deux millions de quintaux métriques. La compagnie, en moins de six ans, a donc doublé le chiffre de sa production, et cela sans avoir recours à de nouveaux versements, par ses propres ressources, et tout en préparant pour l'avenir des bases d'exploitation encore plus vastes. Nous trouvons, en effet, que depuis les dernières années, en dehors des fosses en exploitation, l'administration a, en percement, à ce jour, trois nouveaux puits dont la mise en œuvre ajoutera à la richesse de la concession une valeur presque double de celle qu'elle possède aujourd'hui.

Pour se former une idée du développement qu'ont pris les travaux sous l'impulsion de la nouvelle administration, il suffit de se rappeler que la compagnie ancienne avait fait ouvrir un certain nombre de fosses dont nous avons rapporté les noms. Elles ont été successivement abandonnées par la nouvelle compagnie : Voici leurs noms avec la date des époques où elles ont cessé d'être en exploitation.

Fosses de Saint-Mathias, abandonnée en . .		1841
Sainte-Catherine	id. . .	1841
Sainte-Barbe	id. . .	1851
Saint-Vaast	id. . .	1841
Sainte-Hyacinthe	id. . .	1841
L'Espérance	id. . .	1851

Tous les puits aujourd'hui en extraction sont donc une œuvre nouvelle, et nous ne pouvons offrir à nos lecteurs de résumé plus éloquent des travaux opérés que le tableau ci-après indiquant à la fois la date de l'ouverture des puits, celle de leur mise en exploitation, leur production actuelle, et la nature du combustible extrait.

Voici les noms des fosses actuellement en extraction ou en voie d'établissement.

MINES D'ANICHE.

TABLEAU DES FOSSES EN EXPLOITATION.

Noms des Fosses.	Ouverture.	Mises en exploitation.	Production en 1855.	Nature du Charbon.
D'Aoust.	1837	1845	200,000 q. m.	Gras.
La Renaissance.	1839	1841	300,000	Sec.
Saint-Louis.	1842	1845	700,000	Sec.
Fénelon.	1847	1849	400,000	Gras.
Trainel.	1848	1851	600,000	Sec.
Gayant.	1852	1855	250,000	Gras.
L'Archevêque.	1854	fin 1856		Sec.
Notre-Dame.	1856			Gras.
Sainte-Marie.	en préparation.			Sec.

Les chiffres indiqués sont ceux de la production en 1855. Nous prions le lecteur de se reporter au tableau que nous avons donné de la production jusqu'en 1854, et il verra, en additionnant, que l'année 1855 a encore amené dans l'exploitation une augmentation d'au moins deux cent mille quintaux métriques. Un pareil fait n'a pas besoin de commentaires.

Toutes ces fosses ont été mises en exploitation par la nouvelle administration ; elles sont aujourd'hui en plein rapport. Les débouchés, nous l'avons dit, ne manquent pas à la concession d'Aniche. Mais outre le travail déjà si considérable et les capitaux immenses que demandent les développements de l'exploitation, les directeurs de la compagnie étendent chaque jour le réseau de chemins qui doivent relier entr'eux et avec les diverses voies de communication, tous les puits d'extraction.

Et en cela on ne saurait trop louer le zèle de l'administration qui, par une constante sollicitude pour les intérêts de la société, et son large esprit d'initiative, permet à l'ingénieur si distingué qui dirige les travaux d'apporter incessamment, dans l'exploitation, tout le progrès dont elle est suceptible.

Aussi, trouvons-nous occasion dans cette première étude d'appliquer cette opinion que nous énoncions en commençant ce livre, à savoir : que la faveur publique a toujours suivi, sinon devancé, dans la recherche des titres d'une compagnie, le développement de l'exploitation. Nous allons en avoir la preuve dans la hausse rapide qui s'est manifestée sur les actions d'Aniche depuis plus de dix ans.

Pour établir quelle est la relation actuelle entre le capital d'émission et le produit actuel, aussi bien que pour comparer la valeur des actions à ce jour avec celle que leur donnait le capital, nous devons relater rapidement quelle est la distribution du capital dans la compagnie d'Aniche.

Nous le savons : ce capital n'est pas déterminé. Les actions se présentent sous forme de 25 parts originaires nommées *sols* par l'acte de société et qui se subdivisent chacune en 12 fractions qui ont reçu le nom de *deniers*.

L'ensemble de la valeur sociale est donc aujourd'hui représenté par 300 deniers.

Sur ces 300 deniers, 253 seulement sont en circulation et appartiennent à des particuliers, les 47 restant sont encore aujourd'hui dans la caisse de la compagnie, soit qu'ils lui soient revenus par retrait, soit qu'ils proviennent d'abandon, de désistement ou de déchéance.

Ce qu'a été la faveur attachée à ces titres depuis l'origine de la société, ce qu'elle est aujourd'hui, quel produit ils rapportent annuellement, voilà trois questions que nous devons examiner successivement.

Aucune association houillère n'a subi autant de péripéties avant d'arriver à une période de prosperité sérieuse et durable.

On se le rappelle : en 1778, à l'époque de la découverte de la houille par la compagnie à la fosse *Sainte-Catherine*, il avait été fait une dépense de 11000 livres par sol, ce qui donnait un résultat de 1000 livres environ par denier. Deux mois plus tard, deux deniers étaient vendus à M. de Monchevreuil pour la somme de 10,000 livres; c'était donc une faveur de 500 p. % qui s'attachait aux actions d'Aniche. Seulement nous devons nous hâter de le dire pareil engouement ne se renouvela plus pendant la première période de l'exploitation. Le niveau de la valeur des actions dut s'abaisser promptement Le procès de M. de Saint-Aldegonde nous fournit la preuve que dès 1786, le découragement avait gagné les intéressés et, qu'à plus forte raison, on ne devait pas trouver dans le public un grand désir de prendre part à une entreprise si peu prospère que l'était l'exploitation des fosses d'Aniche. Les cours des actions restèrent fort faibles jusqu'en 1842. En effet, jusqu'alors on ne pouvait supposer ce que contenait de richesses la concession, et par conséquent, les résultats que pouvait plus tard réaliser la nouvelle administration. L'absence complète de bénéfices pendant une période de près de soixante ans avait dû, au reste, refroidir singulièrement l'ardeur des acheteurs de titres d'Aniche.

Nous le savons encore, à la date de 1842, les deniers avaient une valeur moyenne de trois mille francs; c'est à ce taux que furent achetés les titres des premières personnes qui entreprirent de donner une nouvelle existence à la concession.

Les versements opérés sur chacun de ces deniers peuvent s'évaluer à 7,000 francs environ. Si donc, nous partons de la régénération d'Aniche pour faire une évaluation de capital, nous trouverons que les 253 deniers coûtant 10,000 francs chacun, constituent une valeur totale de 2,530,000 francs.

En partant de ce capital pour examiner la relation

avec le revenu des cinq dernières années, nous trouverons que les produits ont suivi une progression constante et se sont élevés de la manière suivante :

PRODUITS DES MINES D'ANICHE

Pour un capital de 2,500,000 fr., pendant les cinq dernières années.

Années.	Produit par Action.	Produit total.	Rapport du Produit au Capital.
1851	1,000	253,000	10 p. %
1852	1,450	366,850	14 ½ p. %
1853	2,000	506,000	20 p. %
1854	2,400	607,200	24 p. %
1855	3,000	759,000	30 p. %

Nous devons faire observer, à propos du dividende
de 1855, que l'administration, toujours mue par le même
esprit de prudence, a décidé que le dividende serait
reparti entre les intéressés, savoir : 2,400 fr. en espèces,
et 600 fr. en une obligation de la compagnie portant
intérêt a 5 p. % et remboursable en 1862 ou 1868, au
choix des directeurs, au prix de 750 francs.

Ceci constitue déjà pour la compagnie une réserve
de plus de 150,000 francs qui, jointe à la réserve
effectuée en dehors des dividendes et que l'on évalue à
plus de 200,000 francs, donne de puissantes ressources
pour mener rapidement à bonne fin les importants
travaux que la compagnie a entrepris.

On le voit, de pareils produits ont dû frapper tous
les yeux, et nous ne pouvons que le redire : la faveur

publique a constamment donné aux actions une valeur
supérieure à celle que leur assignait le rapport calculé
à 5 p. °/₀.

Voici quels ont été les cours moyens des actions pendant les cinq dernières années :

COURS DES ACTIONS D'ANICHE
Pendant les cinq dernières Années.

Années.	Cours moyen.	Relation avec le Capital d'émission	Relation avec le Produit
1851	20,000	2 fois	5 p. °/₀
1852	30,000	3 id.	Id.
1853	40,000	4 id.	Id.
1854	50,000	5 id.	Id.
1855	65,000	6 fois ¹/₂	Id.

Nous ne prétendons pas dire que toutes les cessions
se soient opérées à ce taux ; les transactions ont pu
nécessairement varier selon le caractère et la situation
des différents cessionnaires; mais ce que nous pouvons
affirmer, c'est que les chiffres que nous avons indiqués
sont au-dessous de la limite maximum de plusieurs
transactions faites. Ainsi, nous savons notamment
qu'une cession faite, il y a quelques mois, a eu lieu
au prix de soixante-douze mille francs; que, des détenteurs actuels, aucun ne serait disposé à céder au-
dessous de quatre-vingt mille francs; et qu'enfin, la
situation que donne sur le marché aux valeurs d'Aniche la prospérité croissante de la compagnie, permet

de penser qu'avant peu chacun de ses deniers atteindra cent mille francs.

Il faudra alors surtout être déjà un puissant capitaliste, pour arriver à posséder uu denier d'Aniche. Heureusement que l'administration a pris, vers 1852, l'initiative d'une mesure qui doit populariser davantage les titres d'actions. Une de ses délibérations a divisé chaque denier en douzièmes, qui, au cours d'aujourd'hui, valent de six à sept mille francs.

Que conclure des faits que nous venons de citer? Les chiffres sont plus éloquents que toutes les formules d'éloges que nous pourrions multiplier. Douze ans ont suffi pour décupler la valeur de la concession. L'ensemble des actions émises à ce jour représente un capital de plus de vingt millions. Nous verrons bientôt ce qu'ont été, ce que sont aujourd'hui les produits donnés par la compagnie d'Anzin. Nous savons quel est l'avenir d'Aniche au point de vue des débouchés, ce qu'est la richesse de son territoire houiller, quelle est la ligne de conduite que s'est tracée son administration. Avec tous ces éléments nous pouvons sans crainte affirmer que, d'ici peu d'années, ses actions donneront un produit égal à celui de la plus puissante compagnie du nord. Et si Anzin distribue aujourd'hui annuellement huit mille francs à chacun de ses deux cent quatre-vingt-huit deniers, Aniche atteindra facilement ce chiffre.

Et maintenant, que nous avons bien sommairement tracé l'historique du développement de cette riche compagnie, nous croyons que nos lecteurs, s'associant au sentiment qui nous guide, liront avec intérêt les noms des membres qui partagent la tâche si difficile et partant si honorable de diriger l'administration de la société.

Ce sont MM. H Bernard, à Lille.

De Chatenay, à Douai.

Delloye-Lelièvre, à Cambrai.

Ad. Dejardin,   id.

Alph. Lallier,   id.

Minangoy,   id.

L. de Thieffries de Layens, à Paillencourt.

Le huitième directeur est à ce jour, à nommer, par suite de la mort de M. Bineau.

A ces noms il faut joindre celui de Monsieur Vuillemain, actuellement agent général et ingénieur de la compagnie, à qui incombe l'immense responsabilité de la direction administrative en même temps que l'exécution de tous les travaux.

CHAPITRE IV.

Compagnie des mines d'Anzin. — Premiers travaux du comte Des Androuins en 1717.
— Découverte de la houille à Fresnes en 1720. — Commencement de l'exploitation. — Recherches sur Anzin en 1733. — Découverte de la houille en 1734, à Anzin. — Examen des travaux, dépenses etc. jusqu'en 1756. — Recherches diverses sur le territoire de Vieux-Condé et Hergnies. — Luttes de la compagnie originaire Des Androuins contre les compagnies rivales. — Origine du contrat de société des mines d'Anzin. — Contrat de société des mines d'Anzin 1757. — Il est encore aujourd'hui en vigueur. — Délimitation de la concession d'Anzin, à l'époque de la fusion des compagnies rivales (1757). — Demandes en extensions de concession par la compagnie. — Ses luttes contre les seigneurs des terres explorées par les travaux. — Développements jusqu'en 1791. — Inventions et perfectionnements apportés par la compagnie dans les travaux d'exploitation, cuvelage, machines à vapeur, etc., etc. — Résumé des travaux d'exploitation; dépenses faites, résultats obtenus, bénéfices réalisés en 1791. — Situation de la compagnie en 1802. — Ses progrès successifs. — Elle monopolise jusqu'en 1832. — Concessions de Bruille et Odomez ajoutées au périmètre de la compagnie. — Extension donnée par l'adjonction de la concession de Denain. — Périmètre actuel de la concession d'Anzin. — Travaux nouveaux entrepris depuis 1832. — Chemin de fer de la compagnie d'Anzin. — Procés contre la compagnie de Fresnes midi. — Intérêts d'Anzin dans Vicoigne. — Tableau de la situation actuelle de la compagnie. — Administration de la compagnie. — Rapport entre le capital d'émission et la valeur actuelle des actions. — Produit des actions de la compagnie d'Anzin pendant les dernières années. — Statistique générale de l'exploitation. — Résumé. — Avenir de la concession.

L'origine de toutes les grandes découvertes, la source de progrès nouveaux dans l'histoire de l'humanité ou de l'industrie, remonte presque toujours à quelqu'homme qualifié de rêveur par ses contemporains et à qui la postérité décerne cent ans plus tard un brevet d'immortalité.

Tout le monde aujourd'hui trouve très simple, très naturelle l'exploration d'un territoire à l'effet d'y rencontrer les richesses minérales que l'on suppose y rencontrer. Rien ne manque de nos jours pour faciliter les recherches. La science a fait pour nous des secrets de la terre un livre ouvert, ou chaque échantillon trouvé marque un feuillet, où chaque pierre est une date, chaque couche de terrain traversée un extrait d'état civil géologique. L'art des ingénieurs a réduit à la plus simple expression la difficulté d'un sondage et l'on peut calculer à quelques mille francs près la dépense totale d'une exploration, si profonde qu'on la suppose.

Mais si nous reculons d'un siècle et demi dans la suite des temps, et que nous nous mettions en face d'une ignorance complète en matière géologique, si nous supposons un explorateur doué d'une intelligence prodigieuse il est vrai, mais privé de toutes les resources que les sciences et les arts mettent aujourd'hui à notre disposition dans les recherches minérales, nous sommes forcés d'accorder qu'il a fallu un génie transcendant, soutenu par une constance inébranlable, pour mener à bonne fin une entreprise de recherche et d'exploitation houillère qui n'était basée que sur le raisonnement et les inductions.

L'auteur de cette hardie tentative « Jacques, vicomte » Des Androuins, né en Belgique, mais fixé jeune en » France, où il servait en qualité de capitaine de dra- » gons, joignant, à une fortune considérable, les con- » naissances spéciales nécessaires à l'exploitation de la » houille. Dans le dessein de découvrir ce précieux

» combustible dans les environs de Valenciennes, il or-
» ganisa une société de personnes qu'il choisit : Son frère
» d'abord, Pierre Des Androuins-Desnoelles, intéressé
» plus tout autre à la réussite de l'entreprise, forcé
» qu'il était, de tirer de Mons le charbon nécessaire à la
» verrerie qu'il venait d'établir à Fresnes, près Condé.
» Puis, Pierre Taflin, de Valenciennes, alors audiencier
» à la chancellerie du parlement de Flandre.— On ne
» connait des autres associés que Richard et Desaubois.
» La compagnie prit le nom de ce dernier. »

Ces détails sur la première origine de la compagnie
d'Anzin, sont empruntés au précieux travail de M. Ed.
Grard, qui nous apprend encore qu'un ingénieur éclairé,
Jacques Mathieu, qui dirigeait pour le comte Des Androuins une exploitation houillère dans le pays de Charleroy, fut appelé à Fresnes, et *marqua* l'endroit où les
premiers travaux devaient être commencés. L'ouverture
en eut lieu le 1er juillet 1716.

En même temps qu'on ouvrit les travaux, la société
sollicita une concession des terrains jugés nécessaires.
Nous allons rapporter *in extenso* l'arrêt du conseil
d'Etat du 8 mai 1717, qui délimita la première concession de la compagnie Des Androuins. On remarquera que c'est au nom de Désaubois, qu'est accordé le
privilège.

Arrêt du Conseil d'Etat du 8 mai 1717.

Sur ce qui a été représenté au Roi en son conseil, par
Nicolas Désaubois, habitant de la ville de Condé, que
s'étant donné depuis plusieurs années, divers mouvements

pour trouver dans les Pays-Bas de la domination à Sa
Majesté, des mines de charbon de terre, les recherches
qu'il aurait faites, tant par lui que par gens experts en
cette matière, lui ont fait découvrir, dans les environs
des villes de Valenciennes et de Condé, plusieurs endroits d'où il présume qu'on peut tirer assez de charbon
de terre pour pouvoir se passer de celui qu'on fait venir
des Pays-Bas étrangers, pour la consommation qui s'en
fait dans la Flandre française et dans l'Artois. Mais que
comme une pareille entreprise ne se peut exécuter qu'en
obtenant les grâces et les secours que Sa Majesté a la
bonté d'accorder quand il s'agit de l'utilité publique, il
suppliait très humblement Sa Majesté de vouloir bien lui
permettre ainsi qu'à sa compagnie, exclusivement à tous
autres, de tirer pendant le terme de trente années des
charbons de terre depuis Condé en remontant la rivière
de Honneau jusqu'à Rombies, de Rombies jusqu'à Valenciennes et de la rivière de l'Escaut jusqu'à celle de Scarpe ; pour cet effet, de faire des fosses dans tous les endroits qu'il jugera nécessaire, en indemnisant au dire
d'experts les propriétaires des héritages où il faudra
fouiller et passer, même de faire des rivages le long des
dites rivières en payant aux seigneurs les mêmes droits
qui se paient à Bossu, Dour et autres lieux par de-là,
comme aussi qu'il plût à Sa Majesté ordonner que les
droits de péage et autres qui se lèvent sur le charbon de
terre le long de la Scarpe et de la Deûle fussent modérés,
et ceux d'après lui comme chef de la dite entreprise,
ainsi que ses principaux commis, jouiraient pendant le
terme de trente années, de l'exemption de tous les droits

domaniaux, d'octrois, de brasseries, d'égards et de lo-
gements de gens de guerre dans les villes ou lieux qu'ils
habiteront, et attendu, que, pour commencer ladite entreprise, il aurait besoin de 10,000 florins, fesant 12,500
livres, il suppliait Sa Majesté de lui faire avancer la moitié de ladite somme par la province, s'engageant à restituer cette moitié un an après, en cas de succès seulement,
et si le contraire arrivait de justifier que ladite somme
de 12,500 livres et au delà aura été consommée au travail de son entreprise, au moyen de quoi on ne pourra
lui rien demander des 6,250 livres qui lui auront été
avancées, offrant, s'il y avait difficulté à lui faire l'avance
de ladite somme, d'attendre et de les tirer sur les premiers deniers provenant des droits seigneuriaux qui pourront écheoir à Sa Majesté sur ses domaines de Flandre et
de Hainaut. Et Sa Majesté désirant procurer à ses sujets
de la Flandre française et autres provinces voisines, l'a-
vantage qu'ils peuvent retirer d'une pareille découverte,
vu la proposition dudit Désaubois, ensemble l'avis
du sieur Doujat, intendant et commissaire départi dans
le Hainaut-français. Ouï le rapport, le Roi étant en son
conseil, de l'avis de M. le duc d'Orléans, régent, a accordé et accorde audit Désaubois et à sa compagnie, à
l'exclusion de tous autres, la faculté de tirer pendant
qninze années consécutives des charbons de terre des
mines qu'il pourra découvrir et fouiller depuis Condé, en
remontant la rivière du Hainaut jusqu'à Rombies, et
de-là à Valenciennes, et depuis la rivière d'Escaut jusqu'à celle de Scarpe ; permet Sa Majesté pour cet effet,
audit Désaubois d'y faire des fosses dans les endroits

qu'il jugera convenable, même de faire des rivages le
long desdites rivières, en indemnisant de gré à gré les
propriétaires des héritages où il croira nécessaire de fouiller ou de faire des rivages, et en payant aux seigneurs
les mêmes droits qui se paient dans les dépendances du
territoire de Mons où l'on tire de ces sortes de charbon ;
et, en cas de contestation à l'occasion de ladite entreprise, Sa Majesté en a attribué et attribue la connaissance
au sieur intendant et commissaire départi en Hainaut,
pour être par lui, les dites contestations, décidées définitivement, sauf l'appel au conseil ; faisant, Sa Majesté
défenses à toutes ses cours et autres juges d'en connaître
à peine de nullité et cassation, ordonne Sa Majesté que,
pour aider ledit Désaubois à commencer ladite entreprise, il lui sera payé la somme de 5,000 florins fesant
6,250 livres, qui sera prise sur les premiers deniers provenant des droits seigneuriaux qui écherront à Sa Majesté pour la portion qu'elle s'est réservée sur le bail de
ses domaines des provinces de Flandre et de Hainaut; à
l'effet de quoi, il sera expédié au sieur Désaubois un
brevet, en la manière accoutumée, à la charge par lui
de rendre et restituer, suivant ses offres, un an après ladite entreprise commencée, la dite somme de 6,250
livres en cas de succès, et s'il en arrivait au contraire, de
justifier par lui la somme de 12, 500 livres, que ledit
Désaubois estime nécessaire pour son entreprise, aura
été valablement employée au travail qu'il conviendra
pour en assurer la réussite; au moyen de quoi, dans ce
dernier cas, il demeurera quitte et déchargé de la restitution des 6,250 livres qui lui auront été avancées comme

il est dit ci-dessus. Veut et entend Sa Majesté que ledit Désaubois et son principal commis seulement, jouissent pendant ledit temps de 15 années consécutives de l'exemption des droits domaniaux, de brasserie, d'égards et de logement de gens de guerre dans les lieux qu'ils choisiront pour leur résidence, et seront pour l'exécution du présent arrêt toutes lettres nécessaires expédiées.....

Nous verrons en suivant postérieurement l'historique des travaux faits par la compagnie quelle fut la série de recherches qui amena les entrepreneurs à découvrir le charbon à Fresnes, le 3 février 1720. Disons seulement que la nouvelle d'une découverte aussi importante eut un retentissement considérable dans le pays. M. d'Argenson, intendant du Hainaut, se rendit sur les lieux en compagnie de l'ingénieur des mines à Valenciennes, pour constater l'état des travaux. Le résultat était magnifique, mais les dépenses déjà faites étaient telles, que les intéressés hésitaient à les continuer. Ces considérations présentées au conseil du Roi, le déterminèrent à accorder à la compagnie avec une gratification de 35,000 livres, une prorogation de privilège de cinq ans. Ces faits sont constatés par un arrêt du conseil du 9 juillet 1720 dont la teneur suit:

Arrêt du Conseil d'Etat du 9 juillet 1720.

Vu l'arrêt du 8 mai 1717 qui contient..... la requête du sieur Désaubois, contenant le récit de tout ce que lui et ses associés ont fait depuis cinq ans pour parvenir à l'état où se trouve présentement leur entreprise pour laquelle ils ont fait plus de 60,000 livres de dépense, de laquelle entreprise il résulte qu'après avoir ouvert six fosses en différents lieux, à 300 toises environ de l'Escaut et à peu près à pareille distance du chemin qui conduit de Valenciennes à Condé, et avoir été obligé de les abandonner à cause des sources d'eau qui les remplissaient malgré les machines dont on se servait pour les épuiser, on a ouvert en dernier lieu deux grandes fosses à une demie-lieue ou environ de distance des six premières, sur la même ligne, tirèrent vers le couchant, à l'entrée du bois de Condé ; que dans la première de ces deux dernières fosses, après un travail qui a duré dix-huit mois, jour et nuit, on s'est enfin trouvé, le 3 février de la présente année, sur la veine au charbon qu'on a creusée dans toute son épaisseur, qui est d'environ quatre pieds, d'où l'on a tiré du charbon de la largeur de la fosse, qui a au moins huit pieds en carré ; de manière qu'on en enleva au moins deux charretées, ce qui a été reconnu d'une bonne partie de la ville de Condé, qui se rendit sur les lieux, ainsi que plusieurs habitants de Valenciennes, Douai et d'autres lieux, qui, pleins de joie de cette découverte, en prirent chacun un morceau pour l'emporter chez eux, comme aussi du sieur d'Argenson, intendant en Hainaut, qui s'étant transporté avec l'ingénieur en chef de Valenciennes sur les lieux, aurait trouvé ces deux dernières fosses revêtues de bois à vive arrête, et une machine qui y est appliquée, laquelle est composée de pompes aspirantes et foulantes, travaillant sans cesse à vaincre les eaux qui rempliraient ces fosses si lesdites pompes discontinuaient d'agir pendant quelques heures, et aurait reconnu qu'il était absolument nécessaire de mettre la seconde de ces deux fosses en état, pour faire une communication avec la première et leur donner de l'air, sans laquelle la lumière s'éteindrait, et le charbon de terre, dont la mine a été heureusement découverte, au grand contentement des habitants du pays, ne pourrait se tirer.

Ladite requête tendant au surplus à ce qu'il plût à S. M..... d'accorder au sieur Désaubois et à ses associés, par forme de gratification la somme de 35 à 40,000 livres et de les faire jouir du privilége à eux accordé pour quinze années par ledit arrêt pendant trente années..... Vu aussi l'avis du sieur d'Argenson..... intendant et commissaire, départi dans la province du Hainaut, qui rend témoignage de la vérité des faits annoncés dans ladite requête...

Le Roi.... ordonne qu'il sera fait des fonds au trésor royal de ladite somme de 35,000 livres laquelle sera payée par forme de gratification au sieur Désaubois et à ses associés, par le garde dudit trésor royal... Veut en outre Sa Majesté que le temps fixe à quinze années par ledit arrêt du conseil du 8 mai 1747, soit prolongé de cinq années......

Mais la libéralité royale demeura sans effets par suite du discrédit des billets de la banque de Law, qui avaient été donnés comme monnaie, et les résultats furent anéantis en une seule nuit, celle du 24 décembre 1720 dans laquelle la rupture d'une planche de cuvelage amena la submersion des travaux et la ruine de la fosse commencée.

Les intéressés découragés se réunirent à Condé pour

dissoudre l'association. Nous transcrivons textuellement leur délibération, du 15 juillet 1724 :

Délibération du 15 juillet 1724.

Nous soussignés entrepreneurs et associés pour l'entreprise des fosses pour charbon, étant cejourd'hui assemblés pour délibérer sur les difficultés, pour ne pas dire impossibilités, de continuer ladite entreprise, à cause des eaux qu'on n'a pu surmonter nonobstant les efforts et les dépenses qu'on a faits à différentes reprises, que nous ne sommes plus en état de soutenir. C'est pourquoi nous avons résolu de désister de travailler et en conséquence de faire vendre tous les effets et outils, de même que les chevaux et tout ce qui touche et appartient à ladite entreprise, et, pour cet effet, nous prions M. Richard de nous faire mettre des affiches dimanche prochain, vingt de ce mois, pour procéder à ladite vente lundi vingt et un, et pour les deniers, en procédant, être remis entre ses mains et en rendre compte à la compagnie, le priant de payer, avec lesdits deniers, les dettes de ladite compagnie, le tout par provision.

Fait et délibéré à Condé le 15 juillet 1724.

> Signé : Désaubois, Taffin, Desnoelles, François
> Dumont, Richard.

Ces échecs n'avaient pas diminué le courage du comte Des Androuins. « Il lui suffisait, dit son défenseur dans » le procès *de Cernay*, de savoir que le territoire renfer-» mât de la houille, pour qu'il ne désespérât pas de pou-» voir l'extraire, quelle que fut la profondeur à laquelle » il fallût l'aller chercher, la difficulté des travaux pour

» y parvenir et des moyens de la garantir de l'impétuosité
» des eaux.... »

Aussi, un mois après la dissolution de la première
société, appuyé sur la constance inébranlable de son
ancien associé P. Taffin, secondé par son fidèle ingénieur Jacques Mathieu, il parvint encore à faire partager ses convictions à quelques capitalistes, et une
nouvelle société fut constituée le 1er septembre 1724.
Voici quel en était le texte :

Contrat de Société des Mines du Hainaut français

Nous soussignés, Pierre Des Androuins, écuyer, sieur
Desnoelles, maître de la verrerie de Fresnes, Pierre Taffin,
écuyer, conseiller, secrétaire du roi, audiencier en la
chancellerie près le parlement de Flandre, seigneur du
village de Vieux-Condé, y demeurant, et Jacques Richard
receveur des fermes du roi à Condé.

Sommes convenus d'être entrés en société nouvelle
pour l'entreprise des fosses à charbon à Fresnes, à demander sous le nom dudit sieur Desnoelles, abandonnées par le sieur Désaubois et associés le 15 juillet dernier, le tout comme s'en suit :

Que moi Desnoelles aurai onze sols en vingt, dont ladite société est composée, moi Taffin huit sols et moi Richard un sol, à charge et condition que nous ferons nos
avances à proportion de chacun de nos intérêts et parta-
gerons sur ce pied au profit et à la perte qui pourrait y
arriver.

Que pour implorer la bénédiction du seigneur sur ladite entreprise il sera distribué aux pauvres la somme

de vingt florins, et qu'il sera fait célébrer, pour pareille somme de vingt florins, des messes à l'honneur de Dieu.

A l'égard de la régie elle sera faite de main commune à pluralité des voix dont il sera des actes de délibération.

Que les comptes de la recette et dépense se rendront par devant nous aussi souvent que nous l'exigerons et trouverons convenable.

Et que le surplus à régler pour ladite entreprise, il sera fait par nous aussi souvent que le cas l'exigera.

Fait triple le dixième septembre 1721

Signé : Des Androuins-Desnoelles, Taffin, Richard.

Les bénédictions du Ciel, si pieusement demandées dans l'acte dont nous venons de donner copie, semblèrent en effet s'étendre sur la nouvelle société. Et l'on peut dire qu'elle est vraiment la souche de la compagnie actuelle. Jusqu'en 1724 époque en fut mise en exploitation régulière la première fosse de Fresnes, il n'y avait eu a proprement parler que des travaux de recherches ; De ce moment seulement commença une extraction régulière et normale.

Cependant avant d'en arriver là, les nouveaux concessionnaires avaient eu à surmonter des difficultés de plus d'un genre. Indépendamment de ce que les travaux présentaient d'obstacles, ils avaient dû résister aux prétentions du fisc qui s'était précipité sur les premiers charbons extraits comme sur une proie. Mais grâce à un arrêt du conseil d'Etat, ils parvinrent à obtenir comme une faveur, l'exemption pendant sept ans de tous droits, sur les produits de leur exploitation.

Les actionnaires dissidents leur suscitèrent aussi quelques embarras en essayant de s'opposer à leurs travaux. Mais un arrêt du conseil d'Etat du 22 février 1722, veut couper court en faveur de la nouvelle association à toute difficulté en la subrogeant à tous les droits et priviléges de l'ancienne. Ci-dessous le texte de cet arrêt :

Arrêt du Conseil d'Etat des 22 Février 1722.

Sur la requête présentée au Roi... par Pierre Des Androuins-Desnoelles, écuyer, maître de la verrerie de Fresnes-sous-Condé, contenant que s'étant associé... ces fosses (celles de 1720) s'étant remplies d'eau, ses associés, après avoir fait des dépenses considérables pour réparer cet accident, et n'ayant pu y réussir, se seraient déterminés le 15 juillet 1721 à abandonner entièrement leur entreprise, et auraient mis des affiches pour la vente de tous les chevaux, bois, machines, et autres outils nécessaires à la fouille dudit charbon ; que le suppliant s'en serait rendu adjudicataire le 25 juillet, moyennant la somme de 200 florins, dans la vue de continuer une entreprise dont le succès sera très utile à l'Etat ; mais craignant qu'après qu'il aurait fait bien de la dépense à faire creuser, comme il se le propose, deux autres fosses près des anciennes, le sieur Désaubois et ses associés ne vinssent le troubler et requerait qu'il plût à Sa Majesté, en conséquence dudit abandon, ordonner que lesdits arrêts du conseil du 8 mai 1717... seront exécutés à son profit... le Roi... ordonne que lesdits arrêts du conseil du 8 mai 1717... seront exécutés selon leur forme et teneur au profit dudit Pierre Des Androuins-Desnoelles que Sa Majesté a subrogé et subroge au lieu et place dudit Désaubois et ses associés.

La compagnie de Fresnes de 1724 à 1775 ne discontinua pas ses travaux, et fonça onze puits utiles dont 7 servaient à l'extraction de la houille, et 4 à l'aérage et à l'épuisement des eaux. C'est à cette exploitation qu'il faut aussi rapporter l'honneur de l'emploi de la première machine à vapeur en 1730.

Plus de 100 hommes et près de 300 chevaux y étaient constamment occupés.

Ces faits on le voit attestent une situation assez prospère. Mais le premier élan passé, les associés voyaient clairement qu'ils ne pouvaient espérer réaliser les bénéfices qu'ils avaient espérés.

J. Des Androuins, dans son *Mémoire contre M. de Cernay*, nous dit bien « que le charbon que l'on tira de » ces mines, fut reçu dans le commerce avec cette dé- » monstration de joie dont le peuple est succeptible quand » on flatte ses intérêts...» Mais il aurait pu ajouter avec Léonard Mathieu, dans son *Histoire de l'entreprise*, que « le charbon qu'ils avaient trouvé, étant sec et sulfu- » reux, inconnu dans le pays, ne convenant que pour » la cuisson des briques et de la chaux, ils avaient » peine à s'en défaire. »

La découverte des mines de Fresnes n'étant qu'un résultat incomplet, « l'expérience de cette ressource faisait sentir plus vivement que jamais de quelle conséquence il était de suivre le projet dans toutes ses parties. »

Et avec cette énergie inébranlable qui avait présidé aux débuts de l'entreprise, la compagnie se mit pendant

huit ans à fouiller sans relâche. Malheureusement, ex-
cepté l'indication de l'allure des veines de Mons, la compagnie, comme le dit M. Grard, « n'avait d'autre guide
» que les préjugés scientifiques de l'époque, le pays n'of-
» frant absolument aucun indice de l'existence de la
» houille. »

Le même auteur nous dit que six puits furent inutilement tentés et coûtèrent :

1° Sur Aubry	12,500 florins	soit 15,625	fr.
2° Evreux	23,400	29,250	
3° Bruay	1,000	1,250	
4° Quaroube	29,800	37,250	
5° Crespin	45,000	56,250	
6° près la citadelle	51,700	64,625	

Total . . . 163,400 florins   204,250 fr.

Des sommes immenses furent englouties dans six avaleresses entreprises successivement et sans succès. « L'inu-
» tilité de ces dernières épreuves, dit J. Des Androuins
» et la médiocrité des produits de Fresnes, eu égard
» aux dépenses n'étant que trop capables de décourager
» une compagnie dont la constance chancelait depuis
» longtemps ; le vicomte Des Androuins engagea ses as-
» sociés à faire encore une recherche qu'il leur promit
» être la dernière s'il avait le malheur d'échouer. La con-
» fiance qu'il s'était acquise ranima le courage abattu..

Ne semble-t-il pas, en lisant ces lignes, voir se renouveler la scène de Cristophe Colomb demandant à ses équi-
pages trois jours de grâce pour leur montrer la terre promise ! Ici aussi la parsuasion de l'homme de génie triom-

pha des craintes et du découragement, et la reprise des travaux s'opéra le 29 août 1733, à Anzin, près la porte de Valenciennes, sur la rive gauche du pavé de Condé, où l'on commença une fosse.

Nous empruntons, d'après M. Dieudonné *au Journal économique de l'année 1756, tome 4, page 82*, un détail des travaux qu'exigea cette fosse, des obstacles qu'il fallut surmonter. C'est un monument historique intéressant parcequ'il indique l'état le plus avancé des connaissances en fait d'exploitation minière à cette époque: Nous transcrivons ce journal :

« On commença donc à Anzin par ouvrir la terre et
« faire un puits rond de neuf pieds de diamètre; on le
« creusa de *dix toises*, et l'on se contenta d'y faire une
« muraille de briques pour contenir les terres; car à
« cette profondeur on n'avait point encore trouvé d'eau.

« Ayant ensuite sondé le terrain, on s'assura qu'on
« pouvait, sans craindre les eaux, creuser encore six
« toises.

« Au moment que l'on était près de trouver les eaux,
« on établit sur le haut de cette fosse une puissante
« machine à pompes, et on y en mit deux de fer qui
« bientôt commencèrent à jouer.

« Le lendemain matin, les pompes ne pouvant évacuer
« les eaux à cause de leur trop grande abondance, il
« fallut établir une troisième pompe du haut en bas,
« et augmenter le nombre des chevaux.

« Il fallut deux jours pour poser et établir cette troi-
« sième pompe; le troisième, elle alla fort bien: les
« eaux baissèrent, et on se disposa à travailler au fond.

« Dans douze heures on creusa trois pieds de plus ;
« mais les eaux étant devenues trop abondantes, il fal-
« lut établir une quatrième pompe. Cette quatrième en
« exigea trois dont chacune montait l'eau au tiers de la
« hauteur. Il y eut donc alors douze pompes ; savoir :
« huit pour les deux répétitions des pompes des dix
« premières toises, et quatre pour douze pieds qu'on
« avait enfoncés depuis le commencement du niveau :
« il fallut s'occuper pendant deux jours à cette nouvelle
« réparation.

« Les pompes étant en très bon état, les eaux furent
« rendues basses et les ouvriers allèrent travailler au
« fond ; mais deux heures après ils furent obligés de
« remonter, parce qu'ayant donné atteinte à une grande
« coupe, les eaux dégorgeaient avec impétuosité dans
« les puits. Alors le jeu ordinaire des quatre pompes
« ne fut plus suffisant ; il fallut faire doubler le pas
« aux chevaux, et changer les seaux ; enfin, après deux
« heures de cet épuisement, les ouvriers recommencè-
« rent à travailler au fond ; mais à peine furent-ils à
« l'ouvrage, qu'un chevron de la machine cassa, il fal-
« lut vitement remonter. Malgré toute la diligence pos-
« sible, il se passa trois heures avant que la machine
« fût en état de se mouvoir ; mais pendant cet intervalle
« les eaux vinrent à leur niveau. Il fallut remédier à cet
« accident par un redoublement de travail et d'attention.

« Six heures après, les ouvriers descendirent dans le
« puits ; mais il tombait, de tout côté, une si grande
« quantité d'eau, qu'ils ne savaient où placer les chan-
« delles destinées à les éclairer dans ce sombre séjour,

« Pendant qu'ils cherchaient à s'arranger, on s'aperçut
« qu'il y avait deux seaux des pompes supérieures qui
« étaient trop faibles ; il fallut les changer, et les eaux
« montèrent de quatre pieds.

« Ce nouvel épuisement fait, on allait se mettre à l'ou-
« vrage, lorsque la machine s'arrêta tout-à-coup, parce
« qu'un cheval tomba mort ; il fallut vitement le rempla-
« cer, et pendant cette interruption les eaux montèrent
« de deux pieds. On fit un nouvel épuisement ; bientôt
« après, il fallut changer tous les seaux des pompes qui
« étaient trop faibles, et les eaux montèrent de six pieds.

« Après quatre heures de travail, les pompes eurent
« besoin d'être allongées. Pendant cette suspension, les
« eaux montèrent de six pieds. Nouvel épuisement pen-
« dant quatre heures. Bientôt après on donna atteinte à
« de nouvelles coupes ; il fallut établir une pompe de
« plus, et donner huit jours de relâche aux chevaux,
« qui étaient exténués et épuisés de fatigue.

« Lorsque les chevaux furent en état de travailler, il
« y eut six pompes de front d'établies, c'est-à-dire dix-
« huit corps de pompe. On attela douze chevaux à la
« fois : comme l'épuisement était près de finir, il se cassa
« un œillet du balancier ; il fallut le réparer et recom-
« mencer l'ouvrage.

« Enfin, on creusa pendant deux fois vingt-quatre
« heures, sans accident ; mais tout-à-coup, on ouvrit
« une source qui jaillit abondamment, et qui fit monter
« les eaux, malgré les six pompes de front et les chevaux
« qui allaient bon train.

« Tels ont été les travaux continuels qu'il a fallu

« accomplir, pour donner vingt-deux toises de profon-
« deur à la fosse. De là jusqu'à trente-six qu'il faut creu-
« ser pour parvenir au premier banc de bleu-marne,
« il reste encore quatorze toises; à quoi ajoutant trois
« toises qu'il faut pénétrer dans le bleu-marne avant de
« cuveler, on aura encore dix-sept toises à creuser.

« Ainsi l'ouvrage déjà fait n'était rien en comparaison
« de celui qui restait à faire ; car tout le monde conçoit
« qu'à mesure qu'on descend plus avant dans la terre,
« les sources sont en plus grande quantité et plus abon-
« dantes.

« Nous ne finirions point, si nous voulions rapporter
« jour par jour ce qui s'est passé jusqu'à la découverte
« de la mine de charbon qu'on cherchait.

« Le puits étant entièrement creusé, on parvint à
« réformer les eaux, en établissant quatre pièces de bois
« de chêne de huit à dix pouces carrés aux quatre parois
« de la fosse ; on les fit joindre d'une manière si juste et
« si ferme que les eaux ne sauraient transpirer par-der-
« rière; ensuite on mit un second rang de semblables
« planches, et on continua à monter ce bâtiment avec
« de larges madriers de bon bois de chêne de six pouces
« d'épaisseur, garnis avec de la mousse, du mortier de
« chaux et de cendre par-derrière; le tout fut élevé au-
« dessous du niveau des eaux.

« Cette enceinte achevée, on laissa rasseoir pendant
« quelques jours les couvertures de mortier de chaux et
« de cendre que l'on avait mis par-derrière, ensuite on
« retira le peu d'eau qui s'était amassée, et on eut soin
« de calfeutrer exactement toutes les jointures, comme

« celles d'un bateau. Ainsi, l'eau ne pouvant plus pé-
« nétrer dans ce cuvelage, il demeura à sec et l'on put
« y travailler en sûreté.

« La fosse d'Anzin, dont nous venons de donner ici la
« relation , fut commencée le 26 août 1733, et on ne fit
« la découverte du charbon que le 24 juin 1734.

« Cette fosse achevée, il fallut en construire tout de
« suite une autre ; car il en faut au moins deux pour
« pouvoir exploiter une mine. La première sert à faire
« l'extraction du charbon ; on se sert de la seconde pour
« soustraire les eaux et renouveler l'air.

« Tel est la longue manœuvre par laquelle on par-
« vient à creuser des fosses au charbon dans le Hai-
« naut français. Elles coûtent ordinairement soixante
« ou soixante-douze mille livres. On peut encore juger
« par là de la difficulté qu'il y a à les creuser et à
« les revêtir. »

Cette nuit du 24 juin 1734, marque dans les annales
de la compagnie, le commencement de son ère de prospérité. Le charbon rencontré fut, par les essais, jugé
convenable à tous les usages. Il est, dit un auteur du
temps, de la meilleure qualité et très peu pyriteux, d'un
beau noir, ferme et cristallisé, et fort recherché pour les
travaux de forge. Il convient d'ailleurs, dans tous les
cas où le charbon de terre peut être employé. On en
tire des masses considérables, ce qui fait voir qu'il est
ferme et solide dans sa situation naturelle.

Il y avait plus de dix-huit ans que la compagnie Des
Androuins avait commencé ses recherches. Dans ce long
intervalle, les travaux faits se résument ainsi :

Puits tentés inutilement à Fresnes et à Escaupont,
avant l'invention du cuvelage. . . . . .   6 ⎫
    A Fresnes après cette invention. . .   6 ⎬ 24 puits.
    En différents endroits. . . . .   9 ⎭
    Puits utiles sur Fresnes. . . . . . . 44 ⎫
    Sur Anzin. . . . .   2 ⎬ 43
                                              ⎭
                    Ensemble. . . . . .   34 puits.

Quand aux dépenses occasionnées par ces travaux,
voici comment les résume le travail de M. Ed. Grard :

Elles avaient été jusqu'à la découverte de la houille
à Fresnes de. . . . .   139,687 livres.

Pour les travaux inutiles, de 4725 à
4732, en différents endroits, on dé-
pensa   204,250

    Pour la machine à feu   75,000

Les puits inutiles sur Fresnes pos-
térieurs à la découverte ont dû couter,
proportionnellement aux neuf puits
inutiles ci-dessus.   436,466

Chaque puits utile coûta de 60 à
72,000 liv., ce qui ferait pour 45 puits. 858,000
                                           —————————
                    Total . . . . 4,443,403 livres.

Ce chiffre était énorme surtout au point de vue de
l'époque où furent accomplis ces travaux. La Franee, on
se le rappelle, de 4746 à 4735 était épuisée par les longues guerres du règne de Louis XIV, et la désastreuse
tentative de crédit qu'avait inaugurée la banque de Law,
avait porté le dernier coup à la fortune publique. C'est
en songeant à ces considérations qu'il faut admirer la

constance des hommes qui affrontèrent leur ruine pour
doter le pays d'une source inépuisable de richesses.

Le succès obtenu par la compagnie Des Androuins à
la fosse du Pavé, accrédita son entreprise et dès lors,
elle se procura tous les fonds dont elle avait besoin
pour suivre ses travaux et monter son établissement.

Une prorogation de durée de leur privilège, par arrêt
du conseil d'Etat du 29 mars 1735, vint assurer leur
exploitation jusqu'au 1er juillet 1760.

Nous verrons en étudiant la délimitation de la concession de la compagnie que leur premier centre d'exploitation ne leur suffit plus et que par arrêt du conseil du
16 décembre 1736, ils obtinrent les terres comprises
entre la Scarpe et la Lys.

On le devine par ce que nous avons déjà indiqué en
parlant de la compagnie d'Aniche, ce ne fut pas sans obstacles de la part des seigneurs haut-justiciers qu'ils parvinrent à explorer leur vaste concession. Les associés ra-
chetèrent successivement le droit d'entre-cens des seigneurs des terres explorées par leurs travaux. Nous
aurons lieu d'énumérer plus tard les divers incidents
auxquels donnèrent lieu pour la compagnie les réclamations faites en vertu de ce droit.

Au début de l'entreprise, elle rencontra deux puissants
seigneurs, le prince de Croy et le marquis de Cernay.

Le prince de Croy avait bien abandonné l'exercice de
son droit d'entre-cens moyennant une redevance annuelle de 2,000 livres, mais il ne s'était pas interdit en même
temps le droit de recherches et d'exploitation dans ses
domaines. Aidé par les frères Des Androuins, il demanda

et obtint par un arrêt du conseil du 14 octobre 1749 de faire fouiller et exploiter les mines de charbon dans l'étendue de ses terres de Condé et Vieux-Condé au-delà de l'Ecaut, sans limitation de temps et avec les mêmes exemptions, jusqu'au premier juillet 1760, que celles dont jouissait la compagnie Des Androuins et Taffin.

Dans une seconde requête de 1751, le prince de Croy expose que, depuis l'arrêt de 1749, il a continué à faire travailler sans beaucoup de succès, qu'il a découvert une veine, mais que cette veine, prenant sa direction vers le village d'Hergnies qui est enclavé dans ses terres de Condé et de Vieux-Condé, il demande le droit de tirer du charbon sur Hergnies avec les mêmes privilèges. Il obtint cette concession par arrêt du 20 avril 1751.

Plus tard et encouragé par les succès de la demande que le marquis de Cernay avait introduite, d'une concession sur Raismes et Saint-Vaast, le prince de Croy vint encore exposer au conseil qu'il désirait joindre à ses concessions de Vieux-Condé et d'Hergnies, celle de Fresnes et de Bruay, situées dans ses domaines et sur lesquelles nous l'avons vu, le privilège de la compagnie Des Androuins devait finir le 1er juillet 1760. Cette concession lui fut encore accordée ; et on le voit la position de la compagnie Des Androuins tendait à s'amoindrir du côté de Fresnes et Condé par les envahissements de la compagnie de Croy. C'est là un des motifs les plus puissants parmi ceux qui amenèrent le traité d'association de 1757.

Pendant qu'elle était ainsi battue en brèche dans son exploitation de Fresnes, la compagnie Des Androuins avait affaire à un adversaire encore plus dangereux et qui menaçait d'annuler dans ses résultats, la position qu'avaient su acquérir les premiers inventeurs.

Le marquis de Cernay, seigneur haut-justicier de Raismes et Saint-Vaast, avait en 1754, formé une association pour l'exploitation du charbon de terre existant dans les limites de ses domaines. Il fut autorisé a ouvrir des fosses sur ses terres de Raismes, a condition qu'après un an, des commissaires visiteraient les travaux pour en constater les résultats..

Vers la fin de la même année et à la suite d'une requête ou il exposait « qu'il avait découvert dans la paroisse » de Raismes, une mine de charbon, et que par les » fouilles qu'il avait fait faire, il avait reconnu que le » charbon qu'elle contenait était abondant et de bonne » qualité » il obtint le privilège exclusif d'extraire le charbon de la terre de Raismes, sans fixation de durée de privilège, et avec les exemptions accordées a Des Androuins jusqu'au 1er juillet 1760.

Cet arrêt est du 3 décembre 1754. Immédiatement la nouvelle compagnie se mit à l'œuvre. Divers puits furent commencés, et le 1er septembre 1756, on tira du charbon de la troisième fosse avec *un éclat tout particulier*. L'intendant qui s'était transporté sur les lieux, fut reconduit à Valenciennes au son des instruments, et une voiture de charbon, escortée d'un grand nombre d'ouvriers, fut promenée triomphalement par la ville.

Quoiqu'il en soit de la sincérité de cette découverte, et de l'avenir que présentait cette concession, les résultats de l'établissement de ces nouvelles exploitations étaient déplorables pour la compagnie Des Androuins. Elle se trouvait pressée de deux côtés par des compagnies puissantes, celle du duc de Croy et celle du marquis de Cernay. Aux ressources des capitaux, ses rivales joignaient l'influence d'un crédit considérable à la cour. Elle avait, dit M. Grard, « couru a elle seule les chan- » ces d'une entreprise contre les écueils de laquelle ses » prédécesseurs avaient échoué. Elle avait doté le pays » d'une industrie qui l'enrichissait. Elle y avait consacré » les veilles, la fortune de chacun de ses membres, et » quarante ans d'incroyables travaux...... »

Des immenses terrains qui lui avaient d'abord con- cédés, que lui restait-il ? M. de Cernay s'était fait concéder sa terre de Raismes et le droit de poursuivre ses travaux sur Saint-Vaast et Anzin ; le prince de Croy se faisait concéder Fresnes !

Il fallait lutter, mais cette lutte commencée avec vi- gueur de part et d'autre, cessa bientôt sous l'empire de la raison, et grâce à la médiation du prince de Croy, une transaction intervint entre les trois compagnies Des Androuins, de Cernay et de Croy, le 19 novembre 1757.

Cette transaction opéra non une séparation des con- cessions, mais une fusion d'intérêts qui donna nais- sance à la compagnie d'Anzin.

Voici le texte de cet acte :

CONTRAT DE SOCIÉTÉ DES MINES D'ANZIN
du 19 novembre 1757.

Pour parvenir à la réunion générale des fosses à charbon de terre de Fresnes, Vieux-Condé, Raismes et

Saint-Vaast, terminer tous les différents procès portés et indécis au conseil, vivre en bonne union, en bonne intelligence et faire l'avantage de l'Etat et du public en formant des établissements solides, il a été convenu par le présent acte, à promesse de le rectifier pardevant notaire, toutes les fois et quantes, des articles suivants :

ARTICLE PREMIER.

Que la société sera composée de vingt-quatre sols de France qui seront répartis ci-après, savoir :

A M. le prince de Croy, quatre sols dont trois pour lui, ci. . . . . 3 s. » d. ⎫
    Pour M. Cordier . . . . » 6 ⎬ 4 s. » d.
    Pour M. Moreau . . . . » 6 ⎭

A M. le marquis de Cernay et sa compagnie, composée de MM. de Raulcourt, Laurent, Bénoist, Mauroy, Renault et Raveneau, huit sols à partager entre eux comme ils aviseront bon être, suivant leur société, ci. . 8   »

A M. le vicomte Des Androuins, cinq sols neuf deniers, ci. 5   9

Aux héritiers de feu M. Taffin, représentés, M. Taffin, conseiller au parlement, Taffin de Gœulzin, Taffin de Troisville, M. de Bénazet pour son épouse, leur beau-frère, trois sols neuf deniers, ci. 3   9
    A M. Bosquet, six deniers. . . . . »   6
    A la dame Reboul, six deniers . . . . . . »   6

           A reporter. . . . . 22 s. 6 d.

Report. . . . . 22 s. 6 d.
Aux enfants de M. Cordier, un sol. 1   »
A M. Mathieu, six deniers. . . . .   »   6
____
Total. . . . . 24 s. » d.

ARTICLE DEUX.

Que la société aura lieu à compter du premier octobre dernier, à compter duquel jour toutes les recettes
provenant de la vente des charbons et autres choses,
ainsi que les dépenses, seront partagées et supportées
en commun, chacun à proportion de son intérêt, dont
il sera arrêté un compte à ce premier janvier prochain,
à l'effet de quoi les registres de recette, de dépense
et de crédit seront continués par les préposés qui les
tiennent dans les différents bureaux, et seront visés et
paraphés incessamment par l'un des anciens entrepreneurs et l'un des nouveaux.

ARTICLE TROIS.

Il a été convenu que les dettes contractées par l'une
ou l'autre compagnie avant le premier octobre, de même
que les denrées marchandises qu'elles pourraient avoir
prises à crédit avant cette époque, seront payées sépa-
rément par ceux qui les auront contractées.

Elles n'entreront point dans la communauté, non
plus que les crédits faits pour vente de charbon avant
ladite époque, n'y ayant absolument que les recettes
et crédits réels et effectifs, faits depuis le premier
octobre.

ARTICLE QUATRE.

Qu'à compter dudit jour, premier octobre dernier, les bâtiments, tant neufs que vieux, écuries, magasins, forges, édifices, fosses, en extraction ou non, terres, héritages, soit de louage, d'achat ou tenus par baux emphytéotiques sur lesquels les établissements de toutes espèces sont faits, en ayant rapport aux ouvrages et commerce de charbon, dans tel endroit qu'ils soient situés, les fers, férailles, outils, bois employés ou non, manivelles, machines ou pompes à feu ou à molettes, chevaux, harnais, chariots, charrettes, tombereaux, et brouettes, pompes de fer ou de bois, approvisionnement de toute espèce, soit en foin, paille, avoine, chandelle, huile, cordages, chaines, pavés employés ou non employés et généralement tout ce qui a servi, sert ou servira pour l'exploitation des fosses réunies, ouvertes et à ouvrir sur les seigneuries de Vieux-Condé, Fresnes, Anzin, Raismes, Saint-Vaast et autres, ainsi que le commerce de charbon sans en rien excepter, seront en commun et appartiendront à la société chacun à proportion de son intérêt, sans retour de part et d'autre, à la réserve néanmoins des biens fonds qui seront payés sur le prix de l'acquisition par ceux qui n'y ont pas contribué à proportion de chacun son intérêt.

ARTICLE CINQ.

Qu'il sera incessamment dressé un inventaire double par deux des intéressés, dont un d'un côté et un de l'autre, de tous les agrès, bâtiments, autres ustensiles expliqués ci-dessus, lesquels intéressés pourront se faire assister par qui bon leur semblera.

ARTICLE SIX.

Que ceux qui seront dépositaires de titres, baux, accords et conventions seront tenus de les représenter pour en être dressé un inventaire particulier et être le tout déposé dans un endroit à convenir.

ARTICLE SEPT.

Qu'à compter du premier janvier prochain, les registres seront renouvelés dans tous les bureaux, cotés et paraphés par l'un des intéressés.

ARTICLE HUIT.

Que la régie restera montée comme elle l'est. Les directeurs, contrôleurs, receveurs et autres employés resteront en place, sauf à y pourvoir dans la suite, si le cas le requiert.

ARTICLE NEUF.

Il n'y aura que six associés qui assisteront aux assemblées, sans compter M. le prince de Croy et M. le marquis de Cernay (et après eux leurs enfants), qui y assisteront quand ils voudront. Ces associés seront : M. Des Androuins, et après lui son fils, M. Cordier, M. Moreau ou M. Bosquet, M. de Bénazet ou M. de Troisville, M. Laurent et M. Mauroy ; ils auront seuls, à l'exclusion de tous autres, la nomination des employés généralement quelconques et la manutention de toute l'entreprise ; ils s'assembleront au moins tous les premiers dimanches de chaque mois, et ils feront d'autres assemblées toutes les fois que le bien de la chose l'exigera ; ils y appelleront aussi les principaux employés et ouvriers quand ils le jugeront nécessaire, et il ne pourra être rien délibéré d'essentiel par l'assemblée des six associés, sans qu'ils soient présents tous six, ou qu'on les ait dument informés de l'affaire dont il sera question, et qu'on leur ait donné le temps suffisant pour s'y rendre ou donner leur avis. On y décidera à la pluralité des voix ; et dans le cas où ils seraient d'avis partagé, on s'en rapportera aux décisions de M. le prince de Croy et de M. le marquis de Cernay.

ARTICLE DIX.

Quand il viendra à manquer un des six régisseurs, les cinq autres choisiront celui des intéressés le plus capable de le remplacer, à l'intervention de M. le prince de Croy et M. le marquis de Cernay ou leurs enfants.

ARTICLE ONZE.

Qu'en cas de décès de quelqu'un des intéressés, son intérêt appartiendra à ses héritiers, à condition toutefois qu'il n'en paraîtra qu'un, sauf, s'ils sont plusieurs, de s'arranger entre eux comme ils aviseront bon être.

ARTICLE DOUZE.

Qu'aucun des intéressés ne pourra vendre tout ou partie de son intérêt sans en avertir la compagnie qui sera libre de prendre par préférence ledit intérêt à égalité de prix, lequel sera réparti sur la totalité au prorata de l'intérêt d'un chacun.

ARTICLE TREIZE.

A été convenu qu'aucun des intéressés ne pourra, sous quelque prétexte que ce soit ou puisse être, former aucun établissement ou commerce de charbon, directement ou indirectement, ni s'associer avec aucune compagnie pour en extraire, en quelqu'endroit que ce soit sur France, que de société et de concert avec les intéressés dans la présente réunion, à peine d'être privé de son intérêt, sans aucun remboursement ni répétition.

ARTICLE QUATORZE.

Qu'il sera dressé, le plus tôt que faire se pourra, un état des frais de régie dans lequel les noms des directeurs, receveurs, contrôleurs et autres employés seront rappelés, leurs fonctions et appointements réglés.

ARTICLE QUINZE.

Que les droits seigneuriaux, appartenant aux seigneurs hauts-justiciers, convenus et à convenir, soit avec quelqu'un des intéressés ou autres, seront payés suivant les conventions faites et à faire, sans égard aux parts des intéressés, et supportés par toute la société.

ARTICLE SEIZE.

Convenu que, dans le cas où il serait nécessaire de faire des fonds, chacun devra y contribuer par cote-part quinze jours après qu'il en aura été averti, suivant les délibérations des assemblées.

ARTICLE DIX-SEPT.

Chacun des intéressés pourra prendre connaissance de l'arrêté des recettes et dépenses et de la division qui aura été faite du restant afin que chacun puisse voir qu'il tire à qui lui revient suivant son intérêt.

ARTICLE DIX-HUIT.

La présente société durera et ne pourra se diviser tant et si longtemps qu'on trouvera du charbon à extraire, tant et si longtemps que les arrêts de concession obtenus de part et d'autre, et à obtenir auront lieu. Et dans le cas où il serait nécessaire d'obtenir dans la suite quelques nouvelles concessions ou permissions en France, elles seront sollicitées par la société et subsisteront à son profit.

ARTICLE DIX-NEUF.

Tous les anciens accords, actes de société, conventions qui ne sont pas nécessaires au moyen du présent acte et qui n'y sont pas repris directement ou indirectement, seront et demeureront nuls.

Toutes les clauses et conditions stipulées dans les dix-neuf articles de la présente société et réunion ont été acceptées et agréées par toutes les parties contractantes soussignées et ci-après dénommées, savoir :

M. le prince de Croy, MM. Laurent et Mauroy, stipulant, pour M. le marquis de Cernay, eux, le surplus de leur compagnie, sous ratification. M. Cordier, tant pour son intérêt particulier que pour celui qu'il a avec ses frères et sœurs, dont il est fondé de procuration d'une partie et se fesant fort pour l'autre. Mon dit sieur Cordier, encore acceptant pour M. le vicomte Des Androuins, comme porteur de son pouvoir et sous ratification. M. de Bénazet pour madame son épouse dont il se fait fort. M. Taffin de Gœulzin, tant pour lui que comme porteur de procuration de M. Taffin de Troisville, icelui fondé de la procuration de M. Bosquet, la dame Reboul, M. Moreau et M. Mathieu. Et ont les parties signé en triple dont un pour M. le prince de Croy, un pour M. le marquis de Cernay, et le troisième pour être déposé aux armoires de la compagnie, duquel chacun des intéressés pourra prendre, quand bon lui semblera, copie qui sera collationnée par le dépositaire.

Fait et arrêté à l'*Hermitage*, près Condé, le 19 novembre 1757.

Approuvé les cinq mots mis en marge de l'article 9. Depuis il en a été fait une quatrième pour M. Des Androuins.

Ainsi signé :

> Le prince de Croy et de Solre, Laurent, Mauroy, Cordier, Bénazet, de Taffin de Gœulzin, Bosquet, de Reboul, Moreau, de Mathieu, de Taffin, de Bénazet, le vicomte Des Androuins.

Est ensuite écrit : Nous soussignés approuvons, agréons et ratifions le présent acte, ce 27 novembre 1757.

> Signé : Le marquis de Cernay, Ramsault de Raulcourt, Benoist et Renault.

Les évènements ont certainement étrangement modifié et développé la fortune de la compagnie d'Anzin. Si
Jacques Des Androuins ou l'un des frères Mathieu reve-
nait au monde, il ne reconnaîtrait plus les lieux qu'illus-
trèrent et enrichirent leurs efforts. Mais s'ils entraient
dans la chambre du conseil de la compagnie ou quelqu'article des statuts serait à examiner, ils retrouveraient
dans leur entier toutes les dispositions qui furent arrêtées
dans l'acte que nous venons de rapporter. Tous les mêmes rouages administratifs qui furent assemblés dans le
contrat de 1757 fonctionnent encore aujourd'hui ; les attributions sont les mêmes, et entre les associés régisseurs
du siècle dernier et ceux de notre époque, le lien fut si
solide, qu'à ce jour encore figurent à la tête de l'administration plusieurs des descendants de ceux qui la formèrent.

C'est là une preuve éclatante de la sagesse qui présida
à la rédaction de cet acte ; tirons en aussi cette conclusion, qu'à l'époque où il fut écrit, il était le meilleur
remède aux déchirements dont l'industrie houillère du
Nord était menacée sous l'influence du morcellement
des concessions. Si la division du sous-sol entre les hauts-
justiciers se fût établie en usage, la richesse houillère se
serait épuisée sans profit pour le pays au milieu de concessions restreintes, exploitées par des capitaux insuffisants ; aussi ne doit-on pas considérer comme abusif, le
monopole que recherchèrent, dès le début, les premiers
exploitants, et que poursuivit avec tant de persévérance
la compagnie d'Anzin aussitôt la fusion des intérêts rivaux complètement opérée.

Pour bien nous rendre compte du but qu'elle poursuivait, pour bien nous pénétrer du résultat qu'elle atteignit nous avons besoin d'examiner quelles étaient les limites de la compagnie à l'époque du traité de 1757.

Nous le savons, par son acte de concession, le comte Des Androuins avait obtenu le privilège d'exploitation sur la portion de territoire bornée ;

Au nord, par la Scarpe et les terres de Saint-Amand et de Mortagne ;

A l'est, par les terres de Vieux-Condé et Condé, et par le Honneau ;

Au midi, par l'Escaut ;

A l'ouest, par la châtellenie de Bouchain.

Voici en quels termes un arrêt interprétatif du conseil d'Etat, du 27 août 1726, vint fixer les limites de cette première concession.

Arrêt du Conseil d'Etat du 27 Aout 1726.

Sur la requête de Pierre Des Androuins-Desnoelles... Contenant que par arrêt.... (de 1717).... Mais comme le terrain dans lequel il est permis au suppliant de tirer du charbon de terre des mines qu'il pourra découvrir et fouiller n'est pas déterminé assez précisément par ledit arrêt du 8 mai 1717, et qu'il est à craindre que, par cette raison, on n'entreprenne dans la suite de le troubler dans l'exploitation desdites mines, requéroit le suppliant qu'en interprétant en tant que besoin serait ledit arrêt du 8 mai 1717 et les lettres-patentes expédiées sur icelui, il plût à Sa Majesté déclarer que son intention est que le suppliant, ses hoirs ou ayant-cause, puissent fouiller et tirer du charbon de terre non seulement depuis Condé en remontant la rivière du Honneau jusqu'à Rombies et de là à Valenciennes, et depuis la rivière d'Escaut jusqu'à celle de Scarpe, mais encore dans tout le terrain qui est entre la rivière du Honneau et l'Escaut et celui qui est entre l'Escaut et la Scarpe dans l'étendue du Hainaut français seulement. Et Sa Majesté étant informée de l'avantage que ses sujets du Hainaut retirent de cette entreprise, et voulant traiter favorablement le suppliant, vu la requête, ensemble l'avis de sieur de Vasteau, intendant et commissaire départi dans ladite province du Hainaut.... le Roi en interprétant en tant que de besoin ledit arrêt du 8 mai 1717.... a déclaré et déclare que son intention est que ledit Des Androuins.... puissent fouiller et tirer du charbon de terre, non seulement depuis Condé en remontant la rivière du Honneau jusqu'à Rombies, et depuis la rivière d'Escaut jusqu'à celle de Scarpe, mais encore dans tout le terrain qui est entre la rivière du Honneau et l'Escaut, et celui qui est entre l'Escaut et la Scarpe, dans l'étendue du Hainaut français seulement....

Mais bientôt cette première concession ne suffit plus; craignant qu'une compagnie rivale ne se formât au delà de la Scarpe, ce qui leur serait préjudiciable, dirent-ils, leur ôtant les débouchés de Lille, de Douai et des provinces d'Artois et de Picardie, ils demandèrent que les terres comprises entre la Scarpe et la Lys, fussent ajoutées à leur privilège.— Et ici avant de citer l'arrêt du conseil d'Etat, qui statua conformément à leur demande, qu'il nous soit permis de nous arrêter un instant à examiner

quelle était l'extension de concession que comprenait
cette demande : Ce n'est rien moins que l'ensemble de
toutes les exploitations qui, de nos jours, s'étendent de
l'Escarpelle jusqu'au delà de Béthune, en passant par
Courrières, Hénin-Liétard et Lens; n'est-il pas au moins
singulier que plus d'un siècle se soit écoulé avant qu'on
ait songé à reprendre les recherches aux endroits qu'a-
vaient si formellement indiqués les demandeurs de
1736. Nous tenons à reproduire dans son entier, l'arrêt
qui accorde à la compagnie Des Androuins cette augmentation de concession.

Arrêt du Conseil d'Etat du 6 décembre 1736.

Sur ce qui a été représenté au roi.... par P. Taffin....
et J. Des Androuins que Sa Majesté.... aurait accordé
aux suppliants le privilège exclusif de tirer, jusqu'en
l'année 1760, le charbon de terre des mines qu'ils pourraient découvrir et fouiller, tant depuis Condé.... que
les suppliants, après vingt ans de travaux, et avoir ris-
qué tout leur bien, sont enfin parvenus à conduire leur
entreprise à un point de perfection qui leur font espérer
de pouvoir se dédommager des dépenses immenses
qu'ils ont faites, en fournissant la quantité de charbons
nécessaires à la consommation, non seulement du Hainaut, mais encore des provinces voisines. Que cependant,
ils ont une notion certaine que les veines des mines
qu'ils font travailler passent de l'autre côté de la rivière
de Scarpe, qui fait la limite de leur privilège et qu'elles
s'étendent jusqu'à celles de la Lys; que n'ayant pas le
privilège de fouiller le terrain qui sépare ces deux

rivières, il serait d'autant plus à craindre qu'il ne fût accordé à d'autres, que les suppliants se verraient par là privés de débiter leurs charbons aux habitants des villes de Lille et Douai, et des provinces d'Artois et de Picardie, ce qui leur ferait un tort considérable; que d'ailleurs en divisant les mines du Hainaut de celles qui peuvent être entre les rivières de Scarpe et de la Lys, en deux compagnies, elles se détruiraient l'une l'autre par leur proximité, au lieu qu'en réunissant ce terrain à l'entreprise du Hainaut, elle en deviendra plus solide, et par conséquent plus utile au bien public; que par ces raisons..... ils espèrent que Sa Majesté voudra bien sur ce, leur pourvoir... Vu ladite requête... le roi.... en étendant le privilège accordé auxdits sieurs P. Taffin et J. Des Androuins, leur a permis.... de tirer, exclusivement à tous autres, du charbon de terre des mines qu'ils pourraient découvrir et fouiller dans le terrain qui est entre la rivière de Scarpe et celle de la Lys pendant la durée de leur privilège, et ce, avec les mêmes franchises et exemptions, et aux charges, clauses et conditions portées par les arrêts du conseil, et lettres patentes sur ce intervenues.... voulant qu'en cas de contestation à l'occasion de cette nouvelle entreprise, elles soient portées par devant le sieur intendant et commissaire départi en Flandre......

Mais ce nouveau territoire acquis ne fut jamais sérieusement exploré par les concessionnaires qui, nous l'avons dit, en accaparant ces immenses surfaces n'avaient qu'un but, celui d'empêcher la concurrence. En 1754, la compagnie William Turner dont nous avons déjà parlé dans le cours de ce livre, demanda et obtint la concession d'Entre-la-Scarpe et la Lys. M. Grard nous dit que l'on communiqua la requête des nouveaux demandeurs à la compagnie Des Androuins à qui on accorda même une année pour délibérer ; mais après avoir réfléchi que le surplus des terres concédées suffisait pour l'occuper, elle consentit cette distraction.

Je crois que pour bien se rendre compte de cet abandon, il faut se reporter à la situation de la compagnie, dejà menacée à cette époque de concurrence sur son ancien territoire, par les entreprises de MM. de Croy et de Cernay.

A l'époque de la fusion, la compagnie d'Anzin se trouva donc concessionnaire de tout le terrain qui avait été successivement concédé aux trois associations rivales, c'est-à-dire qu'elle était bornée :

Au nord, par le cours de la Scarpe depuis Marchiennes jusqu'à Mortagne, et par l'Escaut jusqu'à Condé ;

A l'ouest par une ligne allant de Marchiennes à Bouchain ;

Au midi, par le cours de l'Escaut, de Bouchain jusqu'à Valenciennes, et de là jusqu'à la frontière du Hainaut autrichien ;

A l'est, par la frontière du Hainaut autrichien.

Cette étendue de territoire représente à peu près ce qu'est encore aujourd'hui l'ensemble des concessions d'Anzin.

Aussitôt leur fusion, les nouveaux associés s'adressèrent de nouveau au conseil d'Etat et, s'appuyant toujours sur les mêmes motifs, le désir d'empêcher une concurrence désastreuse pour les exploitants, et sans profit pour le public, le droit de pouvoir travailler dans un certain espace de terrain proportionné à l'entreprise, etc., etc., ils demandèrent et obtinrent une extension de privilège qui étendait leurs limites jusqu'à Douai.

Arrêt du Conseil d'Etat du 1er mai 1759.

Sur la requête présentée au Roi... par Emmanuel de Croy....., le marquis de Cernay...., le vicomte Des Androuins....., les sieurs Taffin et compagnie....., contenant que, arrêt du conseil des 29 mars 1735 et 16 décembre 1736, Sa Majesté aurait accordé aux sieurs Des Androuins et P. Taffin..., que par autres arrêts du conseil des 3 décembre 1754, 18 mars 1755 et 16 mars 1756, Sa Majesté aurait accordé tant au prince de Croy qu'au marquis de Cernay, le privilège exclusif de faire exploiter les mines de charbon qui se trouvent dans leurs terres respectives de Fresnes, Breuil et Raismes, à condition cependant de ne pouvoir extraire qu'en l'année 1760, fin du privilège accordé aux dits sieurs Des Androuins, Taffin et compagnie.

Les supplians, connaissant la dépendance qu'il y a entre les deux établissements, ont cru de ne pouvoir rien faire de plus avantageux pour le public que de se réunir, afin d'être plus en état de fournir aux dépenses nécessaires à l'agrandissement des ouvrages, à économiser la régie, procurer l'abondance et la diminution de prix d'une matière dont la nécessité pour le commerce et l'agriculture est notoire, et qui fait passer chaque année des sommes considérables du royaume à l'étranger. Que pour parvenir à cet objet, ils ont cru nécessaire de s'associer tous ensemble, comme ils l'ont fait, tant pour terminer les contestations qui subsistaient déjà depuis longtemps entre le marquis de Cernay et compagnie, et les anciens entrepreneurs, que pour prévenir celles qui auraient pu s'élever en 1760. D'ailleurs leurs connaissances et facultés réunies ne pourront former qu'une compagnie solide, capable de plus grandes entreprises pour la perfection et l'agrandissement des ouvrages du Hainaut français, où l'extraction de cette matière n'a lieu que depuis environ 34 ans, tandis qu'elle se fait depuis 500 ans dans le Hainaut autrichien, au grand préjudice des sujets de Sa Majesté qui sont forcés de faire passer leur argent à l'étranger. Les supplians ne s'y sont prêtés qu'après avoir été convaincus que l'extraction du charbon ne pouvait être soutenue et augmentée qu'avec une grande expérience et à force de dépenses, à cause de l'abondance des eaux, de l'enfoncement des veines et de leur bizarrerie, en ce qu'elles y tombent souvent en défaut, au lieu qu'il en est autrement dans le Hainaut autrichien.

Que pour commencer à donner une preuve de leur bonne volonté pour le bien public, ils ont adopté un projet d'économie, au moyen de laquelle, ils ont diminué le prix du charbon, principalement de ceux servant au chauffage du peuple, et ils espèrent même le diminuer encore, s'ils ont un plus grand débit, seul objet qui puisse les mettre en état de supporter les avances considérables qu'ils sont obligés de faire pour parvenir au but qu'ils se proposent.

Mais pour exposer leur fortune au bien de la patrie,

il est juste qu'ils puissent travailler avec sûreté et tranquillité dans un certain espace de terrain proportionné
à l'entreprise que la compagnie réunie est en état de
conduire. C'est d'après une semblable assurance que les
anciens entrepreneurs sont venus faire les premières
découvertes dans le Hainaut français et qu'ils ont suivi
jusqu'à présent leurs travaux dans l'étendue des terrains
qui leur ont été concédés. Le terrain que les suppliants
se proposent d'exploiter ne contient pas la vingtième
partie de celui accordé aux anciens entrepreneurs. Il est
renfermé et forme une petite île entre les rivières de
l'Escaut, de la Scarpe et la petite rivière de la Sensée.
Et comme les supplians ont intérêt, avant de commencer,
de faire faire de nouvelles machines à feu, d'ouvrir de
nouvelles fosses, de ne point être troublés dans l'étendue
des terrains qu'ils demandent, ils ont été conseillés de
se pourvoir.

Requéraient à ces causes les supplians qu'il plût à
Sa Majesté leur permettre et à leurs hoirs et ayant cause,
de faire fouiller et exploiter exclusivement à tous autres
les mines de charbon de terre découvertes et à découvrir
dans l'étendue de terrain situé et bordé des rivières de
l'Escaut, la Scarpe, la Sensée, et le canal de Moulines
depuis Condé jusqu'à Douai, le tout formant une petite
île entre ces rivières, se soumettant de payer les droits
dûs aux seigneurs tels qu'ils ont été payés jusqu'à présent...... ordonner que celui des entrepreneurs qui
conduira ces travaux et leur principal commis jouiront
de l'exemption........

Vu ladite requête et les pièces justificatives d'icelle,

ensemble l'avis du sieur de Belair de Boismoht, intendant
et commissaire départi en Hainaut.... le Roi..... ayant
aucunement égard à ladite requête, a permis et permet
aux dits sieurs, prince de Croy, marquis de Cernay,
vicomte Des Androuins, Taffin et compagnie, leurs hoirs
ou ayant cause, de continuer d'ouvrir et d'exploiter
exclusivement à tous autres, pendant l'espace de quarante années, à compter du 1er juillet 1760, toutes les
mines de charbon qui sont, ou pourront se trouver à
l'avenir dans l'étendue du terrain compris entre la Scarpe
et l'Escaut, et borné d'un bout par la terre de Mortagne
exclusivement, et de l'autre par le chemin qui va de
Marchiennes se réunir à celui de Douai à Bouchain,
depuis le point de jonction jusqu'à Bouchain, à la
charge par eux de se conformer au règlement..... du 14
janvier 1744 et à condition qu'ils ne pourront en ouvrir
sur les terres des seigneurs hauts-justiciers qui auront
une demi-lieue de terrain sur les veines contiguës et
d'une seule pièce, qu'après les avoir fait sommer d'exploiter eux-mêmes les mines qui pourraient se trouver
sous lesdits terrains, et faute par eux de s'être mis en
devoir d'exploiter lesdites mines, après en avoir obtenu
la permission de Sa Majesté qui leur est nécessaire, dans
six mois à compter de la sommation qui leur en aura
été faite, lesdits sieurs prince de Croy et compagnie
pourront exploiter leurs mines en vertu du présent arrêt
et sans qu'il en soit besoin d'autres...., ordonne Sa
Majesté, que ceux qui obtiendront des permissions d'exploiter ne pourront ouvrir des trous qu'à la distance de
1,000 toises des travaux desdits concessionnaires, les-

quels de leur côté seront tenus d'observer la même distance à l'égard des nouveaux concessionnaires, comme
aussi que lesdits concessionnaires actuels jouiront de
l'exemption de tous droits sur le charbon qui sera extrait
desdites mines, de même et ainsi qu'ils en jouissent à
présent.....

Veut aussi Sa Majesté que toutes les demandes et
contestations.... soient portées pardevant le sieur intendant et commissaire [départi.....

En 1767, la compagnie obtint la concession de la ban-
lieue de Valenciennes, sur la rive droite de l'Escaut, concession dont elle n'usa point et qu'elle dut céder en 1770 à
une autre compagnie.

Nous avons déja dit, à propos de la concession d'Aniche, que les Etats d'Artois, mus par un noble sentiment
de générosité pour le bien public, avaient promis une
gratification de deux cent mille livres, et la concession
de terrains considérables, aux explorateurs qui opére-
raient dans l'étendue de la province des recherches
houillères. Diverses compagnies s'étaient immédiatement mises sur les rangs et parmi elles, on ne doit
pas s'étonner de voir encore figurer la compagnie d'Anzin. Dans son ardeur de découvertes, ou plutôt dans
sa soif d'envahissement, elle va même au delà des conditions du concours et propose d'exonérer les Etats
d'Artois, de la prime de deux cent mille livres qui,
pourtant, devait singulièrement peser sur les décisions
des explorateurs.

Nous reproduisons l'acte de concession avec la requête à l'appui. Il est ainsi conçu :

Arrêt du Conseil d'Etat du 21 août 1781.

Sur la requête présentée par le duc de Croy.... et compagnie, contenant que d'après les travaux qu'ils ont fait faire pour la recherche des mines de charbon de terre dans une partie de l'Artois, en conséquence de la permission provisoire qu'ils en ont obtenue de Sa Majesté au mois de janvier 1780, ils ont espéré qu'en continuant leurs opérations et leurs recherches avec la dépense nécessaire, ils parviendraient à remplir les vues de Sa Majesté et celle des Etats de la province d'Artois, mais que leur compagnie craignant de se déterminer à faire les sacrifices considérables qu'exige cette entreprise, si elle n'obtenait auparavant la concession définitive du terrain circonscrit par la ligne de démarcation désignée par le plan ci-joint à leur dite requête et convenu avec les Etats d'Artois, et attendu qu'il fallait un terme très long pour former l'entreprise et y faire des établissements solides, durables et fructueux, et que la compagnie a renoncé à la récompense de 2000,000 liv. promise par lesdits Etats d'Artois, et pour prouver que son intention n'est point de s'en faire un titre pour surprendre un privilège dont elle ne voudrait point sincèrement faire usage en travaillant efficacement et de bonne foi, elle se soumettait à la nullité de la concession qu'elle demandait, si dans huit ans..... elle n'avait point fait la découverte du charbon et mis au moins deux fosses en extraction, requéraient......

Le Roi accorde aux supplians la permission d'exploiter exclusivement à tous autres pendant le temps et espace de 50 années à compter de ce jour les mines de charbon découvertes ou à découvrir dans les terrains qui sont situés entre Lens, Houdain, Pernes, Azincourt, Hesdin, Fillières et Gravelle, conformément au plan annexé à la minute du présent arrêt. Ordonne Sa Majesté que lesdits entrepreneurs et les ouvriers jouiront des privilèges et exemptions... à la charge par les supplians de se conformer dans leur exploitation au règlement de 1744, de dédommager..... les propriétaires des terrains.... et de payer annuellement pendant la durée de leur privilège entre les mains du trésorier des objets divers, la somme de 1,000 liv., comme encore à la charge de mettre leur entreprise en bonne et valable extraction de manière à établir la vente du charbon dans l'espace de huit années, passé lequel délai ladite concession demeurera révoquée en vertu du présent arrêt. Evoque..... et envoie par devant le sieur intendant et commissaire départi en la généralité de Flandre.....

Les recherches faites en Artois ne furent pas prospères. Elles ne réussirent guère mieux aux autres compétiteurs de la compagnie d'Anzin. Aussi, voyons-nous ses régisseurs, après avoir infructueusement percé plusieurs trous de sonde et avoir exploré sur différents points, jusqu'à plus de soixante toises de profondeur, et notamment à Villers-Brulin et à Berlette, renoncer à l'esprit de conquête sur la province d'Artois, et chercher à affermir et à augmenter la durée de leurs concessions originaires.

Maintenant que la compagnie était assise sur de larges bases comme capital, que ses établissements étaient en pleine prospérité, que ses débouchés s'aug-

mentaient tous les jours, un seul souci pouvait atteindre
les concessionnaires. Le régime administratif sous lequel
étaient les mines sous l'ancienne royauté, n'admettait
pas de concessions perpétuelles. Les permissions d'exploiter étaient données pour un temps variable au gré
de la volonté royale et qui parfois ne dépassait pas 15
ans. Il fallait alors que les demandeurs en concession
se fissent une bien fausse idée de ce que devaient être
les produits d'une exploitation pour se résigner à courir
la chance de dépenses considérables, et souvent d'insuccès, pour un privilège qui, le plus souvent, ne les
aurait pas indemnisés des déboursés qu'ils avaient faits.
Pénétrés, et avec raison, de la pensée des obstacles que
présentait à une bonne exploitation un pareil état de
choses, les directeurs d'Anzin présentèrent au conseil
d'Etat une requête à laquelle il fut répondu, par arrêt
du 9 juillet 1782, dans les termes suivants :

Arrêt du Conseil d'Etat du 9 juillet 1782.

Sur la requête présentée au Roi.... par le duc de
Croy.... et autres associés formant la compagnie d'Anzin
contenant qu'ils virent avec peine que les corps de veines de charbon sur lesquels les puits d'extraction sont
faits depuis 50 ans, s'épuisent sensiblement, ce qui leur
fait connaître la nécessité d'entreprendre de nouveaux
ouvrages... les mineurs refusent de creuser plus bas dans
des puits qui ont déjà mille pieds à plomb.... pour cette
raison la compagnie cherche depuis plusieurs années
les moyens de former de nouveaux puits d'extraction
pour rajeunir les anciens ouvrages; elle a commencé

d'abord deux puits nouveaux près la maison Blanche à l'ouest du cours des veines de charbon d'Anzin, ces puits furent approfondis de quarante toises sans accidents; mais le premier coup de pique donné dans les rochers qui servent d'enveloppe au charbon, fit jaillir un torrent d'eau si impétueux, que les deux puits, chacun de sept pieds carrés furent remplis en quelques minutes ; toutes les tentatives très coûteuses et réitérées faites pour tarir ces eaux furent inutiles. On perdit en un instant le travail de deux ans et les sommes qu'il avait absorbées en 1717.

On creusa un autre puits, une lieue plus à l'orient au village d'Oisy; cette seconde tentative fut inutile; elle eut pour résultat les mêmes dépenses et les mêmes pertes ; les entreprises récentes et infructueuses des compagnies de Trith et de Saint-Saulve qui ont fouillé pendant quinze ans, tous les terrains du sud et de l'est de l'entreprise d'Anzin, prouvent sans réplique que toute cette partie est pour toujours sans espoir d'aucun charbon ; il ne reste donc l'espérance que dans la partie du nord, où personne jusqu'aujourd'hui n'ose se placer à cause des eaux en abondance qui en jaillissent de toute part. La compagnie d'Anzin, malgré ces obstacles, n'a pu hésiter d'y commencer deux puits en 1779 et 1780, au village de Fresnes ; deux fortes machines mises en mouvement par 120 chevaux ne purent suffire à enlever les eaux; on fut forcé d'abandonner les deux puits à dix toises de profondeur. En 1780 et 1781, malgré la perte de 600, 000 livres occasionnée par ces tentatives, on recommença un autre puits sur le bord d'une branche de l'Es-

caut près du village de Bruai; on y a placé une machine
beaucoup plus forte qu'à Fresnes, elle tirait en une heure
5,460,000 livres pesant d'eau ; malgré cette force prodigieuse on ne put jamais creuser plus bas que 11 toises.
Ces échecs multipliés font apercevoir à la compagnie
qu'il va lui coûter des sommes immenses et peut-être
15 ans de travaux pour renouveler l'entreprise dans
cette partie du nord.... Cette perspective... lui fait voir
que son privilège actuel est insuffisant.... La compagnie
ose se flatter que Sa Majesté se portera d'autant plus facilement à lui accorder la grâce qu'elle sollicite, qu'au
bien général qui en sera la suite, elle réunit un titre
particulier qui lui assure la propriété des dites mines,
suivant la coutume du Hainaut, le droit d'entre-cens
qui n'est autre chose que le droit d'extraire le charbon
de terre, appartient aux seigneurs hauts-justiciers. Les
chefs de la compagnie sont eux-mêmes propriétaires et
seigneurs hauts-justiciers de la plus grande partie des
terrains qui forment l'arrondissement de la concession,
et pour le reste, ladite compagnie a été mise aux lieu et
place des seigneurs particuliers par des arrangements
faits avec eux quant au droit d'extraire le charbon, re-
quièrent.....

Le Roi..... proroge pour trente ans la permission exclusive d'exploiter les mines de charbon de terre dans
les terrains désignés en l'arrêt de son conseil du premier
mai 1759.

On le voit, dans la requête qui précède, ce n'est plus
une extension de concession, mais une prorogation de
délai que sollicitaient les concessionnaires d'Anzin ; et

on comprend combien devait être grand leur désir de
perpétuer leur exploitation. C'est en songeant aux dépenses énormes d'établissement que coûtait alors et que
demande encore aujourd'hui une entreprise houillère,
que l'on apprécie mieux encore le bienfait des dispositions de la loi de 1810 qui accorde aux concessionnaires
le bénéfice de la jouissance perpétuelle de la mine concédée.

Cependant la soif insatiable de monopoliser l'exploitation n'était pas encore complètement apaisée chez les
directeurs d'Anzin ; car nous trouvons encore à la date
du 21 juin 1785 un arrêt du conseil qui leur donne la
permission d'exploiter à l'exclusion de tous autres et
pendant trente années les mines de charbon qui pourront se trouver dans les terrains situés dans la partie
du village d'Escaupont qui est à la rive droite de l'Escaut.

Ceci est le dernier terme des extensions de la compagnie d'Anzin jusqu'à la Révolution française. Elle
embrassait dans toute sa largeur le bassin houiller depuis
la frontière du Hainaut autrichien, jusqu'à Bouchain
au midi, et Marchiennes au nord. C'était en étendue
plus de cinq cents kilomètres carrés, et de nos jours
on a pu, sans amoindrir sa puissance, tailler dans cette
immense surface, le terrain de quatre ou cinq concession nouvelles qui se sont élevées et se développent
rapidement sans amoindrir leur gigantesque voisine.

Non seulement la compagnie d'Anzin procéda toujours
avec cet esprit d'envahissement que nos lecteurs ont pu
remarquer dans tous les documents que nous avons mis

sous leurs yeux, mais le but qu'elle poursuivit avant tout,
fut l'extinction de toute concurrence dans le vaste rayon
de son exploitation. Ainsi nous la voyons faire avec le
duc d'Aremberg en 1763 une convention dont la portée
va bien au delà du rachat du droit d'entre-cens. Les
associés n'avaient pas l'intention d'exploiter dans les
domaines du duc ; la compagnie, aux termes mêmes de
de l'acte « ne pourrait ouvrir des fosses dans les forêts
» dépendantes desdites terres ; mais le duc d'Aremberg
» ne pourrait permettre à d'autres d'en ouvrir, ni en
» ouvrir lui même dans lesdites forêts, pendant la durée
» de l'octroi des entrepreneurs. »

Mais tous les seigneurs ne voulurent point faire de
semblables traités ; il y en a qui préférèrent user de leur
droit ; la compagnie, fidèle à son système, entra hardi-
ment en lutte.

Nous savons déjà que la compagnie, depuis son origine
avait racheté à des conditions avantageuses, et moyennant des redevances annuelles qui variaient de trois à
six cents livres, le droit d'entre-cens qui existait sur
divers terrains de sa concession, au profit des seigneurs
d'Hornaing, Wallers, Bellain, d'Anzin et de Valenciennes
etc. Nous avons vu que c'était à propos de l'exercice de
ce droit que la lutte avait commencé contre le prince de
Croy et le marquis de Cernay ; à partir de 1757, la fusion de tous les intérêts rivaux ayant donné à la fois à
la compagnie plus de force et plus de crédit, elle traita
avec les abbés de Saint-Amand et d'Hasnon, le chapitre
de Saint-Géry de Valenciennes et les chanoinesses de
Denain etc.

Un seigneur, M. de Timpleuve entreprit de résister aux envahissements de la compagnie et d'exploiter lui-même directement les gisements houillers qui pouvaient exister dans ses domaines de Trith, Maing et Verchineul Saint-Léger. Il fallait un caractère bien résolu pour tenter pareille entreprise, en présence des formidables adversaires qui composaient la compagnie d'Anzin. Les travaux furent néanmoins ouverts par M. Desmaizières. Mais les adversaires y opposèrent d'autres travaux. Des procédures furent entamées. Ils acceptèrent encore la lutte sur ce terrain ; enfin en 1770, malgré la force du droit que M. Desmazières tirait de sa qualité de haut-justicier des terrains explorés, malgré la priorité que lui méritaient ses travaux de recherches, il dut néanmoins, à peine de grands dommages et d'une guerre pour ainsi dire interminable, entrer en composition avec ses adversaires.

La transaction qui amena la paix nous a semblé assez curieuse pour que nous n'hésitions pas à la rapporter en entier.

Convention entre la compagnie d'Anzin et la compagnie Desmaizières, du 14 février 1770.

La compagnie de Trith étant dûment assemblée et composée, après avoir bien examiné la proposition de la compagnie d'Anzin dont la teneur s'en suit:

La compagnie d'Anzin paiera à M. Desmaizières la somme de 300 livres par année tant qu'on n'extraira pas de charbon sur la terre de Trith et Verchineul et 4,800 livres en cas que ladite compagnie y en tire, le tout mon-

naie de France sous condition que la compagnie aura
la faculté de renoncer au droit d'extraction après l'écoulement des 15 années et non avant, et aussi la faculté
de continuer pendant 15 années, au prix convenu, et si
la compagnie le désire, il sera aussi payé à la compagnie de M. Desmaizières par celle d'Anzin, comme
pure générosité de sa part, dans les vues de la paix
et de plaire au ministre, la somme de 55,000 livres,
payable quatre mois après l'expédition de l'arrêt du
conseil en faveur de ladite compagnie d'Anzin, conforme à l'avis rendu au bureau du commerce, sans
lequel arrêt ladite compagnie adhèrera à sa soumission
du 10 juillet dernier et la présente sera nulle ; moyennant cette somme de 55,000 livres tous les effets, bâtiments, bois, tuyaux de fer, chevaux et généralement
tout ce qui appartient à la compagnie de Trith, relativement à son entreprise, sera remis à celle d'Anzin,
aussitôt l'expédition de l'arrêt.

Fait à Paris, le 9 février 1770.

Signé : Laurent, au nom de la compagnie.

A été résolu d'accepter lesdites offres, la compagnie
préférant sa tranquillité à toute autre chose, en conséquence elle supplie M. Taboureau de vouloir bien continuer ses bons offices pour terminer l'arrangement et
mander au ministre que c'est l'effet et le résultat de la
conciliation faite entre les parties afin que rien n'arrête
l'expédition de l'arrêt dont il s'agit.

Signé : Desmaizières de Trith, pour lui et
sa compagnie.

Pour copie, Taboureau.

Cette lutte est la dernière qui fut sérieuse pour la compagnie d'Anzin. Une autre concurrence avait été élevée par la compagnie établie à Mortagne, et dont les membres se composaient de MM. De Thieffries de Beauvois, de Rasse de Tournay, Mme de Carondelet, mais vers 1772, la compagnie trouva aussi moyen de s'entendre avec les principaux intéressés qui abandonnèrent leurs co-associés, laissant ainsi le champ libre de l'action de la compagnie d'Anzin.

C'est ainsi, nous dit M. Grard, que la compagnie parvint à rester maîtresse de sa concession, toujours en traitant avec les seigneurs des droits qu'ils tenaient des chartes, tantôt amiablement, tantôt en leur opposant l'autorité royale, qui ne manquait pas de lui venir en aide par des voies indirectes.

Cette lutte entre la compagnie créatrice de l'industrie houillère dans le Hainaut français et les seigneurs, commencée en 1735 par M. de Croy, et terminée en 1770 et 72 contre M. Desmaizières et Mme de Carondelet, n'est pas un des épisodes les moins curieux de la guerre faite aux privilèges féodaux par l'autorité royale.

Nous croyons qu'il ne sera pas sans intérêt pour nos lecteurs de savoir que c'est à la compagnie d'Anzin qu'on doit les premiers progrès qui aient fait sortir de la routine l'art de l'exploitation des mines.

Les difficultés spéciales à nos contrées du Nord que présentait le percement des puits d'extraction avaient suggéré aux premiers entrepreneurs des idées de perfectionnement qui devaient être pour l'avenir d'une importance considérable.

Parmi ces difficultés, la plus grande, sans contredit, était celle que présentaient les nappes d'eau souterraines qui existent à travers les terrains supérieurs à la formation houillère. Pour les contenir, le comte Des Androuins imagina un boisage de madriers de chêne très épais, et si artistement arrangé qu'il forme un trou de sept pieds carrés perpendiculaires jusqu'à 900 pieds.

Le mémoire auquel sont empruntées les lignes précédentes, ajoute quelques détails sur la manière dont est conçu ce système de retenue des eaux. Ainsi, pour compléter le cuvelage, on imagina bientôt le *piccotage*, qui consiste à enfoncer des coins de bois derrière le cuvelage dans la mousse et le mortier dont on garnit l'intervalle entre les bois et le terrain. Ces deux innovations réunies, qui forment ce que vulgairement on appelle aujourd'hui *cuvelage*, sont dues à la compagnie Des Androuins. C'est donc à elle qu'on doit de pouvoir extraire le charbon de nos pays.

Signalons aussi parmi les travaux considérables que l'initiative de l'administration et le génie de ses directeurs imagina, le canal souterrain qui déverse dans l'Escaut les eaux du premier niveau des fosses d'Anzin. Ce canal, commencé pour la fosse du Pavé, avait à son origine, une longeur de 214 toises. En 1714 par suite du percement de nouveaux puits sur Saint-Vaast et Anzin, il atteignait 1,113 toises. En 1804 il atteignait près de 6,000 mètres. Cette étendue est aujourd'hui plus que triplée.

Mais il est encore d'autres titres de la compagnie Des Androuins à la reconnaissance publique. L'un est l'invention de la machine à molettes à cylindre conique. Le tambour était construit de manière que la corde montante parcourait la circonférence du petit diamètre et celle descendante celle du grand. Si l'on se reporte à 1785, époque à laquelle cette machine fut imaginée par Léonard Mathieu, on sera convaincu de l'utilité qu'elle présentait. Des chevaux seuls étaient alors employés à manœuvrer la machine d'extraction, et l'on comprend quel effort nécessitait l'ascension au jour de paniers chargé de houille et remontant de plus de deux cents mètres.

La première application en France de la machine à vapeur pour l'épuisement des fosses fut aussi due à la compagnie Des Androuins. C'est avec bonheur que nous redressons une erreur accréditée qui fait placer en 1743, à Littry en Normandie, la première *pompe à feu* inventée par l'anglais Newcomen.

Des pièces probantes, et entr'autres un arrêt du conseil de 1735, établissent clairement qu'antérieurement à cette date une machine de ce genre existait à Fresnes sur l'un des puits de la compagnie. Il est aussi aujourd'hui établi que cette application est due à l'ingénieur Jacques Mathieu, et que quelques années plus tard, la compagnie d'Anzin comptait 5 machines de ce genre, et imaginait, dans le foncement de ses fosses, de passer les niveaux au moyen de ce système et à l'aide de machines mobiles qu'on transportait dans chacun des nouveaux puits en préparation.

Nous croirions manquer à un devoir d'honneur si en relatant toute cette série de prodigieux efforts, nous ne disions pas, en même temps, que le savant ingénieur qui avait su comprendre et réaliser l'entreprise du comte des Androuins, Pierre Mathieu, eut dans ses descendants la juste récompense de ses travaux.

A une époque où l'aristocratie de naissance prenait encore le premier rang parmi toutes les aristocraties, en 1789, le roi ne crut pouvoir mieux honorer les services par lesquels trois générations successives de la famille Mathieu avaient illustré leur nom et enrichi le pays, qu'en ennoblissant Léonard Mathieu, et en lui conférant le titre d'inspecteur général des mines de France.

Une pareille illustration est trop bien méritée pour que nous ne rapportions pas le titre qui la sanctionne.

Il est ainsi conçu :

Ordonnance du Roi de 1789.

Louis...... C'est aux recherches et aux dépenses faites par notre cher et bien aimé le sieur Jean-Léonard-Joseph Mathieu, par son père et par son ayeul, que sont dus, et la découverte des mines de charbon de terres ouvertes à Anzin dans notre province de Hainaut, et le succès qu'à eu l'entreprise de leur exploitation. C'était peu de les avoir trouvées, il fallait parvenir à en extraire le charbon qui, dans les endroits où il est le plus près de la terre, en est encore éloigné de 300 pieds. Il fallait, pour faire arriver des mineurs à cette profondeur, leur ouvrir un chemin à travers des bancs de pierre énormes et quantités de sources aussi abondantes que rapides ; à force d'études, de travaux et d'industrie, le père du sieur Mathieu a surmonté tous ces obstacles. Le secours d'une pompe à feu lui était nécessaire. Comme il n'en existait aucune en France, il passa en Angleterre où, avec beaucoup de peines et de risques, il obtint de voir celle que les Anglais y avaient exécutée. Quoiqu'il ait eu fort peu de temps pour l'examiner et qu'il lui ait été impossible d'en dessiner le plan, il en saisit si bien l'ensemble et les détails, qu'à son retour en France, il en fit établir une semblable. Aujourd'hui, la mine d'Anzin est la plus importante et la mieux travaillée qui existe en Europe. Aussi, excite-t-elle la curiosité et y fait-elle l'admiration des étrangers ; 4,000 ouvriers sont tous les jours employés à l'exploiter et tout s'y passe avec le plus grand ordre.

Avant qu'elle existât, la Flandre, le Hainaut, l'Artois, le Cambrésis étaient forcés de tirer, des environs de Mons, le charbon nécessaire pour leur chauffage, ce qui faisait sortir du royaume un numéraire très considérable. Ce n'est pas seulement par la profondeur de ses connaissances dans toutes les sciences qui ont rapport à l'exploitation des mines que le sieur Mathieu s'est rendu recommandable, il s'est encore concilié par sa probité l'estime de tous ces concitoyens. En donnant à un sujet qui a si bien mérité de nos pays, un témoignage éclatant de notre bienveillance, nous aurons la double satisfaction de remplir un devoir et d'exciter l'émulation la plus utile parmi ceux qui, comme lui, se livrent à un genre d'industrie qu'il importe d'encourager. A ces causes..... nous ennoblissons le sieur Jean-Léonard-Joseph Mathieu, et des titre et qualité de noble nous l'avons décoré et le décorons ; voulons et nous plaît qu'il soit en tous lieux...... censé et réputé comme nous le tenons, censons et réputons tel, ensemble ses enfants, descendants en ligne droite, tant de l'un que de l'autre sexe, nés et à naître en légitime mariage. Ordonnons que comme nobles et gentils hommes, ils puissent prendre la qualité d'écuyers, parvenir à tous les degrés de chevalerie et autres dignités, titres et qualités réservés à notre noblesse.........

Malheureusement la révolution française fit du titre de noble un cause de proscription et Léonard Mathieu fut contraint d'émigrer. Il ne dut qu'à M. Des Androuins d'être réintégré à sa rentrée, dans ses droits dans la compagnie d'Anzin.

Citons encore en passant des perfectionnements apportés à l'aérage des puits et galeries, des améliorations au mode d'exploitation des couches et galeries, etc., et disons que, jusqu'en 1791, la concession d'Anzin présentait l'exploitation la plus développée et la plus avancée au point de vue technique qu'il y eût encore en France et même sur le continent.

Il nous reste, pour terminer l'étude de cette première période de son existence, à examiner quel avait été son développement industriel et commercial.

Nous savons quel était le mode d'organisation qu'avait établi l'acte d'association de 1757.

Un conseil d'associés régisseurs conduisait toute l'administration. La direction générale était à Anzin.

Pour faciliter l'action administrative, le territoire était divisé en trois établissements :

1° *Etablissement de Vieux-Condé;*

2° *Etablissement de Fresnes.*

3° *Etablissement d'Anzin*, subdivisé lui-même en trois cantons, qui portaient les noms de :

Canton d'Anzin, comprenant les travaux faits sur la hauteur du village.

Canton d'En-Bas, comprenant l'ensemble des fosses situées au bas de la côte et près de Valenciennes.

Canton de Saint-Vaast, comprenant les travaux de Saint-Vaast et au delà.

Chacun de ces établissements était administré par un directeur et un contrôleur.

Léonard Mathieu, petit-fils de Jacques Mathieu, premier ingénieur de la compagnie Des Androuins, était, en 1791, directeur général des travaux de la compagnie.

La population ouvrière, groupée autour de l'exploitation et occupée à l'extraction des produits, était :

En 1756 de 1,000 ouvriers.

1783 3,000 id.

1790 4,000 id.

Enfin, plus de 600 chevaux étaient employés à faire mouvoir les machines d'extraction et à voiturer les bois.

Nous n'avons pas la pensée d'entrer dans le récit détaillé de tous les travaux faits par la compagnie, depuis son origine jusqu'en 1789. Ceux de nos lecteurs, que cette étude intéresserait, pourront lire avec fruit l'historique de ces travaux dans le livre si remarquable de M. Ed. Grard (*Histoire des mines de houille du Nord de la France*). On appréciera déjà suffisamment l'importance de l'exploitation de la compagnie d'Anzin ; le tableau ci-joint prescrit la situation en 1791 :

ÉTAT DES TRAVAUX DE LA COMPAGNIE D'ANZIN

Depuis 1722 jusqu'en 1791.

Cantons.	Nombre de Puits		Machines à feu.	Puits existant en 1791	
	d'extraction.	d'épuisement.		d'extraction.	d'épuisement.
Vieux-Condé	7	3	3	5	3
Fresnes.	24	18	1	3	1
Anzin.	11	2	1	6	»
Canton d'En-Bas	6	2	2	5	1
Saint-Vaast.	11	5	5	5	3
Total.	59	30	12	25	8

C'est, il faut en convenir, un admirable résultat pour soixante ans d'existence et que peu de compagnies de nos jours pourraient encore réaliser, surtout avec les resources relativement restreintes dont avait pu disposer l'association, dans la première période de son existence, c'est-à-dire de 1722 à 1756.

On se rappelle en effet que nous avons, après M. Grard, établi que le capital total dépensé était de un million trois cent mille livres environ en 1734, lors de la découverte du charbon à Anzin. Nous manquons d'éléments positifs pour déterminer ce que devint ce capital jusqu'à l'acte de 1757. Nous supposons, ce qui nous semble néanmoins exagéré, qu'il ait été doublé, et nous y ajoutons l'appel de fonds de soixante mille livres qui fut fait peu de temps après la transaction, et en comptant très largement nous atteindrons à peine un total de trois millions de livres. C'est donc de ce chiffre qu'il faut partir pour établir, à toutes les époques qui ont suivi, la relation entre le capital et les produits.

Vers 1771, le sol rapportait plus de quinze mille livres, ce qui donnait pour les 24 sols composant le capital. 300,000 livres.

De 1764 à 1784, la moyenne des bénéfices a été de . . . . 481,903.

En 1779 les bénéfices repartis étaient de. . . . . 700,075.

Nous empruntons à la statistique de M. Dieudonné le tableau suivant la nature des dépenses et la qualité des bénéfices en 1789.

TABLEAU DES RECETTES ET DES DÉPENSES DE L'EXPLOITATION DES FOSSES D'ANZIN EN 1789.

RECETTES.	FRANCS	DÉPENSES.	FRANCS
25,000,000 myriagrammes de charbon marchand	3,125,000	4,000 employés et ouvriers.	1,100,000
3,000,000 myriagrammes de charbon, sale ou menu employé dans l'intérieur de l'exploitation. . . .	270,000	40,000 stères de bois pour étançonnage, cuvelage ou charpente . . .	300,000
		3,000,000 myriagr. de houille pour les machines à feu	270,000
Total.	3,395,000	Entretien, achat de chevaux, construction et entretien des pompes à feu et ustensiles desdits établiss[nts].	593,400
		Total.	2,263,300

$$\text{BALANCE :} \begin{cases} \text{RECETTES.} & 3,395,000 \text{ fr.} \\ \text{DÉPENSES.} & 2,263,300 \end{cases}$$

BALANCE : { RECETTES. . . . . 3,395,000 fr.

{ DÉPENSES. 2,263,300

BÉNÉFICES. . . . . 1,131,700 fr.

Ce document établit clairement, qu'à l'époque de la
révolution, le chiffre annuel des bénéfices de la compagnie d'Anzin n'était pas moindre de 1,200,000 francs.

Pour rapprocher ce chiffre du capital, nous devons
rappeler que les vingt quatre sols étaient subdivisés en
288 deniers. — Chacun des deniers, en admettant le
chiffre de 3,000,000 livres que nous avons établi être le
total des sommes dépensées par tous les actionnaires,
chaque denier aurait une valeur originaire de 10,500 liv.

Or, un bénéfice de 1,200,000 livres donnerait à chacun un dividende de 41 p. %. — Il ne faut donc pas
s'étonner du prix que les acheteurs mettaient aux actions
de la compagnie. En 1781 déjà, le denier se vendait
32,250 livres, soit pour les 24 sols 9,576,000 livres.

Ces chiffres étaient encore notablemenr augmentés à
l'époque où la tourmente révolutionnaire arracha du
pays actionnaires et directeurs. L'invasion des armées
autrichiennes détruisit en quelques jours les magnifiques
établissements que soixante ans d'efforts avaient su
créer; les orages de la révolution et le discrédit des
assignats jetèrent dans tout le commerce une perturbation qui paralysa longtemps les premiers élans de notre
industrie nationale; enfin la concurrence des charbons
belges qui, jusqu'à la révolution avait été paralysée par
des droits de douane considérables, se produisit le jour
où les départements de Jemmapes et de l'Ourthe vinrent
alimenter de combustibles à bas prix la consommation
des départements de l'intérieur.

La loi du 17 frimaire, an 3, avait fourni aux associés
non émigrés les moyens de rétablir l'ordre dans l'admi-

nistration en leur permettant de se faire adjuger les
parts qui avaient été dévolues à la république par l'émi-
gration des autres; mais on comprend que sous l'empire
du régime politique qui existait alors en France, il ait
dû y avoir moins d'ensemble, moins de zèle dans toutes
les parties de l'administration même. Et cette perturbation intérieure avait ému le conseil général du département du Nord qui, dans sa session de l'an X, s'expri-
mait ainsi :

« Sous la direction actuelle, les mines d'Anzin ne
» rapportent presque plus de profit, quoiqu'on ait porté
» le prix du charbon à un taux plus haut qu'autrefois.

» Quelle peut être la cause de ce mal ? Les ouvrages
» ne sont-ils pas dirigés comme ils devraient l'être, ou
» n'apporte-t-on pas dans l'exploitation cette sage éco-
» nomie qui fait qu'on conserve tout ce qui mérite
» d'être conservé et sans laquelle aucun établissement
» ne peut prospérer ? Ce sont des mystères que le temps
» et une surveillance attentive peuvent seuls dévoiler.

» Mais cet objet doit fixer l'attention du conseil parce
» que l'intérêt public en souffre, et que ce département
» et la république sont privés de sommes considérables
» qui entreraient dans la circulation et qui, en se répan-
» dant dans le commerce, y apporteraient de nouvelles
» ressources. »

Toutes ces causes réunies diminuèrent en quelques
années de plus de 25 p. % la production de la compagnie d'Anzin et le tableau que nous offre la statistique
comparée des années 1791 à 1802 établit bien nettement
cette décadence momentanée.

Tableau comparé de l'exploitation d'Anzin en 1789 et 1801.

PRODUITS.

PRODUITS.	QUANTITÉS		VALEURS	
	1789	1801	1789	1801
	Quint. Mét.	Quint. Mét.		
Houille ou charbon de terre marchand.	2,500,000	2,000,000	3,125,000	2,500,000
Charbon sale ou·menu, employé dans l'intérieur de l'exploitation.	300,000	200,000	270,000	180,000
	2,800,000	2,200,000	3,395,000	2,680,000

DÉPENSES : — (Suite).

OBJETS DE DÉPENSES.	QUANTITÉS.		VALEURS.	
	1789	1801	1789	1801
Employés et ouvriers	4,000	3,000	1,100,000 f.	1,000,000 f.
Bois pour étançonnage, cuvelage et charpente.	40,000 stères.	35,000 stères.	300,000	275,000
Houille pour les machines à feu. . .	300,000 q. m.	200,000 q. m.	270,000	180,000
Entretien, achat des chevaux, construction et entretien des pompes à feu, et ustensiles desdits établissem^ts	. . . . . .	. . . . . .	593,300	778,334
			2,263,300	2,233,334

BALANCE :

	1789	1801
Produits	3,395,000 fr.	2,680,000 f.
Dépenses	2,263,300	2,233,334
Bénéfices.	1,131,700	446,666 f.

Les causes de la décadence des mines d'Anzin se rattachaient, nous l'avons dit, à la situation générale que les guerres de la révolution avaient faite au pays. Elles devaient se prolonger pendant les guerres de l'empire, et si l'on ne peut pas dire que leur fortune allât en progressant, au moins peut-on affirmer que, la première crise passée, le même zèle, la même intelligence, ne cessèrent d'être déployés dans tout l'ensemble de l'exploitation et de l'administration.

Aussi le mouvement industriel et commercial qui signala le commencement de la Restauration, trouva-t-il la compagnie d'Anzin, toute préparée à satisfaire aux besoins de jour en jour plus multipliés, de la consommation et de l'industrie. Avec les ressources immenses dont ils pouvaient disposer, les directeurs n'eurent qu'à le vouloir pour réaliser en quelques années, tous les développements que commandaient les circonstances. C'est réellement de cette époque que date la réputation proverbiale de richesse de la compagnie d'Anzin.

Ses concessions réunies avaient l'étendue d'une province, ses ouvriers formaient une armée, sa maison d'administration un palais, ses chantiers de véritables arsenaux, son conseil d'administration, sans contrôle, était un véritable roi, dont les ordres reçus sans observation, étaient exécutés sans murmures.

Puissante par son crédit, puissante par le nom des membres qui la composaient, elle pouvait facilement se faire entendre de l'autorité administrative, et s'agit-il d'une extension de concession, d'un impôt sur les houilles étrangères, d'une enquête sur la situation de l'industric en générale, sa parole était écoutée, ses demandes répondues, ses vœux satisfaits.

C'est ainsi que nous la voyons obtenir par ordonnance du Roi du 6 octobre 1832 la concession des mines de houille situées dans les communes de Bruille et d'Odomez, ajouter ces nouveaux terrains à son territoire et créer ce nouveau centre d'exploitation qui prit le nom de concession d'Odomez.

Un an auparavant, un autre acte du gouvernement en date du 5 juin 1831 avait ajouté à ses domaines, la concession de Denain vers laquelle devait se porter bientôt un mouvement industriel, unique peut-être en France.

Là, s'arrêtent les modifications et les extensions qui accrurent son territoire. C'est donc de mil huit cent trente-deux que nous pouvons examiner quel est l'étendue des concessions que possède la compagnie d'Anzin.

Nous n'avons besoin que de les indiquer et d'en donner le périmètre ; la carte que nous joignons à ce travail permettra d'en étudier complètement les délimitations.

En voici l'énumération :

Concession d'Anzin	118	5	18
Fresnes	20	1	47
Vieux Condé	39	»	64
Raismes et Valenciennes	48	1	97
Saint Saulve	70	»	»
Denain	13	47	72
Odomez	3	16	»
Hasnon	14	88	3
Total	326	64	01

De ces concessions il faut retrancher celle de Saint-Saulve qui après les nombreuses tentatives d'exploration faites dans le siècle dernier, et de nouveaux efforts pratiqués de nos jours, fut reconnue inexploitable, et pour laquelle la compagnie opéra sa renonciation constatée par une ordonnance du roi du 3 décembre 1834.

Nous aurons également à nous occuper d'Hasnon en traçant l'historique de la compagnie de Vicoigne.

Les concessions actuellement exploitées par la compagnie d'Anzin sont donc au nombre de six.

Elles forment autant de centres d'exploitation relevant directement de l'administration générale de la compagnie, mais ayant en même temps leur existence propre, leur personnel administratif, leur ingénieur, etc.

Le nombre des fosses actuellement en extraction est de 35 ; quatre autres sont en percement.

On se figure aisément quelle immense population ouvrière est nécessaire pour exploiter des travaux si considérables.

Anzin, nous l'avons déjà dit, occupe toute une armée de travailleurs. Nous devons à la bienveillance de M. Lebret, associé régisseur gérant de la compagnie, la communication de documents statistiques qui nous permettent d'établir l'organisation du travail dans les mines d'Anzin. Nous sommes heureux de citer ces documents.

La compagnie paie annuellement pour six millions de salaires directs. Ces six millions auxquels il faut ajouter la valeur des matières tirées de la localité, les appointements, les secours, les pensions, etc., se répandent exclusivement dans l'arrondissement de Valenciennes. On peut juger par-là du bien être que retire la contrée du fait de l'exploitation de la houille.

Et pour n'en citer qu'un exemple, nous n'avons qu'à indiquer quel fut depuis cinquante ans le développement de la population dans les centres de production de la compagnie. Il y avait :

Localités.	Années.	Habitants.	Années.	Habitants.
A Anzin	1788	2,982	1846	4,422
A Fresnes	id.	1,875	id.	4,544
A Vieux-Condé. . . .	id.	1,316	id.	4,595
A Denain.	1831	1,601	id.	7,272

Nous n'avons pas de chiffres positifs à donner depuis cette époque, mais le développement de l'industrie dans toutes ces localités nous permet d'affirmer que l'accroissement de population a continué dans une proportion aussi notable.

L'administration de la compagnie d'Anzin, s'étendant sur un vaste territoire divisé en plusieurs exploitations éloignées les unes des autres, exige un nombreux personnel. Elle forme elle-même à l'école pratique de ses travaux ses chefs du fond, qu'elle choisit dans tous les rangs de ses ouvriers et employés.

L'ouvrier mineur est admis à tous les emplois de la compagnie; il peut devenir successivement, maître ouvrier, porion, maître porion, vérificateur, sous directeur, directeur même.

Il y a dans chaque groupe houiller : un médecin, un chirurgien, un service de santé, des écoles entretenues aux frais de la compagnie.

Anzin occupe environ 7,000 ouvriers aux travaux du fonds. Voici comment ils se répartissent dans les divers chantiers, pendant les cinq dernières années :

LOCALITÉS.	1850	1851	1852	1853	1854
Fresnes	505	492	504	502	531
Vieux-Condé. .	875	900	879	876	692
Raismes	1259	1257	1279	1193	1226
Anzin	2978	2979	2858	2973	3120
Denain.	324	373	625	638	653
Odomez	108	106	107	156	190
Total. . . .	6050	6208	6252	6338	6412

La progression de ces années a été constante, et en dehors de ce nombre, environ mille ouvriers sont encore occupés aux travaux du jour.

Les principaux groupes de leurs habitations sont à Anzin, Saint-Vaast, Trith, Denain et Abscon, pour les exploitations de charbons gras ; Fresnes et Vieux-Condé pour celles de houille maigre ; plus de douze cents maisons, bâties par la compagnie, sont consacrées au logement de ses ouvriers.

Indépendamment de cet ensemble considérable de forces humaines, que nécessite l'extraction de ses produits, la compagnie dessert toutes ses fosses à l'aide de

machines à vapeur dont la force totale donne un ensemble de 700 chevaux de vapeur. Huit puits d'épuisement
des eaux souterraines, pourvus de pompes à feu des systèmes New-Comen, Watt et Bolton, et Cornwall, assèchent
ses travaux. Enfin elle emploie tant à la traction dans
le fond des couches, que pour les charrois des matériaux
et des produits, environ cinq cents chevaux ou ânes.

Ce n'est que depuis quelques années qu'on a commencé à Anzin, à l'instar de ce qui se fait en Belgique,
l'emploi des chevaux appliqués au roulage du charbon
dans le fond de la mine. Ces animaux s'acclimatent
facilement et promptement ; ils soulagent les jeunes
ouvriers employés ordinairement à la traction du charbon à partir de l'âge de 13 à 15 ans ; il y en a aujour-
d'hui, dans diverses fosses de la compagnie, 75 chevaux
employés à cet usage.

Nous avons emprunté les chiffres du tableau suivant à la statistique de la production minérale du
département du Nord ; la dernière indication officielle
s'arrête en 1854 ; nous avons dû arrêter là aussi nos
évaluations pour ne pas sortir de la réserve que nous
nous sommes imposée de ne donner que des documents
authentiques. Nous appelons l'attention de nos lecteurs
sur la progression qu'à suivie la production des deux
dernières années.

A de telles ressources en moyens de production doit
correspondre et correspond en effet une mise au jour de
produits considérable. Voici ce qu'a été, pour les divers
centres houillers de la compagnie, l'extraction des cinq
dernières années.

PRODUCTION DES MINES DE LA COMPAGNIE D'ANZIN.

LOCALITÉS.	1850	1851	1852	1853	1854
	Quint. Mét.	Quint. Mét.	Quint. Mét.	Quint. Mét.	Quint. Mét.
Fresnes	288,499	261,972	270,624	366,374	503,500
Vieux-Condé	281,190	977,314	972,859	1,189,787	1,175,962
Raismes.	1,321,484	1,215,872	1,178,303	1,311,540	1,268,949
Anzin.	3,538,944	3,284,375	3,263,040	4,407,392	4,480,552
Denain	289,246	303,188	490,229	830,494	865,510
Odomez.	158,509	132,131	113,648	283,588	314,059
Total.	6,477,872	6,174,852	6,288,700	8,389,172	8,608,532

Ces charbons peuvent se diviser en cinq classes selon leurs espèces et l'usage auquel ils sont appliqués : savoir.

1ere Catégorie. — *Houille maréchale*. — Concessions d'Anzin (partie sud), et de Denain. — Usage : Laminoirs, coke, forges, etc, etc. —

2me Catégorie — *Houille grasse*. — Concessions de Raismes, d'Anzin (partie sud) et de Saint-Saulve. — Usage: forges, laminoirs, coke, etc. —

3me Catégorie — *Houille demi grasse* — Concession de Raismes. — Usage : Foyer domestique, distilleries, sucreries, brasseries, machines à vapeur.

4me Catégorie. — *Houille maigre* flambante des concessions de Fresnes. — Usage : Foyer domestique, sucreries, la chaux, les briques —

5me Catégorie — *Houille anthraciteuse* des concessions de Vieux Condé et d'Odomez — Usage : Chaux, briques, foyer domestique.

Le chauffage des ouvriers de la compagnie, la consommation de ses puits, machines et ateliers absorbe tous les ans cinq cent mille hectolitres de ces charbons. C'est donc plus de huit millions qui restent chaque année pour être versés dans la consommation.

Si nous nous reportons aux donnés statisques générales que nous avons données en commançant ce livre sur la production et la consommation de la France entière, nous trouverons pour la part de la compagnie d'Anzin dans ce mouvement total de l'industrie charbonnière de notre pays, les résultats suivants :

Sur la production totale du bassin du Nord évaluée à 15,000,000 quintaux métriques en 1854 la seule compagnie d'Anzin à elle seule a livré à la consommation environ 9,000,000 soit les trois cinquièmes.

Elle a donné presque la moitié autant de houille que l'importation belge tout entière.

Enfin son chiffre d'extraction fournit un huitième de la consommation totale de toute la France.

Pour l'écoulement de toutes ses richesses, la compagnie d'Anzin a une position territoriale exceptionnellement favorable.

C'est au sein de la région la plus laborieuse, la plus apte à tous les genres d'industrie qu'elle a pris naissance. Et c'est autour des sources du combustible minéral et attirés par lui, que sont venus se poser les hauts fourneaux, forges et laminoirs de Denain et d'Anzin, les ateliers de construction Derosne et Cail, et une foule d'industries, qui font de l'arrondissement de Valenciennes un des points les plus intéressants et les plus importants du monde.

En dehors de cette consommation locale vraiment extraordinaire et qui ne tend qu'à s'accroître sous la double influence de l'accroissement continuel de la population et du développement toujours croissant de l'industrie, les débouchés les plus considérables sont ouverts à la compagnie par les routes, les canaux, les chemins de fer.

L'Escaut traverse ses concessions dans toute leur étendue, et ses produits peuvent lutter avantageusement avec les houilles belges sur les marchés de Chauny, Creil, Paris et même de Rouen où ils se rencontrent pourtant aussi en concurrence avec les charbons anglais. Pour faciliter les transports par eau, à Denain, une vaste gare à plusieurs bassins pouvant contenir cent bateaux a été creusée par la compagnie et mise en communication avec l'Escaut et avec le chemin de fer.

A Anzin une galerie souterraine de 3,800 mètres traverse le sous-sol et met en communication les fosses d'extraction et les chantiers et ateliers de la compagnie avec le rivage d'embarquement sur l'Escaut, près de Valenciennes, et avec son chemin de fer.

Enfin le travail le plus considérable exécuté par la compagnie est ce même chemin de fer. Dès 1835, à l'époque où ce mode de communication était encore en France à l'état d'enfance, où il n'était employé dans le bassin de la Loire que pour le transport de la houille, et aux portes de Paris comme essai, la compagnie d'Anzin ouvrait une ligne de 19 kilomètres de longueur dans la partie occidentale de ses exploitations entre Anzin et Somain. Cette ligne dont l'usage n'était pas seulement restreint au transport des charbons recevait dès son origine les voyageurs et les marchandises. Depuis 1845 elle est reliée à Somain à la grande ligne du Nord et telle est l'activité du trafic, que son service exige 12 locomotives.

Le rapide développement qu'a pris dans toute la France l'industrie des chemins de fer a été pour Anzin une nouvelle source de prospérité. Grâce à la nature de ses charbons, grâce aussi à l'activité de son exploitation la compagnie a été rapidement en mesure de livrer à la consommation des quantités considérables de combustible sous forme de coke et elle a un débouché presqu'indéfini de ce produit jusque sur les lignes établies au delà de Paris.

En dehors de ces travaux si considérables qui ont signalé l'existence industrielle de la compagnie d'Anzin dans sa seconde période, depuis 1802 jusqu'à nos jours, elle a d'autres titres à faire valoir pour prétendre à la gloire de représenter toujours en France l'exploitation la plus avancée. De ce côté, son administration n'a jamais perdu le rang que lui avaient donné les Des Androuins et les Mathieu. Tout perfectionnement constaté par l'expérience a reçu dans son exploitation le droit de cité.

De nombreuses améliorations apportées au régime intérieur des fosses ont adouci la condition de l'ouvrier, Autrefois, les échelles par lesquelles il descend et remonte, étaient verticales et sans point de repos. Aujourd'hui, elles ont une inclinaison de 60 degrés, et de 12 en 12 mètres, un plancher en sépare les étages.

Des moyens mécaniques ont été imaginés pour éviter aux ouvriers dans les mines profondes, la fatigue excessive qui résulte de la circulation par le moyen des échelles. M. Méhu, qui mourut, il y a quelques années, ingénieur de la compagnie, avait inventé et établi sur la fosse Davy à Anzin une machine servant à la fois à l'extraction de la houille, à la circulation des ouvriers, et dont l'ingénieux mécanisme met aussi en mouvement un jet de pompes pour l'épuisement des eaux du fond. L'emploi de cette machine tend à se généraliser et atteindra le double but d'une économie pour les exploitants et d'une notable amélioration dans la condition matérielle des ouvriers.

C'est encore à un des employés d'Anzin que l'on doit l'invention du parachute *Fontaine* qui porte le nom de

son auteur à qui il mérita, du gouvernement, une dis-
tinction honorifique. Il est aujourd'hui en usage dans
les fosses de la compagnie, et permet de ne plus voir
se renouveler ces épouvantables accidents que provoquait
la rupture d'un cable d'extraction.

Enfin l'aérage des mines si souvent négligé des exploitants a atteint à Anzin toute la perfection désirable ;
l'ouvrier y respire parfaitement ; l'air est appelé et renouvelé sur tous les points, soit naturellement par la
communication des fosses entr'elles, soit au moyen de
foyers qu'on entretient au fond et qu'on appelle foyers
d'aérage.

Aussi les sinistres qui désolent si souvent les exploitations sont-ils extrêmement rares dans l'étendue des
concessions d'Anzin ; et, par là encore, la compagnie
tient la première place parmi les exploitations.

Nous avons dit en commençant son histoire que la
compagnie d'Anzin manifesta, dès son origine, des tendances envahissantes, et les succès qu'elle obtint auprès
de l'administration publique ne furent pas moins considérables que ceux qu'elle devait à ses travaux d'exploitation.

Avec la richesse territoriale que nous lui connaissons,
bien d'autres compagnies se fussent tenues strictement
renfermées dans les limites qu'elle avait conquises en
1832. Mais dans son ardeur infatigable, dans son désir
constant de monopoliser, il lui sembla toujours que chaque nouvelle découverte opérée, chaque concession obtenue, était un empiétement sur ses privilèges. Aussi quand
se formèrent vers 1840 les diverses associations qui de-

vaient, un an plus tard, donner naissance à la compagnie de Vicoigne, voyons-nous Anzin prendre part à la fusion qui devait réunir les compagnies rivales de l'Escaut, de Cambrai et de Bruille, et par le concours de sa concession d'Hasnon, mettre le pied dans la société nouvelle formée et entrer pour un quart dans Vicoigne..

Vers le même temps, l'obtention des concessions de Thivencelles, Saint-Aybert et Escaupont éveilla la susceptibilité jalouse de la compagnie d'Anzin qui souleva un procès dont l'issue mit un instant en péril l'existence des dernières concessions. Il ne tint pas à la compagnie d'Anzin que toute la partie de territoire accordée aux nouvelles associations ne lui fût attribuée en vertu des droits qu'elle tenait des privilèges accordés aux compagnies Des Androuins et de Croy avant la révolution française. Mais si elle ne put étouffer dans l'œuf le germe de ces nouvelles exploitations, au moins elle parvint à en diminuer momentanément l'importance sur les terrains qui avoisinent ses propres exploitations de Fresnes et de Vieux-Condé.

La situation actuelle de la compagnie présente le tableau de la prospérité la plus grande que puisse atteindre une industrie. Sa puissance est aujourd'hui assise sur de telles bases, qu'elle n'a besoin pour se développer que de s'abandonner au mouvement général dont sont aujourd'hui douées toute les exploitations houillères. Ses concessions, situées dans la partie la plus riche du plus riche bassin de France, lui donnent une extraction qu'ont rendue facile les savants travaux de ses ingénieurs; la consommation vient chercher au carreau de

ses fosses ses produits qui ne peuvent suffire aux besoins ; de nombreuses et puissantes industries demandent à ses puits le premier élément de leur force motrice ;
enfin la concurrence, ce fléau que semblaient si fort
redouter les premiers directeurs, s'est multipliée autour
d'elle sans produire d'autre résultat qu'une noble émulation également profitable au public et au perfectionnement des exploitations.

Aujourd'hui, si la tâche de son administration est
moins lourde qu'à l'époque des Des Androuins et des
Mathieu, au moins devons-nous proclamer que le même
esprit de sagesse et de progrès n'a cessé d'animer les directeurs. Le premier nom qui se présente parmi eux est
celui de M. Lebret, qui porte sans efforts la charge immense d'associé régisseur-gérant, et en qui se résume
dans le conseil comme dans l'exécution la responsabilité
tout entière de l'entreprise.

Les autres membres du conseil d'administration sont

MM. Le duc de Croy.

Le prince d'Aremberg.

Thiers.

Perier.

De Lagrange.

Chabaud-la-Tour.

Lambrecht.

Tous si justement connus qu'ils donneraient seule la
pensée de l'importance de l'entreprise.

Le siège de leurs réunions, comme celui de l'entreprise, est à Anzin même, au milieu de leurs chantiers du
jour, dans le palais que s'est élevée la compagnie, et où

se dresse aux époques d'assemblée des régisseurs le pavillon national.

La vue seule de ce monument érigé par l'industrie révèle toute la puissance de la compagnie. Son aspect imposant et sévère est bien en harmonie avec la gravité des intérêts qui s'y traitent ; on pense, en le voyant, à cette pacifique royauté qui répand le travail dans plus de sept mille maisons, et qui verse dans mille autres industries la source des richesses qui, de là, vont se répandre à travers toute la France. Bien des Etats de l'Europe n'ont pas en revenu les produits que donnent aux intéressés les bénéfices annuels de la compagnie ; bien des princes couronnés n'ont pas de domaines égalant en richesses ceux qui relèvent de mines d'Anzin.

On comprend que nous ne pouvons faire une évaluation de la valeur actuelle de tous les établissements de la compagnie d'Anzin.

Sans modifier les statuts originaires de la société formée en 1757, le capital, lors de la réorganisation de la compagnie qui suivit la crise révolutionnaire, fut fixé à 2,880,000 représenté par les 288 deniers que nous savons avoir été originairement attribués en diverses proportions aux co-intéressés. Cette distribution du capital donnait par conséquent à chacun des deniers une valeur de 100,000 fr. C'est donc de cette base que nous devons partir pour établir quelle est à ce jour la relation existant entre le capital nominal, le produit annuel, et la valeur que l'opinion publique donne aujourd'hui aux titres de la compagnie d'Anzin.

Si nous consultons le prix moyen auquel ont eu lieu

les dernières cessions, nous voyons qu'il est pour l'année
1855 de 150,000 francs par denier. C'est donc une plus
value de cinquante pour cent que la faveur publique
donne aux actions d'Anzin. Mais sans étudier d'une
manière plus détaillée le mouvement qu'ont éprouvé ces
valeurs, nous devons dire que bien que côtées à la Bourse
de Paris, leur prix élevé les tient en quelque sorte en
dehors du marché. Les propriétaires qui les détiennent
sont d'ailleurs tous dans une situation de fortune telle
qu'ils ne les aliénent pas ; ce n'est guère que par suite de
partage ou de successions que l'on en voit négocier
quelques-unes. Elles ont, au reste, éprouvé des oscillations par suite de l'augmentation des salaires des
ouvriers qui amenèrent, comme nous le verrons bientôt,
une diminution sensible dans les bénéfices annuels.

Pour bien apprécier cette situation nous devons reporter notre examen à quelques années en arrière et
prendre la compagnie à l'époque où, seule encore, elle
exploitait le bassin du Nord, et où par conséquent son
monopole s'exerçait dans toute sa plénitude.

Nous savons que la loi de 1810 a imposé les mines
à une redevance proportionnelle fixée à un maximun de
un vingtième sur la valeur des produits net. Elle a, en
même temps, statué que les propriétaires pourraient
remplacer la redevance proportionnelle par un abonnement à forfait, dont la durée ne pourrait dépasser
cinq ans, mais qui pourrait toujours être renouvelé.

On comprend que cet abonnement est une faveur
pour les exploitants qui ne le proposent que quand leur
intérêt le leur commande.

Nous allons trouver une preuve de la prospérité d'Anzin dans les quatre ordonnances royales, rendues le 20 avril 1837 et qui statuent sur la conversion de la redevance annuelle en abonnement fixé pour les années comprises entre 1836 et 1840. Aux termes de ces ordonnances, la compagnie d'Anzin s'engageait à payer au trésor, annuellement :

Pour la concession d'Anzin.	28,500 fr.
Id.	de Fresnes	5,500
Id.	Vieux-Condé	7,300
Id.	Raismes.	12,000
	Total.	53,300 fr.

Nous ne croyons pas exagérer en disant que la compagnie, en traitant à forfait d'un impôt annuel de 53,300, était sûre de ne payer au maximun que 2 1/2 du produit net. Cette prévision nous donne une appréciation approximative des bénéfices réalisés pendant la période de 1836 à 1840 et les établit au chiffre d'environ 2,500,000.

Depuis lors, nous devons le dire, l'extraction est devenue plus considérable, mais les bénéfices n'ont pas augmenté dans la même proportion : la principale cause doit en être certainement attribuée à l'augmentation des salaires. Nous empruntons au rapport de M. Kulhmann, sur l'exposition de l'industrie en 1847, les faits suivants :

Un bon ouvrier mineur gagnait, en 1790, 1 fr. 75 c. en douze heures de travail, et peut gagner aujourd'hui 3 fr. 30 en huit heures. La moyenne du salaire journalier

de l'ouvrier, tant au jour qu'au fond, enfants compris,
était en 1790 de 0 fr. 90 c.; elle est aujourd'hui de 1 fr.
66. cent.

En 1790, la compagnie d'Anzin payait en salaires
annuels pour 4,000 ouvriers, 1,100,000 francs; elle
payait en 1847, pour 6,000 ouvriers, 3,500,000 francs.
Cependant, en 1690, les actionnaires d'Anzin se parta-
geaient 1,200,000 francs de bénéfices annuels sur un
capital d'environ 3,000,000, et aujourd'hui avec un capital infiniment plus considérable, 28,000,000, ils se
partagent environ 2,000,000 fr. Ainsi, avec des bénéfices
moindres, eu égard au capital, avec des produits doubles, le nombre des ouvriers employés n'est augmenté que
dans la proportion de 1 à 1 $^3/_4$, tandis que la somme des
salaires s'est augmentée dans la proportion de 1 à 2 $^3/_4$.

Ces faits, vrais pour 1847, le sont encore à plus forte
raison de nos jours. Car l'ouverture de nouveaux centres
d'exploitation sur divers points, a rendu les bons ouvriers plus recherchés, et par conséquent a fait enchérir
le prix de la main d'œuvre.

Aussi, ne devons-nous pas nous étonner de ne pas voir
les dividendes de la compagnie d'Anzin suivre, dans les
années dernières, la même progression que suivait le
mouvement de production.

Ainsi les dividendes se sont élevés :

En 1850	7,000 fr.
1851	5,000
1852	5,000
1853	8,000
1854	9,000

Nous ne parlons pas ici de l'année 1855; des circonstances particulières ont fait augmenter d'une manière notable le prix des charbons; tout nous donne la certitude qu'Anzin, plus que toute autre compagnie, a dû profiter de la faveur que la demande multipliée donnait aux produits houillers. Nous pensons que cette tendance à la hausse que signale l'année 1855, se continuera par suite de développement toujours croissant de l'industrie qui emprunte à la houille son premier élément vital. Quoiqu'il en soit, si nous comparons le produit annuel distribué aux actionnaires pendant les cinq dernières années avec le capital nominal, et avec le capital qui donne aux actions la faveur publique, nous obtenons les résultats suivants :

Il a été distribué en totalité :

En 1850..........2,016,000 soit 7 p. % du capital.
    1851..........1,440,000   5   %   id.
    1852..........1,440,000   5   %   id.
    1853..........2,304,000   8   %   id.
    1854..........2,592,200   9   %   id.

Le prix des deniers, a suivant les années oscillé entre 100,000 et 120,000 fr. pendant les trois premières années, il s'est élevé progressivement jusqu'à 155,000 fr. dans le courant de l'année 1854.

On le voit par les chiffres que nous venons de grouper, les actions de la compagnie d'Anzin sont éminemment une valeur de placement. Le prix en est si élevé que les négociations en sont très rares; d'un autre côté, on peut voir par la relation du dividende distribué au capital actuel qui représentent les actions, qu'elles sont mises

par l'opinion sur un rang à peu près analogue à celui
qu'on donne aux effets publics et aux actions de la Banque.

Quoiqu'il en soit, nos lecteurs seront comme nous
frappés du total considérable que donne le dividende
annuel distribuée aux intéressés.

De pareils chiffres n'ont pas besoin de commentaires.
Ils démontrent plus victoricusement que ne pourraient
le faire toutes les théories économistes ce que peut pour
le développement d'une exploitation, une activité intelligente appuyée sur les ressources du capital et du crédit.

Et ici, pour apprécier sainement notre proposition,
qu'on nous permette de remonter dans le courant du
siècle dernier et d'examiner ce qu'en serait devenue la
société d'Anzin, si l'un ou l'autre des éléments de succès
que nous avons signalés, était venu à lui manquer. Nous
avons vu le comte Des Androuins et ses associés, englou-
tissant leur fortune dans une exploitation à laquelle le
privilège du roi ne donnait qu'une existence de 20 ans.
Nous l'avons trouvé combattant l'élévation de compagnies
rivales dans le voisinage de ces travaux, nous savons
que, faute de pouvoir les anéantir, la compagnie Des
Androuins aima mieux accepter une fusion ; enfin dans
toutes les requêtes de la compagnie d'Anzin auprès de
l'autorité royale, nous voyons toujours percer la même
crainte, celle de la concurrence, apparaître le même
désir, celui de monopoliser l'exploitation du combustible
minéral. Enfin, nous pourrions citer à nos lecteurs vingt
réclamations adressées par la compagnie d'Anzin à l'autorité supérieure, pour empêcher, par l'augmentation

des droits de douane, la concurrence des houilles étrangères.

Tout cet ensemble de tendances a valu à Anzin, une réputation encore bien accréditée de compagnie jalouse d'absorber à elle toutes les concessions comme de monopoliser la production. Cette conduite avait sa raison d'être dans les circonstances mêmes où se trouvait placée la compagnie. A l'époque où naquit l'exploitation houillère du Nord, la consommation du combustible minéral en France était encore assez restreinte. D'un autre côté, la Belgique, favorisée par la nature de son gisement houiller, par l'expérience et l'esprit industrieux de ses habitants, par la qualité de ses houilles, pouvait livrer à la consommation des quantités considérables de produit à des prix de beaucoup inférieurs à ceux des houilles françaises? Que serait devenue la compagnie Des Androuins si au lieu d'avoir constamment insisté auprès du conseil du roi pour l'élévation des droits sur les charbons étrangers, si au lieu d'avoir sollicité et obtenu ces immenses territoires qui monopolisaient à son profit l'exploitation de toute la province, elle eut eu à combattre à la fois et la production étrangère, et la concurrence indigène? Nul doute qu'elle eut succombé dans cette double lutte, et les efforts des premiers inventeurs n'auraient abouti qu'à un résultat insignifiant pour le pays, sans profit pour eux. Nous le répétons donc, l'esprit d'envahissement et d'absorbtion de la compagnie d'Anzin avait sa raison d'être dans les circonstances au milieu desquelles elle se trouvait placée à son origine.

Aujourd'hui l'opinion publique lui donne encore les mêmes tendances? Sont-elles ou non justifiées par les faits? Nous disons franchement que non. Que voyons-nous en effet? Anzin il est vrai est la compagnie la plus puissante par le nombre de ses exploitations, par la puissance de ses moyens 'd'extraction, par son peuple de travailleurs, par ses ressources acquises et par ses revenus annuels. Mais Anziu ne donne pas sur ses produits mis au jour de dividendes plus considérables, Anzin n'écrase pas le marché des houilles pour anéantir la concurrence, Anzin n'absorbe pas de nouvelles concessions. Non, au milieu d'une industrie déjà puissante, bien qu'encore à son début, Anzin conserve le rang auquel lui donne droit son ancienneté relative, et les succès acquis par ses travaux.

CHAPITRE V.

La Compagnie d'Azincourt n'a point une origine
aussi ancienne que les sociétés dont nous venons de
tracer l'historique. Ce n'est point aux temps héroïques
des recherches houillères qu'il faut remonter pour fixer
sa naissance. Elle commença à l'époque où l'ardeur des
explorations était à son apogée, alors que tout le département du Nord était incessamment perforé par la sonde
des chercheurs de combustibles.

Quatre sociétés de recherches s'étaient établies pour
explorer la portion de territoire située au midi de la
concession d'Aniche et à l'ouest de celles de Denain et

de Douchy. Dire ce qu'avaient été leurs travaux, raconter leurs succès ou leurs déceptions n'est point notre rôle ; il ne nous appartient pas davantage de rapporter quelles causes amenèrent la fusion de tous ces intérêts rivaux.

Toujours est-il que les quatre sociétés connues sous les noms de compagnie d'Azincourt, compagnie Carette et Minguet, compagnie d'Hordain et compagnie d'Etrœungt furent conjointement et sous les noms de leurs délégués déclarées concessionnaires des mines de houille d'Azincourt.

Une ordonnance royale de 29 décembre 1840 consacra leurs droits et détermina l'étendue de leur concession à 8 kilomètres carrés, 70 hectares.

Elle présente la forme d'un triangle dont la base serait adossée à la concession de Denain et dont le côté du nord forme la limite de la concession d'Aniche; quant à la lisière méridionale de la concession, elle est formée par une ligne qui part d'Azincourt à Erchin.

On le voit, ce n'est pas l'étendue territoriale qui distingue la compagnie d'Azincourt ; mais sa position au midi du bassin lui a permis d'exploiter le faisceau des veines de houille grasse qui se trouvent constamment dans cette partie du gisement houiller de nos pays.

Les travaux des diverses compagnies qui avaient exploré la contrée avant l'obtention de la concession avaient été assez nombreux pour permettre d'en reconnaître la direction et la puissance des couches, et quatre puits furent foncés à des distances assez rapprochées.

C'est en cet état que se trouvait l'exploitation quand

un acte de société régularisa la position de chacune
des associations originaires. Les intéressés ayant adopté
pour leur contrat la forme de société anonyme, les clauses en subirent la sanction de l'autorité supérieure, et
une ordonnance royale du 31 juillet 1842 consacra leur
existence sociale.

Nous rapportons, dans son entier, cet acte de société
qui est conçu dans les termes suivants :

SOCIÉTÉ ANONYME DES MINES DE HOUILLE D'AZINCOURT.

ACTE DE SOCIÉTÉ.

Pardevant M⁰ Jules-Joseph DELEDICQUE et son collègue, notaires, résidant à Lille, département du Nord,
soussignés.

Furent présents :

1° MM. Jean-Baptiste Bossut, commissionnaire, maire
de la ville de Roubaix, et Louis-Alphonse-Constant Lanvin, notaire, tous deux demeurant à Roubaix,

Stipulant tant en leurs noms personnels, que comme
fondés de pouvoirs de :

1° MM. Edouard Lanvin, propriétaire et maire d'Aniche, y demeurant; Louis-Joseph Wacrenier, ancien
négociant, demeurant à Lille; Pierre-Alexandre-Félix
Grimonprez-Bossut, filateur, demeurant à Roubaix;
Gustave Toussin, filateur, demeurant à Lille; Guillaume-Alexandre Toussin, membre de la chambre des
députés, négociant, demeurant à Rouen; Philippe-Gus-
tave-Ghislain-Adolphe de Franeau, comte de Gommegnies, propriétaire, demeurant à Iwuy, près Cambray;

Eugène-Constant Grimonprez, fabricant, demeurant à Roubaix, suivant procuration sous-seings privés, en date du 20 août 1840, laquelle sera enregistrée avant ou avec les présentes ;

2° M. Nicolas-Vincent Delaune-Ledoux, propriétaire, demeurant à Lille, suivant procuration sous-seings privés, en date du 25 août 1840, laquelle sera également enregistrée avant ou avec les présentes ;

Ces deux procurations demeureront ci-jointes et annexées après avoir été certifiées sincères et véritables par MM. Bossut et Lanvin, par eux signées, ainsi que par les notaires instrumentants.

Mesdits sieurs Bossut, Louis-Alphonse-Constant Lanvin, Edouard Lanvin, Wacrenier, Grimonprez-Bossut, Gustave Toussin, Guillaume-Alexandre Toussin, comte de Gommegnies, Eugène-Constant Grimonprez, et Delaune-Ledoux, agissant ici comme dénommés en une ordonnance royale du 29 décembre 1840, portant concession des mines de houille d'Azincourt, et comme seuls membres de l'ancienne société de ce nom ;

3° M. Auguste Michelet, négociant, demeurant à Paris, rue Laffitte, n° 3, étant présentement à Lille.

Stipulant tant en son nom personnel que comme mandataire de :

1° M. Louis Minguet, banquier, demeurant à Paris, rue Laffite, n° 3, suivant procuration passée devant M⁰ Thifaine-Désauneaux et son collègue, notaires à Paris, le 14 juin 1842, dûment enregistrée et légalisée ;

2° Mme Marie-Antoinette-Joséphine-Raymonde Bonnier, veuve de M. Pierre-Firmin-Jean-Baptiste Carette,

propriétaire, demeurant à Paris, rue de Lille, n° 88 ;
M. Auguste-Jean-Alexandre Law, marquis de Lauriston,
pair de France, maréchal-de-camp en retraite, chevalier de Saint-Louis, grand officier de la Légion d'Honneur, etc., etc., et Mme Jeanne-Louise-Délie Carette,
son épouse, avec lequel il est commun en bien ; la
dite dame de son mari autorisée, demeurant ensemble
à Paris.

Mme veuve Carette, et Mme de Lauriston, seules habiles
à se dire donataires ou héritières dudit feu sieur Carette
ainsi qu'il résulte de l'intitulé d'inventaire fait après son
décès par Me Rousse et son collègue, notaires à Paris,
le 15 avril 1839.

Suivant procuration passée devant ledit Me Rousse et
son collègue, notaires à Paris, le 14 juin 1842, dûment
enregistrée et légalisée.

3° M. Joseph-Victor Bernard, membre de la Légion-
d'Honneur et du conseil général du département de
Seine-et-Marne, demeurant à Paris, rue Neuve-des-Ma-
thurins, n° 41.

Suivant procuration passée devant Me Hailig et son
collègue, notaires à Paris, le 15 juin 1842, dûment
enregistrée.

Lesquelles trois procurations et l'expédition de l'intitulé d'inventaire fait après le décès de M. Carette, demeureront ci-jointes et annexées après avoir été signées
par M. Michelet et les notaires instrumentants ;

M. Michelet, représentant avec M. Minguet, Mme veuve
Carette, Mme la marquise de Lauriston, et M. Bernard,
les intéressés de la société Carette et Minguet, dénommés

dans l'ordonnance royale portant concession des mines d'Azincourt susmentionnée, pour lesquels, au besoin, ledit M. Michelet se porte fort.

3° M. Archange-Désiré Bougenier, avocat, demeurant à Loos, et M. Henri Coustenoble, propriétaire, demeurant à Lille.

Stipulant ici, tant en leurs noms personnels que comme mendataires de MM. François-Louis-Constant Colombier, négociant, demeurant à Lille; Jean-François-Marie Chéradame, rentier, demeurant à Lille; Adolphe-Joseph Leclercq, maître de forges, domicilié à Valenciennes; Auguste-Narcisse Taigny, propriétaire, demeurant à Paris, rue de Rivoli, n° 34; Pierre-Louis-Théophile Dubois, juge au tribunal civil de Lille, demeurant à Lille, et Adolphe Fiévet-Délemer, propriétaire demeurant à Lille;

. Suivant procuration sous seings-privés, en date, à Lille du 10 février 1842, laquelle demeurera ci-jointe et annexée après avoir été certifiée sincère et véritable par MM. Bougenier et Coustenoble, par eux signée, ainsi que par les notaires instrumentants, et sera soumise à la formalité de l'enregistrement en même temps que les présentes;

Lesdits MM. Bougenier, Colombier, Chéradame, Leclercq et Taigny, agissant ici comme dénommés dans la dite ordonnance royale sus-appelée, portant concession des mines d'Azincourt, et MM. Dubois et Fiévet-Délemer, agissant ici comme délégués par l'assemblée générale des actionnaires de l'ancienne société d'Hordain;

Lesdits MM. Bougenier et Coustenoble se faisant et

portant forts de leurs co-intéressés pour autant que besoin pourrait être.

4°. M. Amand Fleury-Delplanque, propriétaire, demeurant à Lille, et M. Adolphe Chéry, négociant, demeurant au Nouvion.

Stipulant ici tant en leurs noms personnels que comme mandataires de M. Cirier-Delvigne, négociant ; M. Boudart-Horrie, négociant ; M. Auguste Deparis, banquier, tous trois demeurant au Câteau ;

Suivant procuration sous-seings privés, en date, au Câteau, du 10 Février 1842, laquelle demeurera jointe et annexée aux présentes après avoir été certifiée sincère et véritable par MM. Deplanque et Chéry, par eux signée ainsi que par les notaires instrumentants, et sera soumise à la formalité de l'enregistrement en même temps que les présentes ;

Lesdits MM. Deplanque, Cirier-Delvigne, Boudart-Horrie et Auguste Deparis, agissant ici comme dénommés dans ladite ordonnance royale sus-rappelée, portant concession des mines d'Azincourt, et encore MM. Deplanque, Adolphe Chéry et Auguste Deparis, agissant comme délégués par l'assemblée générale des actionnaires de l'ancienne société d'Etrœungt ;

Lesdits MM. Deplanque et Chéry se faisant et portant fort de leurs co-intéressés pour autant que besoin pourrait être.

Tous lesquels comparants, représentant la généralité des intéressés dans la concession accordée par l'ordonnance royale du 29 décembre 1840, sous le nom de concession d'Azincourt, voulant former une société anonyme pour l'exploitation de cette concession, ont fait et arrêté comme suit les statuts de cette société, sauf l'approbation et l'homologation du gouvernement.

Formation de la Société.—Objets.—Durée.

ARTICLE PREMIER.

Il est formé entre les comparants et toutes les personnes qui deviendront cessionnaires des actions dont il sera parlé ci-après, une société anonyme ayant pour objet l'exploitation des mines de houille existant dans le périmètre de la concession d'Azincourt, ainsi que la vente de leurs produits.

ARTICLE DEUX.

La société prend la dénomination de *Société anonyme des mines de houille d'Azincourt.*

ARTICLE TROIS.

Le siége de la société est établi à Aniche, arrondissement de Douai, département du Nord.

Chaque actionnaire est tenu d'élire à Douai, à défaut de domicile réel dans cette ville, un domicile pour tous les actes relatifs à la société. Faute par un actionnaire d'avoir élu ce domicile, toutes significations et tous avis lui seront valablement adressés au parquet du procureur du roi.

ARTICLE QUATRE.

La durée de la société est de quatre-vingt-dix-neuf ans,

qui commenceront à la date de l'ordonnance royale
qui l'autorisera.

Apport. — Fonds social.

ARTICLE CINQ.

Les comparants, aux noms qu'ils agissent, déclarent
apporter et mettre en société, sous toutes garanties de
droit, les objets ci-après, savoir :

1° La concession des mines de houille d'Azincourt
telle qu'elle est établie par l'ordonnance royale du 29 décembre 1840 et le cahier des charges y annexé ;

2° La propriété de 8 hectares 57 ares 97 centiares de
terre, dont 5 hectares 55 ares 72 centiares, au territoire
d'Aniche, provenant des acquisitions faites de divers,
par actes du 12 août 1838, devant Me Capon et Me Cho-
que, notaires à Douai ; du 9 octobre 1840, devant Me Debonte, notaire Marchiennes ; des 16 avril, 15 et 16 octobre 1841, devant Me Tarlier, notaire à Douai.

94 ares 26 centiares, au même territoire, acquis de
dame Rosalie Mortalette, veuve de Joseph Milliot, suivant contrat du 17 avril 1841, devant Me Debonte, notaire à Marchiennes.

51 ares 65 centiares, au territoire d'Abscon, provenant
d'acquisitions faites de divers, suivant actes devant
Me Mabille, notaire à Valenciennes, les 16 août, 13 et
16 septembre, 18 octobre, 17 et 23 décembre 1838.

1 hectare 15 ares, au même territoire, dans une pièce
voisine de la route de Bouchain à Marchiennes appartenant à M. Ch. Plichon.

18 ares 73 centiares, au territoire de Mastaing, formant l'angle des routes de Douai et de Marchiennes.

Enfin, 22 ares 61 centiares, au territoire d'Aniche, acquis de Isidore Herbager, par M. Deparis, suivant acte du 27 novembre 1838, devant M⁰ Debonte, notaire à Marchiennes.

3° Les routes, pavés, bâtimens d'exploitation, magasins, maisons d'ouvriers, écuries, existant aux fosses dites d'Azincourt, d'Hordain, d'Etrœungt et n° 4 ;

Les quatre fosses ci-dessus désignées avec les galeries et travaux qui y ont été pratiqués ;

Les machines à vapeur, matériel et outils dont elles sont garnies ou qui existent en magasin ;

Les approvisionnements de toute nature en magasin ; 30,000 hectolitres de charbon existant sur le carré des fosses ;

Et la somme de 320,000 fr. existant en caisse chez les banquiers de la société, ou due par clients ;

Ainsi que le tout se trouvera détaillé en un inventaire qui sera dressé ultérieurement par le directeur de la société et certifié par lui ; lequel inventaire sera déposé en suite des présentes ;

4° Le droit au bail des maisons louées pour le siège de l'administration et le logement des ouvriers.

ARTICLE SIX.

Les comparants, aux noms qu'ils agissent, déclarent que les immeubles ci-dessus mis en société sont francs, quittes et libres de toutes charges, dettes, obligations, privilèges et hypothèques ; que la propriété en est régu-

lièrement établie entre leurs mains, et que le prix en a
été intégralement payé ; ainsi que du tout ils s'obligent
à justifier par la remise à la société de tous titres, états
de transcription, pièces de purges et autres à ce nécessaires.

La société fera remplir, à ses frais, les formalités nécessaires pour la purge des privilèges et hypothèques,
et s'il se trouve ou survient des inscriptions pendant
l'accomplissement des dites formalités, les comparants
s'obligent à en rapporter main-levée et certificat de radiation dans le délai de trois mois, à partir de la dénon-
ciation que leur en sera faite, et à supporter tous frais
extraordinaires de transcription.

ARTICLE SEPT.

Les comparants ne seront valablement libérés, à raison de l'immeubles mis en société, et les titres d'actions
représentants la valeur de ces immeubles ne leur seront
délivrés qu'après l'autorisation de la société, la remise
des titres de propriété, la justification de l'entier paiement du prix d'acquisition des immeubles, l'accomplissement des formalités de la purge des hypothèques,
et la radiation de toutes les inscriptions qui pourront
exister sur lesdits immeubles.

ARTICLE HUIT.

Les objets ci-dessus détaillés forment le fonds social.

Le fonds social est divisé en quinze cents actions,
représentant chacune un quinze-centièmes $\left(\frac{1}{1500^{e}}\right)$ de
toutes les valeurs qui composent l'actif social et don-

nant droit à un quinze-centièmes de tous les produits de la société.

ARTICLE NEUF.

Les actions sont nominatives et indivisibles. Elles sont extraites d'un registre à souche et portent les numéros un à quinze cents.

Elles sont revêtues de la signature de trois administrateurs et du timbre sec de la société.

Les titres d'actions sont aliénables par le transfert opéré sur les registres de la société tenus à cet effet, et signé par le cédant ou son fondé de pouvoirs, conformément à l'article 36 du Code de commerce.

La cession d'une action emporte, à l'égard de la société, la cession du dividende de l'année et des dividendes échus qui n'ont pas été touchés.

ARTICLE DIX.

Les actionnaires ne peuvent, dans aucun cas, être soumis à un appel de fonds, ni passibles d'aucune perte au delà du montant de leur intérêt dans la société.

ARTICLE ONZE.

Les quinze cents actions créées par le présent acte appartiennent aux personnes ci-après dénommées dans les proportions suivantes, savoir :

1. Edouard Lanvin, propriétaire à Aniche, pour trente-quatre actions, ci.   34
2. Louis Wacrenier, ancien négociant à Lille, pour trente-quatre actions, ci.   34

A reporter   68

Report.   68

3. Delaune-Ledoux, propriétaire à Lille, pour trente-
   quatre actions, ci.   34

4. Jean-Baptiste Bossut fils, négociant commissionnaire à Roubaix, pour trente-quatre actions, ci.   34

5. Félix Grimonprez, filateur à Roubaix, pour trente-
   quatre actions, ci   34

6. Gustave Toussin, filateur à Lille, pour trente-
   quatre actions, ci.   34

7. Guillaume-Alexandre Toussin, négociant à Rouen,
   pour trente-quatre actions, ci.   34

8. Le comte de Gommegnies, propriétaire à Iwuy,
   pour cent vingt-et-une actions, ci.   121

9. Louis Lanvin, notaire à Roubaix, pour trente-
   quatre actions, ci.   34

10. Auguste Mimerel, filateur à Roubaix, pour douze
    actions, ci.   12

11. Eugène Grimonprez, négociant à Roubaix, pour
    trente-quatre actions, ci.   34

12. Darasse, négociant à Paris, pour deux actions, ci.   2

13. Eugène Clapeyron, ingénieur civil à Paris, pour
    deux actions, ci.   2

14. Edouard Lanvin, J.-B. Bossut fils, comte de Gom-
    megnies et autres représentés par M. Louis
    Lanvin, pour sept actions, ci.   7

15. Louis Minguet, banquier à Paris, pour quarante-
    huit actions, ci.   48

16. Joseph-Victor Bernard, propriétaire à Paris, pour
    vingt-quatre actions, ci.   24

17. Le marquis de Lauriston, pair de France à Paris,
    pour trente-six actions, ci   36

18. Mme veuve Firmin Carette, propriétaire à Paris,
    pour douze actions, ci.   12

19. Le marquis Oudinot, lieutenant-général à Paris,
    pour vingt-quatre actions, ci.   24

20. Auguste Michelet, négociant à Paris, pour dix
    actions, ci.   10
                                            ____

A reporter.   604

Report	804
40. Bilbocq, propriétaire à Etrœungt, pour deux actions, ci	2
41. Brissy, à Paris, pour une action, ci	1
42. Mlle Amélie Bocquet, rentière au Câteau, pour une action, ci	1
43. Boudard-Horrie, négociant au Câteau, pour six actions, ci	6
44. Boudin fils, négociant à Dunkerque, pour une action, ci	1
45. Mme v^e Boudin, à Dunkerque, pour une action, ci.	1
46. Bouchez-Gomez, propriétaire au Câteau, pour une action, ci	1
47. Bourlet, professeur au Câteau, pour une action, ci.	1
48. Edmond Boy, farinier à Orsinval, près le Quesnoy, pour quatre actions, ci	4
49. Bracq-Obled, négociant à Cambrai, pour une action, ci	1
50. Maximilien-Henry-Joseph Bricout, propriétaire au Câteau, pour trois actions, ci	3
51. Cabotiaux, propriétaire à Etrœungt, pour une action, ci	1
52. Cadot propriétaire à Vervins, p^r deux actions, ci.	2
53. Cardon-Delame, propriétaire à Troisvilles, pour quatre actions, ci	4
54. Pierre Carniaux, à Fourmies, pour trois actions ci.	3
55. Carton, au Quesnoy, pour une action, ci	1
56. Casier-Roger, fabricant de sucre à Masnières, pour deux actions, ci	2
57. Caudry-Goutière, filateur à Etrœungt, pour sept actions, ci	7
58. Adolphe Chéry, marchand de bois au Nouvion, pour vingt actions, ci	20
59. Nicolas Barbier, vieille rue du Temple à Paris, pour une action, ci	1
60. Auguste-François Chomel, médecin à Paris, pour deux actions, ci	2
A reporter	869

Report.	1017
106. Hosselet frères, à Ferron, pour trois actions, ci.	3
107. Maurice Hosselet, propriétaire à Ferron, pour une action, ci.	1
108. Gustave-Antoine-Philippe Itasse, propriétaire à Paris, pour trois actions, ci.	3
109. Hutin-Rivart, propriétaire à Landrecies, pour une action, ci.	1
110. Jacqz Cousin, négociant au Câteau, pour une action, ci.	1
111. Jullion, agent d'assurances au Câteau, pour une action, ci.	1
112. Eugène Joveneau, receveur des contributions au Câteau, pour huit actions, ci.	8
113. Lafaye-Grégoire, négociant à Lille, pour une action, ci.	1
114. Letourmy, à Tours, pour trois actions, ci. . . .	3
115. Edouard Lefébure de Saint-Maur, avoué à Paris, pour une action, ci	1
116. Alfred-Ernest Lefébure de Saint-Maur, avoué à Paris, pour une action, ci.	1
117. Charles-Louis-Etienne-Amand Dalexandre, négociant à Saint-Quentin, pour une action, ci. . .	1
118. Lefour, à Lobbes, pour une action, ci.	1
119. Jean-Baptiste Lefranc, à Etrœungt, pour une action, ci.	1
120. Lombois-Debarbieux, arpenteur à Câtillon, pour une action, ci.	1
121. Lozé aîné, propriétaire au Câteau, pour deux actions, ci.	2
122. Mallet-Poiteau, à Beaumont, pour une action, ci.	1
123. Marie, capitaine en retraite à Landrecies, pour deux actions, ci.	2
124. Jean-Baptiste Menard, négociant à Solesmes, pour une action, ci.	1
125. Mercier, filateur à Fourmies, pour deux actions ci.	2
A reporter.	1033

Report	1053
126. Narcisse Michel, à Elesmes, pour une action, ci.	1
127. Simon Morel, marchand de bois à Boué, pour une action, ci.	1
128. Moricourt-Viéville, à Esquéhéries, pour deux actions, ci.	2
129. Motte-Toupry, négociant à Landrecies, pour deux actions, ci. . . -	2
130. Mouton, avocat à Cambrai, pour huit actions, ci.	8
131. Mahieu Dervillée, à Etrœungt, pʳ une action, ci.	1
132. Maingot père et fils, négociants à Paris, pour quatre actions, ci.	4
133. Neunez-Leblond, négociant à Câtillon, pour une action, ci.	1
134. Noreux-Taisne, rentier à Cambrai, pour une action, ci.	1
135. Payen-Deligne, négociant à Cambrai, pour une action, ci.	1
136. Célestin Paternotte, négociant au Nouvion, pour une action, ci.	1
137. Théophile Piérard, receveur de l'enregistrement au Câteau, pour deux actions, ci.	2
138. Alexandre Piérard, à Villerspol, pour une action, ci.	1
139. Mˡˡᵉ Henriette Piérard, rentière à Louvignies, pour une action, ci.	1
140. Charles Quentin, négociant à Saint-Quentin, pour deux actions, ci. . . . . , . .	2
141. Théodule Rain, à Paris, pour sept actions, ci. .	7
142. Mᵐᵉ. veuve Remy, rentière au Câteau, pour deux actions, ci.	2
143. Alexandrine-Félicité Gallet de Santerre, femme de Pierre-Louis Dizié, pour une action, ci. .	1
144. Angélique-Rosalie Gallet de Santerre, à Paris, pour trois actions, ci.	3
145. Rey, contrôleur des contributions, à Vitry-le-Français, pour deux actions, ci.	2
À reporter.	1097

	Report	1097
146.	Rogiez-Telle, médecin à Trélon, pour une action, ci.	1
147.	Elzéar Roger, avocat à la cour de cassation à Paris, pour une action, ci.	1
148.	Savary, notaire à Cambrai, pour deux actions, ci	2
149.	Sautière, fabricant à Caudry, pour une action, ci.	1
150.	Tesse-Petit, filateur à Lille, pour deux actions, ci.	2
151.	Thiébaut, à Rinsart, pour deux actions, ci. . .	2
152.	Charles-Thomas Remy, principal du collège au Câteau, pour deux actions, ci.	2
153.	Joseph Thomas, à Câtillon, pour une action, ci.	1
154.	Tordeux, médecin à Avesnes, pour deux actions, ci.	2
155.	Vandelet-Lecas, négociant au Nouvion, pour une action, ci	1
156.	Henry Vanwtberghe, propriétaire au Nouvion, pour trois actions, ci.	3
157.	De Vallongue, employé à Paris, pr deux actions, ci.	2
158.	Vaufrond, à Paris, pour une action, ci.	1
159.	Mme veuve Viéville, au Nouvion, pour quinze actions, ci.	15
160.	Mme veuve Viéville-Loiseau, au Nouvion, pour deux actions, ci.	2
161.	Charlemagne Viéville-Leguilliers, à Esquéhéries, pour deux actions, ci..	2
162.	Vigier, rentier, à Paris pour deux actions, ci. .	2
163.	Villemain, inspecteur des douanes à Paris, pour onze actions, ci.	11
164.	Mme v^e Delsarte, à Vervins, pour une action, ci.	1
165.	Dejardin, à Paris, pour une action, ci.	1
166.	Amand-Fleury Deplanque et Adolphe Chéry, pour une action, ci.	1
167.	Louis-Joseph Fleycher, propriétaire à Saint-Amand, pour une action, ci.	1
168.	Pierre-Joseph Hédon, huissier à Saint-Amand, pour une action, ci.	1
	A reporter	1155

Report. 1155

169. Jacqz-Chatelain, négociant au Câteau, pour une
action, ci   1

170. Louis Leroy et Adolphe Chéry, pour deux actions, ci.   2

171. Hyacinthe Motte, à Saint-Amand, pour une action, ci   1

172. Eugène Renique, propriétaire à Saint-Amand,
pour une action, ci.   1

173. Thiébaut fils et Sting de Rinsart, pour une action, ci   1

174. Henry Vanwtberghe et Allard, au Nouvion, pour
une action, ci.   1

175. Auguste-Emmanuel Taigny, propriétaire à Paris,
pour quinze actions, ci.   15

176. Jean-Alphonse Taigny, négociant à Paris, pour
cinq actions, ci.   5

177. Eugénie Isabey (Mme). à Paris, pour deux actions, ci.   2

178. Leclercq-Mabille. négociant à Valenciennes, pour
seize actions, ci   16

179. Martial Leclercq, négociant à Valenciennes, pour
cinq actions, ci.   5

180. Leclercq-Sezille, maître de forges à Trith-Saint-
Léger, pour deux actions, ci.   2

181. Verdavainne, avocat à Valenciennes, pour deux
actions, ci.   2

182. Le marquis de Flers, conseiller à la cour des
comptes à Paris, pour deux actions, ci. . . .   2

183. Le Sourd, régisseur de l'octroi de Paris, pour
deux actions, ci.   2

184. Louis-Constant Colombier, négociant à Lille, pour
vingt-deux actions, ci.   22

185. Lucien Delestré, employé à Lille, pour deux actions, ci.   2

186. Louis Garçon, employé à Lille, pour deux actions, ci.   2

A reporter 1239

<table>
<tr><td>Report. . . . .</td><td>1239</td></tr>
<tr><td>187. Hippolyte Sevin, employé à Lille, pour deux actions, ci. . . . .</td><td>2</td></tr>
<tr><td>188. Joseph Bonpain, employé à Lille, pour deux actions, ci. . . . .</td><td>2</td></tr>
<tr><td>189. Le comte Désiré Deliot, propriétaire à Erquinghem-sur-la-Lys, pour une action, ci. . . . .</td><td>1</td></tr>
<tr><td>190. Maillet-Smet, propre à Lille, pour une action, ci.</td><td>1</td></tr>
<tr><td>191. Foissy, directeur des contributions directes à Perpignan, pour deux actions, ci. . . . .</td><td>2</td></tr>
<tr><td>192. Henry-Rodolphe Coustenoble père, propriétaire à Lille, pour vingt-quatre actions, ci. . . . .</td><td>24</td></tr>
<tr><td>193. Victor Deleruc, négociant à Roubaix, pour quatre actions, ci. . . . .</td><td>4</td></tr>
<tr><td>194. Benoni Copreaux, négociant à Lille, pour deux actions, ci. . . . .</td><td>2</td></tr>
<tr><td>195. Agathon-Louis-Alexandre Gysels, propriétaire à Changis-lés-Fontainebleau. pour trois actions, ci. . . . .</td><td>3</td></tr>
<tr><td>196. Pierre-Joseph Jombart-Hallez, propriétaire à. Lille, pour deux actions, ci. . . . .</td><td>2</td></tr>
<tr><td>197. Léopold de la Chaussée, propriétaire à Lille, pour deux actions, ci. . . . .</td><td>2</td></tr>
<tr><td>198. Thémistocle Lestiboudois, médecin à Lille, pour trois actions, ci. . . . .</td><td>3</td></tr>
<tr><td>199. Charles-Louis Lecot, propriétaire à Abscon, pour cinq actions, ci. . . . .</td><td>5</td></tr>
<tr><td>200. Charlemagne Delanoy-Somers, négociant à Lille, pour trois actions, ci. . . . .</td><td>3</td></tr>
<tr><td>201. Archange-Désiré Bougenier, propriétaire à Loos-lés-Lille, pour dix actions, ci. . . . .</td><td>10</td></tr>
<tr><td>202. James Bonsors-Morris, négociant à Lille, pour trois actions, ci. . . . .</td><td>3</td></tr>
<tr><td>203. Auguste-François-Charles Hiolle, propriétaire à Lille, pour deux actions, ci. . . . .</td><td>2</td></tr>
<tr><td>204. André Charvet et César-Vindicien Fevez, négociants à Lille, pour deux actions, ci. . . . . . .</td><td>2</td></tr>
<tr><td>À reporter. . . . .</td><td>1312</td></tr>
</table>

Report.	1312
205. Bayart et Choqueel, négociant à Paris, pour deux actions, ci.	2
206. Luthier-Delannoy, rue Royale à Lille, pour une action , ci.	1
207. Victor Coustenoble, pharmacien à Lille, pour une action, ci.	1
208. John Nevil, négociant à Londres, pour une action , ci.	1
209. Mathew Uzielli, négociant à Londres, pour une action , ci.	1
210. J. A. Tielens, négociant à Londres, pour deux actions, ci.	2
211. N. Smith, négociant à Londres, pour une action. ci.	1
212. Henry Desrousseaux, chapelier à Lille, pour une action , ci.	1
213. Adolphe Desrousseaux, négociant à Lille, pour trois actions, ci.	3
214. Emile Desrousseaux, architecte à Lille, pour deux actions, ci.	2
215. Auguste Champon-Deramaix, négociant à Lille, pour quatre actions, ci.	4
216. Prosper Jollois, ingénieur en chef à Paris, pour une action, ci.	1
217. Francis Lefebvre fils, à Paris, pour deux actions , ci.	1
218. Charles Poupillier fils aîné, à Paris, pour une action, ci.	1
219. Veuve Poupillier et fils et compagnie, négociant à Paris, pour une action, ci.	1
220. Henri Prouvost, fabricant à Roubaix, pour une action , ci.	1
221. Ignace Desante, huissier à Lille, pour quatre actions, ci.	4
222. Antoine Rossignol, négociant à Lyon, pour une une action, ci.	1
À reporter.	1341

	Report.	1341
223.	Mme Durieux-Bonnel, marchande à Lille, pour quatre actions, ci.	4
224.	Amant Deplanque-Malmazet, négociant à Lille, pour quatre actions, ci.	4
225.	Pain, chez M. Fourcy, à Rouen, pour une action, ci.	1
226.	Charles Huet-Colombier, négociant à Lille, pour onze actions, ci.	11
227.	Adolphe Cousin, avoué à Lille, pour sept actions, ci.	7
228.	Louis Pauris, négociant à Lille, pour vingt actions ci.	20
229.	Vermersch aîné, propriétaire à Ennevelin, pour deux actions, ci.	2
230.	Gœns, marchand de toile à Lille, pour une action, ci.	1
231.	Constant Pauris, fabricant de tulle à Lille, pour trois actions, ci..	3
232.	Théophile-Léon-Henri-Marie Lejosne, à Lille, pour deux actions, ci.	2
233.	Louis Blanquart-Evrard, négociant à Lille, pour trois actions, ci.	3
234.	Edouard Long, négociant à Lille, pour une action, ci..	1
235.	Genot aîné, commissaire central à Rouen, pour deux actions, ci.	2
236.	Adolphe Fiévet-Délemer, propriétaire à Lille, pour deux actions, ci.	2
237.	Séraphin Malfait, propriétaire à Lille, pour deux deux actions, ci..	2
238.	Théophile Dubois, juge à Lille, pour trois actions, ci.	3
239.	Stanthamer, négociant à Lille, pour une action, ci.	1
240.	Vandenhove, commissaire général de la monnaie à Bruxelles, pour une action, ci.	1

A reporter. 1411

Report	1411
241. Bellenger-Lefrançois, négociant à Caen, pour une action ci.	1
242. Vanpeteghem fils, négociant à Armentières, pour une action, ci.	1
243. Hippolyte Reville, fabricant de tulle à Lille, pour deux actions, ci.	2
244. Mme Thérèse Barry Lenoir, marchande à Lille, pour une action, ci.	1
245 Charles Dierick, directeur de la Monnaie à Lille pour deux actions, ci.	2
246. Delerue-Dazin, négociant à Roubaix, pour deux actions, ci.	2
247. Pierre-Jacques Charpentier, à Paris, pour deux actions, ci	2
248. Charles Copreaux, négociant à Lille, pour onze actions, ci.	11
249. Veuve Jean-Louis Copreaux, née Catherine-Adelaïde Batteur, prop^{re} à Lille, p^r onze actions, ci.	11
250. Mme Cuvelier, née Copreaux, propriétaire à Lille pour deux actions, ci.	2
251. Henri-Alexandre Célarier, commissaire-priseur à Lille, pour deux actions, ci.	2
252. Henri Joire, banquier à Lille, pour une action, ci.	1
253. Victor Gamonet, notaire à Orchies, pour une action, ci.	1
254. Benoît Lelarge, nég^{ant} à Reims, p^r une action, ci.	1
255. Nyr-Maurin, teinturier à Lille, pour une action, ci.	1
256. Mlle Emélie Grandel, propriétaire à Lille, pour une action, ci.	1
257. Maxime Jaubert, conseiller à la cour de cassation à Paris, pour une action, ci.	1
258. Jean-Baptiste Brasseur, négociant à Ostende, pour une action, ci.	1
259. Mme veuve Narcisse-Désirée Gracy, née Henriette-Colette Feyerick, propriétaire à Paris, pour trois actions, ci.	3
À reporter.	1458

Report   1458

260. Charles Verley, directeur de la Banque, à Lille,
      pour une action, ci.   1

261. Ferdinand Bocquet-Wacrenier, négociant à Lille,
      pour trois actions, ci.   3

262. Edmond Bocquet-Lenglart, fabricant de sucre à
      Corbehem, près Douai, pour cinq actions, ci.   5

263. Anselme Bocquet, négociant à Paris, pour quatre
      actions, ci.   4

264. Lecocq et Bocquet, négociants à Paris, pour une
      action, ci.   1

265. Fremeaux-Leleu, propriétaire à Lille, pour deux
      actions, ci.   2

266. Louis Lecomte fils, négociant à Lille, pour cinq
      actions , ci.   5

267. Devic, greffier du tribunal de commerce à Caen,
      pour une action, ci.   1

268. Adolphe Mas, notaire à Lille, p^r une action, ci.   1

269. Mme Rosine Horeau-Manche, propriétaire à Saint-
      Germain, près Paris, pour deux actions, ci. .   2

270. Louis Froidure, négociant à Lille, pour deux ac-
      tions, ci.   2

271. Edmond Demanest, négociant à Valenciennes,
      pour une action, ci..   1

272. Bougenier, Delezenne, Duflos-Haussoy et Dron-
      sart, ensemble douze actions, ci.   12

273. A. Lefrançois, négociant à Bruxelles, pour deux
      actions, ci.   2

———

     TOTAL égal, quinze cents actions. . . .   1500

Administration de la Société.

ARTICLE DOUZE.

La société est régie par un conseil d'administration
composé pour la première fois de huit membres, lesquels
rempliront les fonctions d'administrateurs pendant deux

années à partir de la date de l'ordonnance d'autorisation de la présente société, sans être soumis pendant cet espace de temps à renouvellement.

Après ces deux années, le conseil sera entièrement renouvelé et ne se composera plus que de cinq membres.

Le conseil d'administration, ainsi réduit, se renouvelle chaque année par cinquième dans l'ordre et la date des nominations. Pour les quatre premières fois le sort désignera le rang de sortie.

Si, durant les deux années pour lesquelles le conseil comptera plus de cinq membres, quelques uns des administrateurs venaient à décéder ou à se retirer, ils ne seront remplacés qu'autant que le nombre d'administrateurs restant serait inférieur à cinq.

En cas de vacance dans le cours d'une année, le conseil pourvoit provisoirement au remplacement, s'il y a lieu.

L'assemblée générale, lors de sa première réunion, procède à l'élection définitive.

L'exercice de l'administrateur, ainsi nommé, se borne au temps qui reste à courir sur l'exercice de son prédécesseur.

Tout membre du conseil d'administration peut être réélu.

Les administrateurs doivent posséder dix actions pendant la durée de leurs fonctions.

Ces fonctions sont gratuites; seulement il est alloué par chaque séance aux membres présents, un jeton dont l'assemblée générale détermine la valeur.

Les administrateurs sont en outre remboursés sur

état de leurs frais de voyage ordonnés dans l'intérêt de la société.

Les administrateurs ne sont responsables que de l'exécution de leur mandat ; ils ne contractent, à raison de leur gestion, aucune obligation personnelle ni solidaire relativement aux engagements qu'ils prennent au nom de la société.

ARTICLE TREIZE.

>MM. Louis Lanvin,
>Comte de Gommegnies,
>Auguste Michelet,
>François Laurent,
>Bougenier,
>Coustenoble père,
>Deplanque,
>Ad. Chéry,

Exerceront provisoirement les fonctions d'administrateurs de la société, sauf confirmation par la première assemblée générale.

ARTICLE QUATORZE.

Le conseil d'administration a la gestion de toutes les affaires de la société ; il a à cet effet les pouvoirs les plus étendus.

Il autorise spécialement les acquisitions, locations, échanges de terrains sans soulte, les constructions, les traités ou marchés, les transactions, les actions en justice tant en demandant qu'en défendant, les compromis ; enfin, mais avec l'assentiment de l'assemblée générale, les ventes, échanges avec soulte, les emprunts avec ou sans hypothèque, que les développements ou la marche du service pourraient rendre nécessaires.

Le conseil d'administration nomme, suspend et révoque le directeur et tous les employés ; il fixe leurs traitements.

Il peut conférer par délibération à un ou plusieurs de ses membres, pour une ou plusieurs affaires déterminées, des missions spéciales de contrôle, autorisation, vérification, surveillance, à charge d'en rendre compte au conseil.

Il peut convoquer l'assemblée générale quand il le juge utile.

Le conseil d'administration choisit dans son sein un président et un secrétaire.

Il se réunit le troisième dimanche de chaque mois au siège de la société à Aniche.

Toutefois les réunions peuvent n'avoir lieu que tous les deux mois à la même époque, s'il ne juge pas des réunions plus fréquentes nécessaires.

Le président peut convoquer le conseil toutes les fois qu'il le juge convenable, et doit toujours le faire sur la demande écrite de deux administrateurs.

Les délibérations du conseil sont consignées dans un registre spécial et signées par les membres présents.

Le conseil ne peut délibérer qu'autant que la majorité au moins de ses membres concourt à la délibération ; ses résolutions sont prises à la majorité des votants. En cas de partage, la voix du président est prépondérante.

ARTICLE QUINZE.

Le conseil d'administration a sous ses ordres un directeur et un agent comptable.

Le directeur réside au siège de l'établissement.

Il doit posséder et conserver, pendant toute la durée de ses fonctions, dix actions qui sont affectées à la garantie de sa gestion.

Le directeur dirige les travaux d'exploitation, en se conformant aux règlements administratifs. Il présente au conseil d'administration toutes les propositions qui lui paraissent utiles à la société; il fait dresser les bilans, inventaires et tenir les livres prescrits par la loi; il tient la correspondance, fait les recettes et en emploie les produits d'après les instructions du conseil; il stipule et agit en justice au nom de la société sur les autorisations spéciales du conseil : enfin il exécute les arrêtés du conseil d'administration, auquel il rend compte de ses actes.

Le directeur est de droit la personne à désigner, conformément à la loi du 27 avril 1838, pour représenter la société vis-à-vis de l'administration.

Le directeur tire, accepte, souscrit, endosse ou acquitte toutes lettres de change ou billets au nom de la société, avec le concours et la signature de l'agent comptable.

Tous les mois le directeur fait un rapport au conseil sur la situation des travaux et opérations ; il lui remet le relevé des recettes et dépenses, celui des effets tirés ou acceptés pour compte de la société, l'état des extractions et ventes, enfin la situation de la caisse et du portefeuille avec pièces à l'appui.

Assemblées générales.

ARTICLE SEIZE.

L'assemblée générale se réunit chaque année, dans le courant du mois d'août, au siège de la société.

Elle peut être convoquée extraordinairement dans l'intervalle si les affaires de la société l'exigent.

L'assemblée générale représente l'universalité des actionnaires. Les délibérations prises sont obligatoires pour tous, même pour les absents.

L'assemblée générale est présidée de droit par le président du conseil d'administration.

Les fonctions de secrétaire sont remplies par l'un des actionnaires présents, nommé par l'assemblée. Il est aussi nommé à chaque assemblée deux scrutateurs pour compléter le bureau et dépouiller les votes.

Les procès-verbaux des assemblées générales sont consignés sur deux registres qui restent, l'un aux mains du président du conseil d'administration, l'autre au siège de la société, à la garde du directeur. Ces procès-verbaux sont signés par les membres du bureau.

ARTICLE DIX-SEPT.

L'assemblée générale prend communication des bilans et inventaires; elle entend le rapport du conseil d'administration et ses propositons; elle examine les comptes arrêtés par ledit conseil, les discute et les approuve, s'il y a lieu.

L'assemblée générale peut nommer dans son sein une commission pour la vérification des comptes. Dans ce cas, elle se réunit de nouveaux trente jours après sa première réunion pour entendre le rapport de sa commission.

L'assemblée générale fixe la quotité des dividendes à répartir, sur la proposition du conseil d'administration ; elle autorise les ventes de terrain ou échanges de terre avec soulte, ainsi que les emprunts qui pourraient être jugés utiles.

ARTICLE DIX-HUIT.

Pour avoir entrée et voix délibérative aux assemblées générales, il faut être titulaire de cinq actions, ou représenter par mandat spécial, d'autres actionnaires dont les actions réunies à celles du mandataire, s'élèvent à cinq actions. Nul ne peut assister aux assemblées sans être actionnaire lui-même.

Pour délibérer valablement, il faut, sauf l'exception ci-après, art. XIX, que le quart au moins des actions soit représenté dans l'assemblée ; les délibérations sont prises à la majorité des voix.

Si le nombre des actions voulu par le paragraphe ci-dessus n'est pas représenté, l'assemblée est convoquée à trente jours d'intervalle, dans les formes prescrites par l'art. XX ci-après, et la nouvelle assemblée délibère valablement à la majorité des voix, quel que soit le nombre des actions alors représentées, mais seulement sur les objets à l'ordre du jour de la première assemblée.

Chaque actionnaire assistant à l'assemblée exprime autant de suffrages qu'il possède ou représente de fois cinq actions, mais sans pouvoir réunir plus de cinq voix tant pour lui que pour les actionnaires qu'il représente.

ARTICLE DIX-NEUF.

Dans le cas où il s'agirait de faire des changements ou modifications aux présents statuts, tous les actionnaires sans exception, ont voix délibérative et chaque action donne droit à une voix.

L'assemblée générale ne peut délibérer, dans ce cas, qu'autant que les actionnaires présents réunissent au moins les deux tiers des actions.

Les changements ou modifications doivent être votés par une majorité représentant au moins la moitié plus une de la totalité des actions ; ils ne sont exécutoires qu'après avoir été approuvés par le gouvernement.

ARTICLE VINGT.

Les convocations pour les assemblées, soit ordinaires, soit extraordinaires, ont lieu par annonces insérées dans un des journaux de chacune des villes de Paris, Lille, Valenciennes, Douai et Cambrai, désignés par le tribunal de commerce, en exécution de la loi du 31 mars 1833.

Il est de plus envoyé des circulaires au domicile réel ou élu des actionnaires.

Inventaire.—Partage des produits.— Fonds de réserve.

ARTICLE VINGT-UN.

Les comptes de la société sont établies au 30 juin de chaque année par les soins du directeur, et arrêtés par le conseil d'administration pour être soumis à l'approbation de l'assemblée générale.

Il est opéré dans l'inventaire annuel une réduction proportionnée à la dépréciation réelle éprouvée par les machines et le mobilier d'exploitation, et qui ne peut dans aucun cas être de moins de cinq pour cent de la valeur de ces objets.

ARTICLE VINGT-DEUX.

Une retenue de dix pour cent est faite en outre annuellement sur le montant des bénéfices nets pour former un fonds de réserve destiné à pourvoir aux dépenses d'accroissement de l'exploitation ou de grosses réparations. Elle peut être portée jusqu'à vingt-cinq pour cent par délibération motivée du conseil d'administration, sous l'approbation de l'assemblée générale.

La retenue pour fonds de réserve a lieu jusqu'à ce que la réserve soit portée de 300,000 francs. Lorsqu'elle atteint ce chiffre la retenue cesse pour reprendre son cours, quand le fonds de réserve est inférieur à 300,000 francs.

ARTICLE VINGT-TROIS.

Le conseil d'administration fixe provisoirement le montant du dividende à répartir et l'époque de la répartition qui ne pourra avoir lieu qu'après l'approbation des comptes par l'assemblée générale.

La dividende se paie aux lieux fixés par le conseil d'administration.

Liquidation de la Société.

ARTICLE VINGT-QUATRE.

La Société pourra être dissoute avant le terme fixé pour sa durée, si des pertes ont réduit de moitié, sur le chiffre résultant de l'inventaire fait à la date de l'ordonnance d'autorisation, la valeur des biens, meubles et immeubles autres que la concession, des créances, espèces, approvisionnements et charbons extraits formant l'avoir de la Société. Dans ce cas, la dissolution pourra être prononcée par l'assemblée générale réunissant les conditions établies à l'art. XIX des présents statuts.

La dissolution aura lieu de plein droit, 1° si les pertes survenues ont réduit des trois-quarts l'avoir social primitif, déterminé comme il est dit ci-dessus; 2° en cas d'épuisement de la mine.

Dans le cas de dissolution, l'assemblée générale détermine le mode de la liquidation et nomme le liquidateur.

Cas de décès ou empêchement.

ARTICLE VINGT-CINQ.

Les héritiers, représentants ou créanciers d'un actionnaire, à quelque titre que ce soit, ne pourront faire apposer de scellés sur les papiers ou valeurs de la Société ni provoquer aucun inventaire ou former opposition sur les deniers de la Société. Ils devront se faire représenter par un seul d'entre eux et admettre les comptes arrêtés en assemblées générales.

Arbitrage.

ARTICLE VINGT-SIX.

Toutes contestations entre la Société et les actionnaires eux-mêmes, pour raison de la Société, seront jugés à la majorité des voix pour trois arbitres.

Faute par les parties d'en faire et indiquer le choix dans la huitaine d'un commun accord, il y sera pourvu, à la requête de la partie la plus diligente, par le tribunal de commerce de Douai, les parties renonçant alors au droit de nomination individuelle.

Les arbitres décideront en dernier ressort et comme amiables compositeurs, sans être astreints aux formes et délais de la procédure.

Dont acte, fait et passé audit Lille, en l'étude dudit Me DELEDICQUE, sur modèle représenté et rendu, l'an mil huit cent quarante-deux, le vingt juin, et lecture faite, les comparants ont signé avec les notaires.

Signé : CHÉRY FILS, AUG. MICHELET, H. COUSTENOBLE, BOUGENIER, DEPLANQUE, BOSSUT FILS, LANVIN.

DELEDICQUE }
DELAHAYE   } notaires.

La minute porte cette mention :

Enregistré à Lille, le vingt-et-un juin mil huit cent

quarante-deux, folio cent dix-neuf verso, cent vingt recto et verso, et cent vingt-un recto, reçu cinq francs et cinquante centimes pour décimes.

Nous trouvons, dans les préliminaires des statuts, la confirmation de ce que nous annoncions en commençant l'historique de la société d'Azincourt, à savoir : que la compagnie avait son origine dans la fusion en une même concession des quatre sociétés d'Azincourt, Carette et Minguet, d'Hordain et d'Etrœungt.

Les éléments de ces quatre sociétés entrèrent dans des proportions différentes dans la fusion, et les attributions de capital offrent ce caractère particulier que chacun des participants est dénommé dans l'acte. Malgré l'extension que ce document donnait à notre travail, nous avons cru que bon nombre de nos lecteurs verrait avec intérêt les noms de tous les intéressés originaires de la société d'Azincourt.

Aujourd'hui, sans doute, des cessions plus ou moins nombreuses ont eu lieu ; la compagnie d'Azincourt, constituée, comme nous l'avons dit, sous forme de société anonyme, a obtenu pour ses titres une décision administrative qui les fît coter à la Bourse de Paris. Mais avec le nombre assez restreint de quinze cents actions, le marché doit en être peu étendu. Et nous pensons que la plupart des cessions ont à ce jour été opérées bien plus par des transactions directes entre les parties, que par le ministère d'agents de change. Les actions d'Azincourt ont, au reste, comme toutes les valeurs charbonnières, ressenti l'influence favorable du mouvement de hausse qui s'est déclaré depuis les deux dernières années. Nous verrons plus tard dans quelle proportion elles ont progressé dans la faveur publique.

On remarquera aussi dans les statuts, qu'aucun capital d'émission n'est indiqué. L'exploitation s'est opérée depuis la date de cet acte, non point avec des capitaux nouveaux, mais à l'aide des fonds antérieurement réalisés par chacune des sociétés originaires.

En effet, au moment où l'organisation sociale dont nous venons de relater le contrat, fut définitivement établie, la situation de l'exploitation était déjà convenablement établie.

Quatre fosses portant les noms de fosses d'Azincourt, d'Hordain, d'Etrœungt et de fosse n° 4 étaient en exploitation.

Des maisons d'ouvriers, un local pour le siège de l'administration étaient installés sur le terrain des travaux.

30,000 mille hectolitres de charbon existaient sur le carreau des fosses.

Enfin, une somme de 320,000 francs, déposée chez les banquiers de la société ou due par les clients, permettait de satisfaire à tous les besoins actuels, de faire face à toutes les éventualités de développements.

Depuis l'époque de cette constitution définitive, la compagnie d'Azincourt n'eut pas à recourir à de nouveaux appels de fonds pour se maintenir à la hauteur des progrès que le mouvement industriel pouvait réclamer.

Et pourtant, pourquoi la voyons-nous traverser toute la longue période qui s'écoula depuis 1842 jusqu'à nos

jours, dans une obscurité qui fait que son existence
même est aujourd'hui encore ignorée de beaucoup des
capitalistes qui engagent d'ordinaire leurs fonds dans
les entreprises houillères ?

Une cause qui nous paraît avoir dominé cette situation, c'est le nombre très limité des actions, qui laisse à
cette valeur un marché très restreint; le même motif doit
nécessairement aussi amener des mutations très rares,
les détenteurs de titres se souciant peu de les négocier.
Enfin l'exiguité du périmètre concédé peut avoir aussi
exercé sur la valeur des actions d'Azincourt une certaine
influence.

Et ici, qu'on nous permette une digression; un simple
raisonnement suffira pour réfuter cette erreur généralement acréditée qu'une concession, limitée à une surface
comparativement peu considérable, doit nécessairement
voir s'anéantir en peu d'années ses richesses combustibles.

Prenons Azincourt pour exemple. Sa surface totale est
de 8 kilomètres, 70 hectares. Pour enlever à la discussion toute apparence de difficultés, réduisons par la
pensée toute la portion utile à 4 kilomètres.

La surface exploitable sera de 400 hectares, soit
4,000,000 de carrés d'un mètre de côté.

Admettons, pour un instant, que l'épaisseur totale
des diverses veines reconnues et exploitables forme une
épaisseur de 3 mètres, et ici nous nous croyons bien
au-dessous de la vérité, la concession offrira aux exploitants un champ de production de 12,000,000 mètres
cubes de houille.

On sait qu'un mètre cube de houille donne, après extraction, au moins 12 hectolitres de produit, et cela en
ne comptant que sur un foisonnement de 16 p. %.

La concession offrirait donc une ressource totale de
144,000,000 hectolitres de charbon. Supposons une extension de 30 p. % sur le produit actuel de 700,000 hectolitres par année, une durée de 144 ans serait le mini-
mum d'existence de la compagnie d'Azincourt.

Or, nous le répétons, tous nos chiffres sont bien au-
dessous de la réalité.

Nous avons saisi cette occasion de mettre en lumière
la position générale des concessions houillères de notre
pays. Quant à leur durée, notre exemple a été choisi à
dessein ; on peut raisonner *à fortiori* des autres concessions dont l'étendue superficielle est bien considérable.
Nous offrons cet exemple aux méditations des capitalistes qui peuvent par ce simple aperçu juger quel avenir
immense est réservé aux exploitations charbonnières au
point de vue de la durée, aussi bien qu'à celui de la
consommation.

Et si nous comparons les chiffres actuels de la production des mines d'Azincourt avec celui qu'elle peut
facilement atteindre en quelques années, c'est-à-dire une
extraction de 1,000,000 d'hectolitres, nous verrons que
les concessionnaires ont à peine ouvert le trésor de leurs
ressources combustibles.

Nous savons, par l'acte de société, qu'au moment de la
constitution définitive de la société anonyme des mines
d'Azincourt, quatre fosses avaient été ouvertes. Aujour-
d'hui la compagnie en possède trois dont deux seule-

ment en exploitation. La production des dernières années s'est accrue dans une notable proportion.

Nous avons recueilli dans la statistique minérale du
département du Nord les documents suivants, qui permettront d'apprécier le mouvement progressif de l'exploitation. L'extraction s'opérait par :

Années.	Ouvriers.	Chevaux.	Machines.
En 1850	383	14	3
1851	427	15	3
1852	431	16	3
1853	474	19	3
1854	455	34	3

Remarquons en passant que la dernière année, le
nombre des ouvriers a diminué, celui des chevaux employés dans les travaux du fonds a presque doublé. Nous
avions déjà, à propos de la compagnie d'Anzin, fait remarquer la tendance à remplacer dans les travaux les
plus pénibles de l'exploitation, les hommes par des animaux ; ici encore, nous ne pouvons qu'applaudir au
mouvement d'humanité qui pousse tous les exploitants
à agir dans le même esprit.

Si nous consultons en même temps le chiffre des produits mis au jour par la compagnie d'Azincourt, on verra
que le développement des dernières années a marché
dans une proportion qui, en cinq ans, donne un rende-
ment de 50 p. % supérieur.

Ainsi la concession produisait:

En 1850 .... 312,151 quint. mét. de houille.
    1851 364,035   idem.
    1852 334,546   idem.
    1853 394,404   idem.
    1854 493,844   idem.

Nous n'avons pas le document officiel pour 1855, mais nous tenons de l'obligeance de M. Levy, ancien ingénieur de la compagnie, et aujourd'hui directeur de la société houillère de la Moselle, la certitude que l'année dernière a donné une production totale de plus de 600,000 quintaux métriques, c'est-à-dire qu'en six ans, le résultat de la production a doublé.

Ces résultats s'augmenteront encore par la mise en extraction de la troisième fosse. En outre, deux sondages ont été pratiqués à l'effet de reconnaître le terrain et dans la prévision d'une nouvelle extension à donner aux travaux.

Telle est la situation industrielle de la compagnie d'Azincourt. Si, comme nous l'avons déjà dit, elle n'a pas le renom de beaucoup des concessions voisines, elle a eu sa part dans le développement commun de toutes les exploitations du bassin.

Quand aux débouchés qui sont ouverts à ses produits, la compagnie d'Azincourt partage la fortune de toutes les exploitations du Nord. En dehors de la consommation locale pour laquelle nous prions nos lecteurs de se reporter à ce que nous avons dit de la concession d'Aniche, Azincourt à l'accès de tous les marchés ouverts aux exploitations voisines. C'est dire assez que la vente de ses charbons n'a et n'aura d'autres limites que son extraction.

Avant que le mouvement industriel dont nous avons indiqué la reprise depuis quelques années, fût venu ouvrir pour les houillères, une ère de prospérité sans précédents jusqu'à nos jours, l'administration des mines d'Azincourt avait fait de notables efforts pour faire connaître ses produits aux consommateurs, s'établir de sérieuses clientelles dans les centres industriels. Aujourd'hui, grâce à l'influence de la paix et de la situation favorable que donne à l'industrie l'état politique du pays, la nécessité de solliciter la vente a disparu. Les exploitants, sûrs du placement immédiat des charbons extraits, n'ont plus à se préoccuper de la question des débouchés; leur unique soin doit être au contraire de mettre la production au niveau de la demande, et Azincourt se trouve placé dans des conditions qui rendent, nous l'avons déjà dit, son développement facile et rapide.

La compagnie est administrée par des hommes dont l'honorabilité et le caractère sérieux sont un gage de l'avenir de l'exploitation.

Le conseil d'administration se compose de :

MM. Auguste Michelet, banquier à Paris, *président*.

Adolphe Leclercq, maître de forges à Trith, près Valenciennes.

Eugène Grimaut, filateur à Roubaix.

Chéry, négociant au Nouvion (Aisne).

Coustenoble, ancien notaire à Lille.

Le directeur est M. Fleury-Berdolin qui a sa résidence au siège de la société.

Maintenant que nous connaissons et le personnel administratif et les travaux de la société, il nous reste à examiner quels sont les dividendes distribués, et quelle relation existe entre ces dividendes et le capital souscrit.

Nous le savons, ce capital n'est point déterminé par les statuts ; on le comprend, la société, ayant tiré son origine de la fusion de plusieurs associations particulières, il y a eu lieu, non pas de souscrire de nouveaux versements, mais d'attribuer simplement à chaque participant les droits lui appartenant.

Une disposition formelle des statuts consignée à l'article X interdit formellement à l'administration le droit d'appeler de nouveaux versements sur chacune des actions attribuées, qui dès l'origine de la société définitive se trouvaient complètement libérées. Nous ne pouvons dire quelle avait été la part contributive de chacune des actions dans les sociétés originaires, non plus que la part d'actions obtenue par chacune des premières associations dans l'organisation sociale telle qu'elle est établie dans l'acte du 22 juin 1842.

Cependant la valeur de chaque action paraît avoir été estimée au prix de 1,000 francs. C'est en partant de ce point que l'intérêt attribué jusque et y compris 1853 a été de 50 francs par action. Le dividende de 1853 a été de 100 francs, soit 10 p. %, celui de 1854 est de 150 fr. On le voit, la progression des bénéfices a été notable depuis trois ans.

Aussi les actions qui pendant très longtemps avaient peu varié et même étaient cotées au pair, ont-elles suivi un mouvement très sensible de hausse.

Au mois de septembre 1854, époque de la répartition du dividende, elles trouvaient acheteur à 1,200 francs. Un an plus tard, en septembre 1855, leur cours était de 1,500 francs. A ce taux elles offraient encore un placement très avantageux aux capitaux, puisque leur produit se raisonnait à 10 p. °/₀ du prix actuel d'acquisition.

Nous croyons qu'elles obtiendraient à ce jour des conditions de vente encore plus favorables, si les détenteurs, qui sont encore aujourd'hui, pour la plupart, les souscripteurs originaires, ne préféraient garder ces valeurs qui offrent en définitive un produit de 15 à 20 p. °/₀ du capital d'émission.

En résumé, nous allons rassembler la situation de la compagnie, pendant les cinq dernières années, dans un tableau qui permettra d'en suivre le développement d'un seul coup d'œil.

Ce tableau comprend à la fois la production acquise, l'ensemble des moyens d'extraction et de mise au jour des produits, et en même temps les résultats financiers aux actionnaires. Tous nos lecteurs seront convaincus par la comparaison des résultats de chacune des années, que non-seulement le développement de la compagnie d'Azincourt, comme production, augmente notablement et incessamment, mais encore que la relation des produits au dividende, croît dans une proportion plus remarquable encore. Ainsi, entre la production de 1850 donnant 312,000 quintaux métriques, et le produit, c'est-à-dire 50 francs, et la production de 1854 donnant 500,000 quintaux métriques, et le produit, c'est-à-dire 150 francs, le progrès est sensible.

SITUATION DE LA COMPAGNIE D'AZINCOURT

dans les cinq dernières années.

Années	MOYENS DE PRODUCTION			Production	DIVIDENDE			Cours des Actions
	ouvriers	chevaux	machines		total	par action	rapport au capital	
1850	383	14	3	312,154 quint. Mét.	75,000	50	5 p. °/₀	1,000 fr.
1851	427	15	3	364,035 id.	75,000	50	id.	1,000
1852	434	16	3	334,546 id.	75,000	50	id.	1,000
1853	474	19	3	394,401 id.	150,000	100	10 p. °/₀	1,200
1854	455	34	3	493,844 id.	225,000	150	15 p. °/₀	1,500

Telle est la situation de la concession d'Azincourt; son avenir est celui de toutes les entreprises houillères et surtout de celles du bassin du Nord ; nous ne pensons pas devoir insister sur cette question, nous avons surabondamment démontré que, malgré l'exiguité de son périmètre, la compagnie peut doubler sa production annuelle pendant plus d'un siècle, sans crainte d'épuiser les richesses combustibles.

CHAPITRE VI.

La concession houillère de Bruay, située dans le département du Pas-de-Calais, arrondissement de Béthune, est exploitée par une société connue sous le nom de *Compagnie Le Conte*, du nom du président de son administration, qui fut aussi l'inventeur de la découverte de la houille dans cette partie du bassin.

Elle prit naissance le 14 mai 1851 par la demande que M. Le Conte adressa au gouvernement, demande tendant à obtenir une concession de mines dans diverses communes de l'arrondissement de Béthune.

Nous aurons occasion de développer, à propos de la

société de la Scarpe, quelle révolution amena dans toutes les tentatives de recherches houillères, la découverte du charbon, au lieu dit l'*Escarpelle*, près Douai, en 1846. Du moment que le problème de la découverte du prolongement, au-delà d'Aniche, du bassin houiller du Nord fut résolu, le Pas-de-Calais devint le point de mire de toutes les espérances. Vers 1847, M. Mulot, sondant dans le parc de M.ᵐᵉ Declercq, à Oignies, en vue de trouver des eaux jaillissantes, perça le terrain houiller sur une grande étendue ; encouragé par les résultats de l'Escarpelle, il renouvela les forages et obtint la concession de Dourges.

Les concessions de Courrières, de Lens, de Bully-Grenay, furent successivement sollicitées par des compagnies distinctes, et postérieurement accordées par l'Etat. La compagnie de Vicoigne découvrit le charbon à Nœux, et joignit à son ancienne exploitation cette nouvelle portion du bassin.

On comprend facilement que des succès si nombreux et surtout si éclatants durent stimuler l'ardeur des recherches ; et en effet à l'époque où M. Le Conte arriva à constater la présence de la houille à Bruay, nous voyons surgir presque simultanément au milieu d'une quantité de recherches infructueuses, trois autres associations qui sollicitent l'obtention de concessions en vertu de la découverte qu'elles ont faites du prolongement du bassin.

Outre la compagnie Le Conte dont la demande originaire est, comme nous l'avons dit, du 14 mai 1851, apparaissent à la suite, les demandes de la compagnie

Raimbeaux, du 19 novembre 1852 ; de la compagnie de
Ferfay et Ames, du 27 juillet 1853 ; et enfin de la compagnie d'Auchy-au-Bois, du 16 novembre 1853.

Une seule décision administrative, un même décret
impérial statua le 29 décembre 1855 sur les quatre demandes et consacra seulement à cette date l'existence
légale de toutes ces concessions.

On le voit, il s'était écoulé près de cinq ans entre la
découverte de la houille à Bruay et la décision du gouvernement. Cette situation anormale tenait à des circonstances locales sur lesquelles nous devons nous arrêter quelques instants.

Nous l'avons dit à la suite des premières concessions du Pas-de-Calais, un vaste champ se présentait
aux explorateurs. Mais des déceptions les attendaient
aussi.

Le bassin, en effet, à la limite occidentale de la concession de Nœux, offre un phénomène particulier. Il se
bifurque en deux branches, dont l'une s'étend dans la
direction du N.-O. ; c'est la découverte de cette portion qui
devait plus tard donner naissance à la compagnie de
Vendin, aujourd'hui en instance devant l'administration pour obtenir une concession qui se base sur la
constatation de la présence de la houille à Choques,
Annezin, Obblighem, etc. Nous aurons à nous en occuper plus spécialement en traçant l'historique de la société
de Vendin.

Quant au second bras du bassin, il se dirige directement à l'ouest, et son étendue renferme les concessions,
aujourd'hui accordées, de Bruay, Marles, Ferfay et Au-

chy-au-Bois. Mais, comme on peut le voir par la configu-
ration du terrain, la division du bassin a eu lieu au détriment de la largeur de la bande houillère qui le compose.
Depuis Gosnay, qui se trouve à la bifurcation, et où l'on
rencontra le calcaire carbonifire, jusqu'à Fléchinelle où
le même terrain vint encore anéantir les espérances que
l'on pouvait concevoir d'un prolongement jusqu'aux
dépôts houillers de Boulonnais, la bande de terrain
exploitable va toujours se retrécissant.

D'un autre côté, les explorateurs qui avaient fait constater la présence du gisement, étaient nombreux ; leurs
droits prenaient naissance dans des travaux considérables
suivis de découvertes incontestées ; la principale question
que l'administration eut à décider, était bien moins celle
des titres des inventeurs aux concessions demandées,
que celle des oppositions qu'ils produisaient l'un contre
l'autre, et aussi la question de délimitation des périmètres demandés.

En effet, à la date des publications prescrites par la loi
de 1810 aux demandeurs en concession, et plus tard
lors de l'instance au conseil d'Etat, la compagnie de
Bruay eut à lutter contre une opposition de la part de la
société de Vendin.

Elle-même en avait antérieurement formé une, conjointement avec la compagnie de Ferfay et Ames, contre
les demandeurs en concession de Marles.

Ferfay avait subi les mêmes entraves dans sa demande
de la part de la société d'Auchy-au-Bois.

Enfin, cette dernière était aussi frappée d'opposition
dans sa demande par une nouvelle association qui oc-

cupe aujourd'hui le point le plus occidental du bassin, sous le nom de compagnie de la Lys supérieure.

On le conçoit, toutes ces oppositions étaient motivées sur des faits dont l'administration supérieure des mines et le conseil d'Etat eurent successivement à apprécier l'importance. Il fallait statuer sur toutes les prétentions rivales, et attribuer à chacun une portion de territoire suffisante pour donner lieu à un travail rémunérateur, et en même temps tenir compte à chacun des postulants des résultats qu'il avait obtenus. Toutes les difficultés qui surgirent à cette occasion pour l'autorité publique nous aident à comprendre comment la demande de concession, datant de 1851, le décret impérial qui la consacre définitivement ne fut rendu que le 29 décembre 1855.

Cinq ans s'étaient écoulés pendant lesquels la compagnie, grâce à une autorisation provisoire d'exploitation, avait poussé à fonds ses travaux, et lorsqu'arriva l'acte du gouvernement qui lui donna une existence définitive, l'exploitation de Bruay était déjà dans une situation favorable.

Nous verrons dans la suite de ce récit, quelle influence exerça sur le cours des actions le décret portant concession des mines de Bruay.

Nous pouvons, dès ce moment, affirmer que la compagnie dut se féliciter de la part qui lui fut accordée dans l'ensemble des terrains concédés,

Sa concession s'étend sur 38 kilomètres carrés, 9 hectares.

Nous reproduisons dans son entier l'acte de concession; outre la détermination des limites, nos lecteurs pourront lire avec intérêt les clauses qui déterminent les obligations générales des exploitants vis-à-vis l'administration publique et les tiers.

Concession des mines de Bruay (Pas-de-Calais).

DÉCRET.

NAPOLÉON, par la grâce de Dieu et la volonté nationale, Empereur des Français,

Sur le rapport de notre Ministre secrétaire d'Etat au département de l'agriculture, du commerce et des travaux publics ;

Vu la demande présentée le 14 mai 1851 par le sieur LE CONTE et consorts, tendant à obtenir une concession de mines de houille sur les territoires de diverses communes de l'arrondissement de Béthune, département du Pas-de-Calais ;

Le plan de surface et les extraits de rôles des contributions directes y joints ;

L'acte constitutif de la société LE CONTE, en date des 14, 17 et 21 mai 1852 ;

L'avis au public du 18 novembre 1852 ;

L'exemplaire du journal le *Courrier du Pas-de-Calais* dans lequel ledit avis a été inséré ;

Les certificats d'affiches et de publications ;

Les réclamations formées par plusieurs propriétaires de surface ;

Les rapports de l'Ingénieur ordinaire et de l'Ingénieur en chef des mines, des 12 novembre et 21 décembre 1854 ;

L'avis du Préfet du Pas-de-Calais, du 30 décembre même année ;

La lettre du sieur LE CONTE du 20 janvier 1854 ;

L'opposition adressée à l'administration centrale, le 18 juin 1855, par la compagnie *dite* Société houillère de Vendin-lez-Béthune ;

Les avis du Conseil général des mines des 23 février et 13 juillet 1855 :

Vu la loi du 21 avril 1810 ;

Les décrets des 18 novembre 1810, 3 janvier 1813 et 6 mai 1811 ;

La loi du 27 avril 1838;

Le décret du 23 octobre 1852;

Notre conseil d'Etat entendu.

AVONS DÉCRÉTÉ ET DÉCRÉTONS CE QUI SUIT :

ARTICLE PREMIER.

Il est fait concession aux sieurs LE CONTE et consorts, réunis en société par acte des 14, 17 et 21 mai 1852, des mines de houille comprises dans les limites ci-après définies, communes de Gosnay, Hesdigneul, Haillicourt, Ruitz, Maisnil-les-Ruitz, Houdain, Division, Marles, Bruay, Lapugnoy, Labeuvrière et Labuissière, arrondissement de Béthune, département du Pas-de-Calais;

ARTICLE DEUX.

Cette concession, qui prendra le nom de CONCESSION DE BRUAY, est limitée, conformément au plan annexé au présent décret, ainsi qu'il suit, savoir :

A l'Est, par une ligne droite réunissant les clochers de Fouquières et de Maisnil-les-Ruitz, comptée depuis le point où elle est coupée par la ligne de jonction des clochers de Lapugnoy et Gosnay, jusqu'au point où son prolongement rencontre la ligne du moulin de Coupigny au clocher d'Houdain, ladite droite appartenant à la limite occidentale de la concession de Nœux;

Au Sud, par *une* ligne brisée : la première ligne est la droite qui va du moulin de Coupigny au clocher d'Houdain, comptée depuis le point ci-dessus défini jusqu'au clocher d'Houdain; la seconde ligne est la droite qui se dirige du clocher d'Houdain sur celui de Camblain-Châtelain, arrêtée au point où elle rencontre la ligne qui réunit les clochers de Lapugnoy et d'Ourton.

A l'Ouest, par la ligne qui réunit les clochers d'Ourton et de Lapugnoy, comptée depuis le point ci-dessus défini, jusqu'au clocher de Lapugnoy;

Au Nord, par la ligne menée du clocher de Lapugnoy au clocher de Gosnay, et prolongée jusqu'au point de départ.

Lesdites limites renfermant une étendue superficielle de 38 kilomètres carrés, 9 hectares.

ARTICLE TROIS.

Il n'est rien préjugé sur l'exploitation des gîtes de tout minérai étranger à la houille qui peuvent exister dans la concession de Bruay.

La concession de ces gîtes de minerai sera accordée, s'il y a lieu, après une instruction particulière, soit aux concessionnaires des mines de Bruay, soit à une autre personne. Les cahiers des charges des deux concessions régleront, dans ce dernier cas, les rapports des deux concessionaires entre eux pour la conservation de leurs droits mutuels et pour la bonne exploitation des deux substances.

ARTICLE QUATRE.

Les droits attribués aux propriétaires de la surface par les articles 6 et 42 de la loi du 21 avril 1810, sur le produit des mines concédées, sont réglés à une rente annuelle de cinq centimes par hectare de terrain compris dans la concession.

Ces dispositions seront applicables nonobstant les stipulations contraires qui pourraient résulter de conventions antérieures entre les concessionnaires et les propriétaires de la surface.

ARTICLE CINQ.

Les concessionnaires paieront, en outre, aux propriétaires de la surface, les indemnités déterminées par les articles 43 et 44 de la loi du 21 avril 1810, pour les dégâts et non-jouissance de terrains occasionnés par l'exploitation des mines.

ARTICLE SIX.

En exécution de l'article 46 de la loi du 21 avril 1810, toutes les questions d'indemnités à payer par les concessionnaires, à raison de recherches ou travaux antérieurs au présent décret, seront décidées par le conseil de Préfecture.

ARTICLE SEPT.

Les concessionnaires paieront à l'Etat, entre les mains du receveur de l'arrondissement de Béthune, les redevances fixe et proportionnelle établies par la loi du 21 avril 1810, et conformément à ce qui est déterminé par le décret du 6 mai 1811.

ARTICLE HUIT.

Les concessionnaires se conformeront exactement aux dispositions du cahier des charges annexé au présent décret, et qui est considéré comme en faisant partie essentielle.

ARTICLE NEUF.

En exécution de l'ordonnance du 18 avril 1842, ils devront élire un domicile administratif, qu'ils feront connaître par une déclaration adressée au Préfet du département.

ARTICLE DIX.

La compagnie concessionnaire sera tenue, conformément à l'art. 7 de la loi du 17 avril 1838, de désigner, par une déclaration authentique faite au secrétariat de la Préfecture, celui de ses membres ou toute autre personne à qui elle donnera des pouvoirs nécessaires pour correspondre en son nom avec l'autorité administrative, et en général pour la représenter vis-à-vis l'administration tant en demandant qu'en défendant.

Elle devra, en outre, justifier, aux termes du même art. 7, qu'il a été pourvu, par une convention spéciale, à ce que les travaux d'exploitation soient soumis à une direction unique et coordonnée dans un intérêt commun.

Faute par la compagnie d'avoir fait, dans le délai qui lui aura été assigné, la déclaration et la justification requises par le présent article, ou d'exécuter les clauses de la convention qui auraient pour objet d'assurer l'unité de la concession, les dispositions dudit article 7 de la loi du 27 avril 1838 et celles des articles 93 et suivants, de la loi du 21 avril 1810, pourront lui être appliquées.

ARTICLE ONZE.

Conformément au décret du 23 octobre 1852, les concessionnaires ne pourront, sans l'autorisation du Gouvernement, réunir leur concession à d'autres concessions de même nature, par association, acquisition ou de toute autre manière, sous peine du retrait des concessions réunies et sans préjudice des poursuites qui pourraient être exercées en vertu des articles 414 et 419 du Code pénal.

ARTICLE DOUZE.

Il y aura particulièrement lieu à l'exercice de la surveillance de l'administration des mines, en exécution des articles 47, 49 et 50 de la loi du 21 avril 1810, et du titre II du décret du 3 janvier 1813, si la propriété de la concession vient à être transmise d'une manière quelconque à d'autres personnes, individu ou compagnie.

Ce cas arrivant, le nouveau propriétaire de la concession sera tenu de se conformer exactement aux conditions prescrites par le présent décret et par le cahier des charges y annexé.

Dans le cas où la concession serait transmise à une Société, celle-ci sera tenue de se conformer à ce qui est exigé par l'art. 7 de la loi du 27 avril 1838, sous peine de l'application, s'il y a lieu, des mesures prescrites par ce même article et des dispositions des articles 93 et suivants de la loi du 21 avril 1810.

ARTICLE TREIZE.

Dans le cas prévu par l'art. 49 de la loi du 21 avril 1810, où l'exploitation sera restreinte ou suspendue sans cause reconnue légitime, le Préfet assignera aux concessionnaires un délai de rigueur.

Faute par les concessionnaires de justifier, dans ce délai, de la reprise d'une exploitation régulière et des moyens de la continuer, il en sera rendu compte, conformément audit article 49, au Ministre de l'agriculture, du commerce et des travaux publics, qui prononcera, s'il y a lieu, le retrait de la concession, en exécution de l'article 10 de la loi du 27 avril 1838, et suivant les formes prescrites par l'article 6 de la même loi.

ARTICLE QUATORZE.

Si les concessionnaires veulent renoncer à la totalité ou à une partie de la concession, ils s'adresseront, par voie de pétition, au Préfet, six mois au moins avant l'époque à laquelle ils auraient l'intention d'abandonner les travaux de leurs mines, et ils joindront à ladite pétition :

1º Le plan et l'état descriptif des exploitations ;

2º Un certificat du conservateur des hypothèques, constatant qu'il n'existe point d'inscriptions hypothécaires sur la concession, ou, dans le cas contraire, un état de celles qui pourraient avoir été prises.

Lorsque ces pièces auront été fournies, la pétition sera publiée et affichée, pendant quatre mois, dans les lieux et suivant les formes déterminées par les articles 23 et 24 de la loi du 21 avril 1810, pour les demandes en concession de mines.

Les oppositions, s'il s'en présente, seront reçues et notifiées dans les formes déterminées par l'article 26 de la même loi.

La renonciation ne sera valable que lorsqu'elle aura été acceptée, s'il y a lieu, par un décret délibéré en conseil d'Etat.

ARTICLE QUINZE.

Le présent décret sera publié et affiché, aux frais des concessionnaires, dans les communes sur lesquelles s'étend la concession.

ARTICLE SEIZE.

Notre Ministre secrétaire d'Etat au département de l'agriculture, du commerce et des travaux publics, et notre Ministre secrétaire d'Etat au département des finances sont chargés, chacun en ce qui le concerne, de l'exécution du présent décret, qui sera inséré par extrait au *Bulletin des Lois.*

Fait au palais des Tuileries, le 29 décembre 1855.

Signé : NAPOLÉON.

Par l'Empereur :

Le ministre secrétaire d'Etat au département de l'agriculture,
du commerce et des travaux publics.

Signé : E. ROUHER.

Pour ampliation :

Le Secrétaire général,

J. BOUREUILLE.

L'acte que nous venons de rapporter établit les relations générales entre l'administration publique et les concessionnaires. Nous avons saisi cette occasion de faire connaître l'application des lois spéciales sur les mines aux exploitations de nos pays. Les clauses en sont communes à toutes les concessions ; ceux de nos lecteurs qui voudraient, à propos d'autres compagnies, connaître les

termes de l'acte constitutif de concession par l'Etat,
pourront lire utilement le décret impérial relatif à Bruay;
c'est le même ensemble de dispositions, les mêmes prescriptions qui sont généralement tracées aux exploitants
concessionnaires.

Nous savons comment et par quelles causes, l'Etat
ajourna si longtemps la solution des demandes des dernières compagnies houillères du Pas-de-Calais. Ce serait
une erreur de croire, que jusqu'au jour de l'obtention
de la concession, leur découverte soit restée infructueuse,
leurs travaux d'exploitation paralysés. La vérité est que
dès l'instant que leur demande fut adressée à l'administration c'est-à-dire au mois de juin 1852, leur organisation sociale et industrielle avait été immédiatement
mise en activité.

Nous n'avons pas à nous occuper maintenant de la
création et du développement de l'exploitation. Nous
devons d'abord faire connaître l'acte de société qui établit les droits et les devoirs réciproques des actionnaires
et de l'administration.

Cet acte n'ayant reçu qu'une publicité fort restreinte,
nous le pensons encore ignoré de la plupart des propriétaires d'actions de la compagnie de Bruay. Nous
sommes heureux de pouvoir le produire textuellement,
d'abord à cause des nombreux intérêts auxquels il s'a-
dresse, et aussi parce qu'il offre dans quelques-unes de
ses dispositions, des points de différence avec la plupart
des actes qui régissent les compagnies houillères du bassin du Nord et du Pas-de Calais.

En voici la copie exacte :

STATUTS DE LA SOCIÉTÉ LE CONTE (Bruay).

Pardevant M⁰ BOLLET, notaire à Arras,

Ont comparu :

MM. Louis Le Conte, propriétaire à Paris ;
Jules Lalou, sous-chef de la police
municipale à Paris ; Reversez - Bec-
quet, propriétaire à Inchy-en-Artois.

Lesquels voulant constituer une société définitive pour l'exploitation des découvertes de charbon, résultant de recherches opérées par ledit M. Le Conte et la société qu'il représente, ont arrêté ce qui suit :

TITRE I⁰ʳ.

Constitution.—Objet.— Détermination de la Société.

ARTICLE PREMIER.

Les comparants, tant de première que de deuxième part, établissent par les présentes une société entr'eux et les personnes qui y adhèreront par la souscription, s'il y a lieu, d'une ou plusieurs actions dont il sera parlé ci-après.

Cette société a pour objet l'exploitation des mines de charbon de terre dans les territoires compris dans le périmètre de la concession demandée, et encore, l'ex- ploitation de toutes concessions de même nature dont la société pourra se rendre concessionnaire.

ARTICLE DEUX.

Conformément à l'article 22 de la loi du 21 avril 1810,

cette société est purement civile et, comme telle, régie par les articles 1834 et suivants du Code civil.

ARTICLE TROIS.

Cette société prend la dénomination de *Compagnie des mines de Bruay*.

TITRE II.

Durée. — Siége de la Société. — Apports.

ARTICLE QUATRE.

La société durera jusqu'à ce que les sociétaires aient décidé en assemblée générale, dans les formes et de la manière déterminée dans l'article 37 ci-après, qu'il y a lieu de la dissoudre.

ARTICLE CINQ.

Le siége de la société sera à Bruay.

ARTICLE SIX.

M. Le Conte, tant en son nom personnel, qu'en celui de la société qu'il représente, fait apport à la société qui accepte :

1° Des travaux de sondage qu'il a fait exécuter dans l'arrondissement de Béthune et qui ont amené la découverte des mines de houille, découvertes constatées par M. l'ingénieur du Gouvernement;

2° De la pleine propriété de tout le matériel, mobilier, outils, ustensiles de forages, constructions, bâtiments, formant l'actif de la société qu'il représente;

3° De tous les droits d'invention, de priorité qui peuvent résulter des découvertes, des déclarations faites par lui à la Préfecture du Pas-de-Calais, et des certificats qui lui ont été délivrés par les autorités compétentes.

Ainsi que les droits résultants d'une demande en concession.

ARTICLE SEPT.

Cet apport est fait moyennant une somme de 400,000 f., en paiement de laquelle M. Le Conte se réserve le droit de souscrire des actions au pair pour tout ou partie.

TITRE III.

Capital. — Actions.

ARTICLE HUIT.

Le capital social est fixé à 3,000,000 de francs, et est représenté par trois mille actions au porteur, de 1,000 francs chacune.

Tout souscripteur d'action sera tenu de verser à la caisse du banquier, ou receveur de la société qui sera ultérieurement désigné par le conseil d'administration, le montant des actions par lui souscrites, savoir 200 fr. par action au moment de la souscription, contre quittance de cette somme qui tiendra lieu de titre provisoire des actions par lui souscrites; et le surplus au fur et à mesure des besoins de la société et dans le mois qui suivra les appels de fonds décidés par le conseil d'administration et portés à la connaissance des actionnaires soit par lettres missives, soit par des avis insérés dans les journaux d'annonces légales, d'Arras, Béthune et Paris.

Tout actionnaire aura le droit d'anticiper ses versements en tout ou en partie, et dans ce cas, il lui sera tenu compte de l'intérêt, à 4 p. % l'an, des sommes versées par anticipation.

ARTICLE NEUF.

A défaut de versement aux époques déterminées, l'intérêt sera dû, par chaque jour de retard, à raison de 5 p. % l'an.

ARTICLE DIX.

Les actions seront émises au fur et à mesure des besoins de la société; chaque fois que le conseil d'administration aura décidé une émission d'actions, il en déterminera le mode de versement.

ARTICLE ONZE.

Chaque action donne droit à une part proportionnelle dans les bénéfices et dans toutes les valeurs actives et passives de la société.

ARTICLE DOUZE.

Les souscripteurs originaires sont garants de leurs cessionnaires jusqu'à concurrence de la moitié du montant de l'action.

ARTICLE TREIZE.

La cession ou transfert s'opèrera par la simple tradition du titre.

ARTICLE QUATORZE.

Le conseil d'administration pourra autoriser le dépôt

et la conservation des titres dans les caisses sociales, il déterminera la forme des certificats de dépôt, les frais auxquels ce dépôt pourra être assujetti, le mode de leur délivrance et les garanties dont l'exécution de cette mesure doit être entourée dans l'intérêt de la société et des actionnaires.

ARTICLE QUINZE.

Les actions sont indivisibles ; la société ne reconnaît qu'un seul propriétaire par chaque action.

ARTICLE SEIZE.

Aucune solidarité n'existe entre les actionnaires, qui ne pourront, à quelque titre que ce soit, être tenus au-delà du montant des actions qu'ils auront souscrites ; néanmoins tout actionnaire sera libre de se retirer après avoir versé au moins 500 fr. par action ; en abandonnant le montant de ses mises et tous ses droits dans la société.

Les actions ainsi abandonnées profiteront à la société.

ARTICLE DIX-SEPT.

Les actions sont au porteur, elles sont extraites d'un registre à souche, numérotées depuis 1 jusqu'à 3,000.

Les titres des actions seront remis aux souscripteurs lors du versement intégral du montant des actions, ou plustôt, si le conseil d'administration le juge convenable.

ARTICLE DIX-HUIT.

Les droits et obligations attachés à l'action suivent le titre dans quelques mains qu'il passe.

La possession d'une action emporte adhésion aux statuts de la société.

Les héritiers ou créanciers d'une action ne pourront, sous quelque prétexte que ce soit, provoquer l'apposition des scellés sur les livres et valeurs de la société, ni s'immiscer en aucune manière dans l'administration ; ils devront, pour l'exercice de leurs droits, s'en rapporter aux inventaires sociaux.

ARTICLE DIX-NEUF.

Les numéros des actions en retard de paiement seront publiés dans les journaux d'annonces légales de Paris, Béthune et Arras.

Quinze jours après cet avis, et sans autre acte de mise en demeure, lesdites actions seront vendues sur duplicata, par le ministère d'un notaire, aux enchères publiques, pour le compte et aux risques et périls des actionnaires, sans préjudice de l'action personnelle que la société pourra exercer contre les retardataires.

Les titres des actions ainsi vendues seront nuls de plein droit et il en sera délivré aux acquéreurs de nouveaux ayant les mêmes numéros que les titres annulés.

TITRE IV.

Conseil d'Administration.

ARTICLE VINGT.

La société sera gérée par un conseil d'administration composé de trois membres nommés à vie.

Sont, dès à présent, nommés administrateurs :

MM. L. Le Conte, Jules Lalou, Reversez-Becquet.

ARTICLE VINGT-UN.

Nul ne peut être administrateur, s'il n'a la pleine propriété et jouissance d'au moins cinq actions, qui seront
inaliénables pendant toute la durée de ses fonctions ;
à cet effet, les titres de ces cinq actions seront déposés
sur récépissé entre les mains du conseil d'administration pour être renfermés dans la caisse sociale jusqu'à la
fin des fonctions de l'administration.

ARTICLE VINGT-DEUX.

Lorsqu'une place d'administrateur sera devenue va-
cante soit par décès, soit par démission ou incapacité
légale, les administrateurs restants nommeront entr'eux
son successeur, et tous les administrateurs restants devront concourir à cet élection qui se fera à majorité.

ARTICLE VINGT-TROIS.

Le conseil d'administration nommera annuellement
dans son sein son président et son secrétaire.

ARTICLE VINGT-QUATRE.

Les délibérations seront prises à la majorité des membres présents ; elles seront transcrites sur un registre à
ce destiné et signé.

ARTICLE VINGT-CINQ.

Le conseil d'administration nommera et révoquera le
directeur des travaux et tous les employés, et il repré-

sente légalement la société auprès de l'administration pour les demandes en concessions, achète, vend, construit tout matériel qu'il jugera convenable, etc.

Le conseil en la personne du président peut représenter la société en justice.

Dans les cas urgents où de simple administration, le président a l'initiative des mesures à prendre et des ordres à donner, sauf à en informer ses collègues dans la prochaine réunion.

Il pourra acheter des actions jusqu'à concurrence de la moitié du fonds de réserve alors existant; il pourra à son gré, en cas de besoin, émettre de nouveau les actions achetées, s'il ne juge préférable d'emprunter sur dépôt de ces actions.

Il propose seul toutes les modifications qu'il jugera convenable aux présents statuts.

ARTICLE VINGT-SIX.

Les administrateurs ne prennent aucun engagement personnel, la société est tenue de remplir ceux qu'ils ont pris dans les limites des pouvoirs qui leur sont conférés; ils ne répondront que de leur malversation ou de leur dol.

ARTICLE VINGT-SEPT.

Les membres du conseil d'administration recevront un jeton de 15 fr., chaque fois qu'ils assisteront à une séance du conseil, plus le remboursement de leurs frais de voyage lorsqu'ils demeureront à plus de 12 kilomètres de distance du lieu de la réunion.

TITRE V.

Assemblées générales.

ARTICLE VINGT-HUIT.

L'assemblée générale représente l'universalité des actionnaires. Les délibérations sont obligatoires pour tous; elle se compose de tous les propriétaires d'au moins cinq actions; nul ne sera admis à l'assemblée générale s'il n'a déposé ses actions au siége de la société au moins dix jours avant la réunion.

ARTICLE VINGT-NEUF.

Les assemblées générales auront lieu chaque fois que le conseil d'administration jugera convenable de les convoquer, ce qui aura lieu par la voie des journaux comme il est dit à l'article 19.

ARTICLE TRENTE.

L'assemblée générale sera présidée par le président du conseil d'administration, assisté de deux autres membres auxquels l'assemblée générale adjoindra au commencement de chaque séance deux scrutateurs élus dans son sein, le secrétaire du conseil tiendra la plume.

ARTICLE TRENTE-UN.

Les délibérations seront prises à la majorité des votes exprimés; en cas de partage, la voie du président sera prépondérante.

Chaque membre aura autant de voix que de fois cinq actions; nul ne pourra avoir plus de cinq voix.

ARTICLE TRENTE-DEUX.

Les délibérations seront rédigées et lues séance te-
nante inscrites sur un registre spécial et signées par les
administrateurs; toute délibération ayant pour but d'apporter aux présents statuts des modifications proposées
par le conseil d'administration, ne pourront être prises
qu'autant que tous les actionnaires auront été informés
par des avis publiés par les journaux et que l'assemblée
générale sera appelée à délibérer sur les modifications
proposées.

TITRE VI.

Inventaires annuels. — Dividendes.

ARTICLE TRENTE-TROIS.

Le 30 juin de chaque année, les écritures seront
arrêtées et l'inventaire dressé par les soins de l'administration.

ARTICLE TRENTE-QUATRE.

L'administration fixera le chiffre des dividendes; il
sera créé un fond de réserve qui ne pourra jamais dépasser 300,000 fr. et que le conseil emploiera soit en
rentes sur l'Etat, soit en actions de la Banque de
France, soit de tout autre manière qu'il jugera convenable dans l'intérêt de la société.

Le fonds de réserve sera formé par une retenue du
quart des bénéfices de chaque année après la répartition
de 5 p. % du capital versé.

ARTICLE TRENTE-CINQ.

Les actionnaires pourront nommer trois délégués pour

prendre connaissance des comptes de l'administration à partir du 1er septembre 1853.

L'élection de ces délégués ne sera valable qu'autant qu'elle aura été faite par une réunion d'actionnaires propriétaires d'au moins quatre-vingt-douze des actions souscrites.

TITRE VII.

Dissolution. — Liquidation.

ARTICLE TRENTE-SIX.

Dans le cas où les travaux ne présenteraient pas de chances suffisantes de succès, l'assemblée générale pourra prononcer la dissolution de la société, à la majorité des trois quarts au moins des suffrages exprimés, mais seulement sur la proposition du conseil d'administration.

Toutefois, la minorité pourra continuer les travaux à ses risques et périls, et conserver l'actif de la société sur estimation en indemnisant les associés au prorata de leurs droits dans les valeurs actives et passives de la société.

ARTICLE TRENTE-SEPT.

La société ne sera dissoute ni par la mort naturelle ou civile, ni par l'interdiction, la faillite ou la déconfiture d'un actionnaire et elle continuera avec ses héritiers même mineurs ou les ayant cause qui ne pourront se faire représenter aux assemblées générales que par un seul mandataire, nul ne pourra non plus se prévaloir des articles 1865 et 1869 du Code civil pour dissoudre la société par une renonciation volontaire.

TITRE VIII.

Pacte compromissoire et élection de domicile.

ARTICLE TRENTE-HUIT.

Toutes les contestations relatives à la société présentement constituée seront soumises au jugement de trois
arbitres choisis amiablement, si non désignés d'office
par le président du tribunal de commerce d'Arras sur la
requisition de la partie la plus diligente.

ARTICLE TRENTE-NEUF.

Tout souscripteur qui au moment de la souscription
n'aura pas acquitté le montant intégral des actions
souscrites par lui et dont le domicile réel sera ailleurs
qu'à Arras et Béthune, sera tenu de choisir dans une de
ces deux villes, un domicile spécial ou toutes les convocations et notifications pourront lui être valablement
faites, à défaut de quoi son domicile sera censé être
élu au bureau de la comptabilité de la compagnie.

Toute convocation ou notification faite au domicile et
au nom d'un actionnaire décédé, sera valable si ses héritiers ou ses ayant cause ne se sont pas fait connaître à
l'administration et ne lui ont pas indiqué leur domicile
réel.

Mention des présentes est consentie par tout ou besoin
sera et pour l'exécution, les comparants font élection de
domicile en leurs demeures respectives.

Dont acte, etc., etc....

———

Nous l'avons dit, l'acte de société de Bruay présente

avec ceux qui régissent les compagnies houillères de nos
pays d'assez notables différences.

La première que nous ayons à signaler est dans le
mode de distribution de la part attribuée aux inventeurs.
En effet, dans la plupart des contrats analogues, c'est en
titres d'actions libérés, que se règle la portion accordée
comme rémunération des premiers travaux d'exploration.
Ici la compagnie de recherches originaire, par l'organe
de son représentant, se réserve l'option soit d'un prélè-
vement en numéraire sur l'ensemble du capital souscrit,
soit d'une souscription d'actions libérées jusqu'à due
concurrence. Ce mode de répartition assurément favorable aux inventeurs, peut, dans la pratique, avoir des inconvénients, attendu qu'il relâche le lien qui doit, dans
l'exploitation, unir les fondateurs aux actionnaires de
la société d'exploitation. La question, au reste ne présente plus, dans l'espèce qui nous occupe, aucune espèce
d'intérêt, puisque la faveur publique a donné aux actions
de Bruay une valeur bien supérieure à celle du capital
versé.

Un second fait qui frappera comme nous, tous les lecteurs, c'est la constitution oligarchique de l'administration. Loin de nous la pensée de blâmer la concentration
des pouvoirs dans les entreprises de cette nature. Nous
avons déjà dans le cours de ce travail confessé notre opinion sur la nécessité de réunir en quelques mains intel-
ligentes et sûres la direction suprême des affaires. Mais
nous devons l'avouer, nous croyons que l'extrême puissance attribuée à un conseil d'administration de trois
membres, peut dans la suite offrir ce danger de voir se

perpétuer un système trop exclusif d'exploitation. A Dieu ne plaise que nous mettions en doute les garanties que l'administration actuelle donne aux intéressés; mais nous pensons que, sans recourir à la création souvent funeste des assemblées générales périodiques, c'est une chose utile en soi que la formation d'un conseil de direction assez nombreux pour que la discussion puisse jeter dans les questions à résoudre, une lumière d'autant plus vive qu'elle émanera d'un faisceau plus nombreux d'intelligences.

Les assemblées générales d'actionnaires, sans être totalement proscrites des statuts de Bruay, y ont un rôle fort secondaire. Elles ne peuvent être convoquées et formées que par décision de l'administration. Néanmoins une garantie de moralité est offerte par l'administration aux actionnaires; c'est le droit permanent qu'ils ont de faire examiner et vérifier les comptes par une commission déléguée. La valeur de ce droit est subordonnée à son exercice par un ensemble d'actionnaires représentant quatre-vingt-douze des actions émises. Cette disposition nous semble illusoire, avec la nature des titres au porteur, qui empêcheront toujours l'administration de vérifier si la délégation a été faite conformément aux statuts. Nous préférons de beaucoup à ce mode, celui qui est prévu par l'acte social d'Aniche où chacun des intéressés peut à son gré prendre connaissance des livres, au siége social.

L'administration de Bruay, par son acte originaire, se réserve la faculté de n'émettre les actions qu'au fur et à mesure des besoins, comme aussi d'employer tout

ou partie de la réserve indiquée aux statuts en achats
de titres de la société..

La dernière de ces mesures nous paraît de nature à
exercer sur la valeur des actions une influence favorable;
d'abord elle permet à un moment de crise ou de panique
d'en maintenir le cours par des achats faits à propos;
d'ailleurs aussi elle fait tourner l'emploi du fonds de
réserve au profit immédiat de la masse des intéressés;
en diminuant le nombre des titres, il est évident que le
produit individuel de chacun d'eux s'augmente en proportion. Enfin cette portion de titres disponibles dans la
caisse sociale, offre à un moment donné une précieuse
ressource, soit pour des développements à donner à l'exploitation, soit encore pour la création de nouveaux débouchés ou de nouvelles voies de communication. Et si,
comme nous le présage la situation actuelle des entreprises charbonnières, les valeurs de cette nature ne
sont encore qu'à un taux bien minime, eu égard au
prix qu'elles doivent acquérir, la société peut en quelques années doubler, tripler même ses ressources disponibles.

Quant à la disposition des statuts qui donne à l'administration la faculté d'émettre les actions restant à la
souche au fur et à mesure des besoins de la société,
nous croyons qu'il en a été fait un usage bien favorable aux intérêts des actionnaires originaires. Et pour
cela nous demandons à nos lecteurs de mettre sous
leurs yeux un des titres d'action de la compagnie de
Bruay; ils y trouveront la preuve écrite du fait que nous
avançons.

TITRE PROVISOIRE.

ACTION DE MILLE FRANCS.

No X.

MINES DE HOUILLE DE BRUAY (PAS-DE-CALAIS).

———

Compagnie Le Conte.

———

Le porteur est intéressé pour une action dans la compagnie des mines Le Conte, constituées par actes des 14, 17 et 21 mai 1852, reçu par Mᵉ Aimé-Joseph Bollet, et son collègue, notaires à la résidence d'Arras.

Le capital social est de 3,000,000 de francs, divisé en 3,000 actions de 1,000 francs.

Un premier versement de 200 fr. a été effectué contre la remise du présent titre qui en vaut quittance.

A Paris, le 1ᵉʳ Juin 1852.

Pour les Administrateurs,

LE PRÉSIDENT,

Signé : L. LE CONTE.

Le Secrétaire,

Signé : LALOU.

REVERSEZ-BECQUET.

———

Six mois après la délivrance de ces titres et alors que le conseil d'administration n'avait encore appelé que 400 francs sur la somme de 1,000 fr. formant le chiffre total de chaque action, une délibération intervint qui modifia singulièrement le capital social. En effet, les actionnaires originaires, par cette décision, se trouvèrent propriétaires pour 400 fr. par action, de titres nominaux de 1,000 francs. Nous transcrivons textuellement la mention qui est faite de cette délibération, sur les titres mêmes que nous avons eus entre les mains.

Elle est ainsi conçue :

» Cette action, conformément à la délibération du
» 1er décembre 1852 se trouve définitivement libérée de
» tout appel de fonds par le versement de 400 fr. qui a
» été effectué.

Nous n'avons pas pénétré le secret des délibérations de l'administration. Mais quelques déductions nous conduiront à conclure que les directeurs ont dû émettre, à une prime élevée, au profit de la société, un certain nombre des titres restés à la souche.

En effet, nous savons que le droit des inventeurs a été évalué à 400,000 fr.; en supposant les trois mille actions créées par l'acte de société libérées à 400 francs chacune, le capital total réalisé se serait élevé seulement à 1,200,000 fr. Et si l'on en déduit les 400,000 fr. dont nous avons parlé ci-dessus, il ne restait d'actif disponible qu'une somme de 800,000 fr., insuffisante à notre avis, pour exécuter les travaux considérables qu'exigent le foncement d'une fosse d'extraction, et l'exécution de huit ou dix sondages.

Nous adoptons cette opinion : que l'administration, usant habilement de la faveur que l'opinion publique donnait aux titres de Bruay, émit avec une prime considérable un nombre d'actions suffisant pour permettre de libérer définitivement tous les intéressés originaires avec le faible versement de 400 francs par action.

Qu'on nous pardonne ces considérations si étendues

sur l'acte de société de Bruay; mais, nous l'avons dit, il se présentait à nous revêtu de quelques caractères qui le distinguent de la plupart des contrats analogues. Si nous avons omis quelques traits caractéristiques, la sagacité de nos lecteurs y suppléera facilement. Pour nous, il nous suffit de l'avoir signalé à leur attention. Nous pensons que la constitution même des sociétés est, en dehors de leurs conditions d'exploitation, un des principaux points qui doivent déterminer les capitaux.

Il n'entre pas dans notre cadre de donner le détail des travaux d'exploitation faits par la compagnie depuis son origine ; ces données techniques sortent de notre spécialité, et offriraient, nous le pensons, à la majorité des lecteurs, un médiocre intérêt.

Nous résumerons la situation actuelle de la concession de Bruay comme exploitation en disant que huit sondages exécutés dans son périmètre ont rencontré la houille, et que de ce côté on peut être assuré d'une exploitation riche et durable.

Une première fosse foncée dès l'origine de la société est aujourd'hui en pleine exploitation. La houille en est de belle qualité et propre aux usages industriels comme à ceux du foyer domestique.

Une seconde fosse est, nous dit-on, en voie de préparation, et viendra notablement augmenter les résultats déjà favorables de l'exploitation de Bruay.

Seulement nous devons, à propos de cette concession, pour quelques autres dont nous parlerons plus tard, examiner quelle était la situation industrielle du département du Pas-de-Calais quand la découverte de la houille est venue jeter de nouveaux éléments de prospérité dans son territoire.

On le sait, les populations de l'Artois sont essentiellement agricoles ; à part quelques grandes industries disséminées dans les villes d'Arras, Calais, etc., la culture des terres est la source principale de la richesse du Pas-de-Calais. Par conséquent, les houillères, en s'établissant dans un milieu encore peu préparé pour un développement industriel, ont trouvé dans les contrées qui les avoisinent des éléments assez rares de consommation locale.

Il est vrai, que dans un temps donné, cet état de choses se modifiera notablement sous l'influence même de la présence du combustible. Mais ce n'est pas en quelques années qu'on peut transformer l'esprit des populations, et créer de nombreux centres industriels.

Dans cette situation, il était naturel que les exploitants dussent se préoccuper des débouchés extérieurs ; pour cela, la première condition de succès est dans la facilité des moyens de communication, dans l'existence simultanée des chemins de fer, des canaux et des routes.

La ligne du chemin du Nord traverse bien le département du Pas-de-Calais sur plusieurs points. Mais les diverses portions, favorisées par cette voie, sont malheureusement séparées du bassin houiller par des distances considérables ; les charrois nécessaires pour conduire le combustible jusqu'aux stations les plus voisines exigeraient des dépenses assez considérables pour rendre difficile, sinon impossible, la concurrence des produits avec ceux des autres portions du bassin du nord situées sur le parcours même de la ligne.

La seule voie navigable qui mette en communication les houillères du Pas-de-Calais avec les grands centres de consommation, Lille, Dunkerque, Calais, etc., sont le canal d'Aire à la Bassée, et le canal de la Haute-Deûle ; ces canaux, au reste, ne peuvent desservir utilement que les concessions de la partie orientale du bassin qui encore, rencontrent une concurrence redoutable dans les produits d'Aniche et de l'Escarpelle. Enfin la portion la plus profitable des combustibles extraits est fournie par le faisceau des veines de houille grasse qui occupent la partie méridionale du bassin ; il y a donc encore une distance assez considérable à parcourir pour faire arriver les charbons jusqu'aux ports d'embarquement qui sont tous situés au nord des concessions. C'est pour parer à cet inconvénient que la compagnie de Bully établit en ce moment un chemin de fer destiné à relier sa fosse actuelle de Bully-Grenay à un point du canal d'Aire à la Bassée.

La situation relativement favorable qui résulte pour les concessions accordées depuis Douay jusqu'à Béthune, fait complètement défaut aux exploitations situées à l'ouest de cette dernière ville.

La consommation locale n'y est nullement industrielle et se borne à l'usage du foyer domestique et à quelques rares usines ; quant aux voies de communications, elles se réduisent aux seules routes pavées ; les voies navigables et les chemins de fer en sont trop éloignés pour offrir aux exploitants des débouchées lucratifs. Depuis longtemps déjà tous les vœux des concessionnaires appellent l'attention de l'autorité administrative sur la question de l'établissement du chemin de fer destiné à relier les exploitations du Pas-de-Calais au resceau de la ligne du nord. Un projet de trace avait été fait pour relier Hazebrouck à Fampour en desservant les concessions de Nœux, Bully, Lens, etc., etc. Mais l'insuffisance de cette ligne pour donner satisfaction à tous les intérêts légitimes qui surgissaient fut bientôt manifeste. Les quatre concessions de Bruay, Marles, Ferfay et Auchy sont aujourd'hui aussi intéressantes, au point de vue de l'administration publique, que leurs ainées. La sollicitude du gouvernement s'étendra, nous en sommes convaincus, sur toutes les exploitations, et à ce jour, nous pouvons l'affirmer, une étude nouvelle se prépare pour doter l'ensemble des exploitations du Pas-de-Calais d'un chemin de fer. Elles se relieront ainsi avec le Nord où leurs produits arriveront à des prix inférieurs à ceux qui sont en ce moment obtenus par les charbons belges, anglais et ceux du reste du bassin. Le développement des exploitations et les améliorations que le temps apportera dans les dépenses d'extraction, leur permettra de lutter avec les autres compagnies pour la vente sur les marchés depuis Douai jusqu'à Paris.

Nous avons, en faisant cette digression, eu surtout en vue d'établir que les compagnies analogues à celle de Bruay sont encore toutes dans une situation transitoire entre l'enfance et leur complet développement. Leur avenir comme débouché est aussi vaste et aussi brillant que celui de leurs ainées.

Ici encore, nous sommes heureux de le dire, la faveur publique a devancé les résultats acquis. Peu de compagnies peuvent se flatter d'avoir, en cinq ans, vu presque quadrupler le prix de leurs actions.

Nous savons que par une décision du 1er décembre 1852, le conseil d'administation a libéré définitivement les actions de tout appel de fonds par le versement de 400 fr. effectué à ce jour.

On peut donc établir à ce taux la valeur originaire des actions de Bruay. A cette époque, on pouvait déjà présager la prime considérable à laquelle ces titres devaient bientôt s'élever. En effet, la première fosse était seulement en voie de percement, aucun dividende n'avait encore été perçu, et voici quels étaient les cours moyens des actions pendant les quatre dernières années :

En 1853 .... 1,000 fr.
    1854 .... 1,100 fr. à 1,200 fr.
    1855 .... 1,300 fr. à 1,400 fr.
    1856 .... 1,500 fr.

Les cours que nous donnons ici sont basés sur une moyenne prise dans les principales localités ou se négocient le plus souvent ces actions, Cambrai, Arras, Béthune.

Il est impossible, à moins de relater toutes les transactions faites, d'évaluer exactement les valeurs qui n'ont pas de cote en Bourse. Ainsi les prix de vente que nous indiquons ont varié dans certaines localités. A Béthune, par exemple, la nouvelle de l'obtention de la concession à fait monter les cours jusqu'à 1,700 fr. A Cambrai, où les cours s'étaient élevés lentement, mais s'étaient tenus fermes pendant deux ans de 1,350 à 1,400 fr., la hausse n'a été en moyenne que de 100 fr. Le prix est aujourd'hui tenu par les vendeurs à 1,500 fr.

Cependant les transactions sur les actions houillères sont en ce moment souvent délaissées par la spéculation qui se porte plus volontiers sur les effets publics et les actions de chemin de fer. Quand toutes ces valeurs seront classées dans les portefeuilles, une nouvelle hausse se manifestera, nous le pensons, dans les actions houillères.

Nous avons, dès ce jour, à constater pour Bruay, cette faveur singulière que le capital représenté par les taux actuel des titres, équivaut, après cinq ans d'exploitation, à quatre fois la valeur du capital originaire. Ainsi trois mille actions libérées à 400 fr. donnent un total de 1,200,000 fr.; le même nombre d'actions à 1,500 fr. l'une, élève la valeur de la concession à 4,500,000 fr.

Sans admettre l'infaillibilité de l'opinion publique, nous croyons que la faveur attachée à la compagnie Le Conte est une preuve de la confiance qu'inspire son avenir. Nous partageons nous-même cette confiance, et si nous avons manifesté notre opinion sur quelques points des statuts qui nous ont paru laisser à désirer nous n'en sommes pas moins convaincus que son avenir est aussi riche que peuvent le souhaiter les rêves les plus souriants des intéressés.

CHAPITRE VII.

La concession d'Auchy-au-Bois dont nous avons déjà entretenu nos lecteurs à propos de la compagnie de Bruay, prit naissance au commencement de l'année 1852, alors que la découverte du charbon jusqu'aux portes de Béthune par la compagnie de Vicoigne, exaltait l'ardeur de tous les explorants du bassin du Nord. Mais, nous le savons, un étrange mécompte attendait beaucoup d'entr'eux. En effet, l'allure du bassin qui, jusqu'à ce point s'était toujours montrée régulière, se modifie singulière-

28

ment au delà de Béthune. La bande houillère qui, dans les concessions de Dourges, de Courrières, de Lens, de Bully et de Nœux, présente une largeur uniforme de huit à neuf kilomètres, subit, à partir de la concession de Nœux, une bifurcation. L'une des deux branches se dirige vers le nord où elle donne lieu à l'exploitation houillère de Vendin, l'autre s'étend vers l'ouest pour former les concessions de Bruay, Marles, Ferfay et Auchy-au-Bois.

Cette dernière, dont l'historique nous occupe maintenant, installa au commencement de 1852 un sondage à Norrent-Fontes. Il rencontra les calcaires bleus compactes ; à Auchy-au-Bois un nouveau forage atteignit les schistes devoniens. Une troisième exploration, tentée au sud-ouest du village de Saint-Hilaire, fut arrêtée dans un calcaire saccharoïde gris blanchâtre, veiné de rouge et comparable aux marbres du Boulonnais. Dans l'intervalle de ces recherches, la compagnie avait rencontré la houille sur deux points; une première fois au village de Saint-Hilaire où la sonde traversa une veine de houille de quatre-vingt-treize centimètres d'épaisseur, et ensuite à la Tiremonde, commune de Ligny-lez-Aire, où l'on recoupa d'abord quelques veinules insignifiantes au milieu d'un terrain houiller d'une remarquable régularité. Enfin cette recherche fut arrêtée à cent soixante mètres, et l'équipage de sonde fut transporté à Bellery, commune d'Ames. Ce dernier forage pénétra très profondément dans le terrain houiller dans l'épaisseur duquel on traversa plusieurs veines de charbon d'une épaisseur de soixante centimètres et

même un mètre quarante-cinq centimètres en hauteur
verticale (1).

Telle était la situation des travaux exécutés par la
compagnie Faure quand elle fit sa demande en concession basée sur la découverte du charbon à St. Hilaire,
à la Tiremonde et à Bellery. Elle occupait la partie la
plus avancée vers l'ouest, de la bande méridionale du
bassin, dont les limites allaient se resserrant de plus en
plus d'Haillicourt à la Tiremonde. La largeur de cette
zône houillère se rétrécissant toujours d'avantage, ne
présentait plus que cinq cents mètres de largeur à
l'extrémité du terrain reconnu par les recherches.

On comprend que dans ces circonstances, les demandeurs des concessions de Bruay, de Marles, de Ferfay,
durent voir d'un œil jaloux ce nouveau concurrent qui
par les travaux exécutés, et les résultats obtenus, devait
obtenir aussi sa part de surface à concéder. La demande
de la compagnie d'Auchy-au-Bois, arrivée la dernière
sous les yeux de l'autorité administrative, fut frappée
d'opposition par la compagnie de la Lys.

Mais après les formalités ordinaires des enquêtes, et
constatation faite des droits des demandeurs, la compagnie vit ses demandes accueillies, et le décret du 29 décembre 1855 lui donna une existence légale et cons-

(1) Nous avons puisé ces renseignements dans les remarquables
rapports faits au conseil général du Pas-de-Calais par monsieur
Sens, ingénieur au corps impérial des mines, chargé de l'arrondissement minéralogique de ce département ; nous empruntons aux
mêmes travaux les documents relatifs aux autres concessions du
Pas-de-Calais.

titua la concession sous le nom de concession d'Auchy-au-Bois.

Son périmètre s'étend sur treize kilomètres carrés, seize hectares.

Nous rapportons dans son entier l'intitulé du décret qui porte en même temps la délimitation de la concession :

Concession des mines d'Auchy-au-Bois (Pas-de-Calais.)

DÉCRET.

NAPOLÉON, par la grâce de Dieu et la volonté nationale, Empereur des Français,

Sur le rapport de notre Ministre secrétaire d'Etat au département de l'agriculture, du commerce et des travaux publics;

Vu les demandes présentées les 16 novembre 1853 et 10 février 1854 par les sieurs FAURE, LAVALLÉE et consorts, tendant à obtenir une concession de mines de houille dans diverses communes des arrondissements de Béthune et de St-Omer, département du Pas-de-Calais;

Le plan, les extraits de rôles des contributions directes et les actes de notoriété fournis par les demandeurs;

L'avis au public du 1er avril 1854;

L'exemplaire du journal le *Courrier du Pas-de-Calais* dans lequel ledit avis a été inséré;

Les certificats d'affiches et de publications;

L'opposition formée le 21 juillet 1854 par les sieurs LEQUIEN, POITEVIN et consorts;

La réponse du sieur FAURE, du 10 août suivant;

Les rapports de l'Ingénieur ordinaire des mines et de l'Ingénieur en chef, des 14 mai et 3 juin 1855;

L'avis du Préfet du Pas-de-Calais, du 11 juin;

L'avis du Conseil général des mines du 13 juillet 1855;

Vu la loi du 21 avril 1810;

Les décrets des 18 novembre 1810 et 3 janvier 1813;

La loi du 27 avril 1838;

Le décret du 23 octobre 1852;

Notre conseil d'Etat entendu.

AVONS DÉCRÉTÉ ET DÉCRÉTONS CE QUI SUIT :

ARTICLE PREMIER.

Il est fait concession aux sieurs MARTIN-LAVALLÉE, GAR-
DEUR-LEBRUN et FAURE, réunis en société, des mines de
houille comprises dans les limites ci-après définies, communes de
Liettres, Rely, St-Hilaire, Lières, Lespesses, Auchy-au-Bois, Li-
gny, Enquin, Estrée-Blanche, arrondissemens de Béthune et de
St-Omer, département du Pas-de-Calais.

ARTICLE DEUX.

Cette concession, qui prendra le nom de CONCESSION D'AUCHY-
AU-BOIS, est limitée, conformément au plan annexé au décret, en
date de ce jour, relatif à la concession de Ferfay, ainsi qu'il suit,
savoir :

A l'Est, par la droite prolongée qui joint le clocher d'Amettes
au clocher d'Ames, depuis le point N où elle rencontre la ligne
qui joint le clocher d'Auchy-au-Bois, point S au point R, situé à
l'intersection de l'axe du chemin vicinal de grande communication,
n° 65, d'Arras à Saint-Hilaire, avec l'axe de la route impériale,
n° 16, de Paris à Dunkerque, jusqu'au point L où elle coupe la
ligne VP, menée du point P d'intersection des axes des chemins
dits de Liettres et la Cavée du Moulin, commune de Lières, au
clocher de Burbure (cette droite forme la limite Ouest de la concession de Ferfay);

Au Nord, par la portion de la ligne qui joint le point P au clocher de Burbure, comprise entre le point L et le point P, et par la
droite PU, tirée du point P sur le clocher de Serny, et arrêtée au
point U où elle coupe la droite qui réunit les clochers de Liettres et
de Fléchin;

A l'Ouest, par la portion de cette droite, comprise entre le point U
et le point T où elle rencontre la ligne qui joint l'angle orien-
tal de la ferme Le Corroy, commune d'Enquin, au clocher d'Auchy-au-Bois, point S;

Au Sud, par la portion de cette dernière ligne, comprise entre le point T et le clocher d'Auchy-au-Bois, puis par la ligne qui joint ce clocher au point R ci-dessus défini, cette ligne étant arrêtée au point N qui est le point de départ.

Lesdites limites renfermant une étendue superficielle de 13 kilomètres carrés, 16 hectares.

ARTICLE TROIS.

Il n'est rien préjugé sur l'exploitation des gîtes de tout minerai étranger à la houille qui peuvent exister dans la concession d'Auchy-au-Bois.

La concession de ces gîtes de minerai sera accordée, s'il y a lieu, après une instruction particulière, soit aux concessionnaires des mines d'Auchy-au-Bois, soit à une autre personne. Les cahiers des charges des deux concessions régleront, dans ce dernier cas, les rapports des deux concessionaires entre eux pour la conservation de leurs droits mutuels et pour la bonne exploitation des deux substances.

ARTICLE QUATRE.

Les droits attribués aux propriétaires de la surface par les articles 6 et 42 de la loi du 21 avril 1810, sur le produit des mines concédées, sont réglés à une rente annuelle de cinq centimes par hectare de terrain compris dans la concession.

Ces dispositions seront applicables nonobstant les stipulations contraires qui pourraient résulter de conventions antérieures entre les concessionnaires et les propriétaires de la surface.

ARTICLE CINQ.

Les concessionnaires paieront, en outre, aux propriétaire des la surface, les indemnités déterminées par les articles 43 et 44 de la loi du 21 avril 1810, pour les dégâts et non-jouissance de terrains occasionnés par l'exploitation des mines.

ARTICLE SIX.

En exécution de l'article 46 de la loi du 21 avril 1810, toutes les questions d'indemnités à payer par les concessionnaires, à raison de recherches ou travaux antérieurs au présent décret, seront décidées par le conseil de Préfecture.

ARTICLE SEPT.

Les concessionnaires paieront à l'Etat, entre les mains du receveur de l'arrondissement de Béthune, les redevances fixe et proportionnelle établies par la loi du 21 avril 1810, et conformément à ce qui est déterminé par le décret du 6 mai 1811.

ARTICLE HUIT.

Les concessionnaires se conformeront exactement aux dispositions du cahier des charges annexé au présent décret, et qui est considéré comme en faisant partie essentielle.

ARTICLE NEUF.

En exécution de l'ordonnance du 18 avril 1842, ils devront élire un domicile administratif, qu'ils feront connaître par une déclaration adressée au Préfet du département.

ARTICLE DIX.

La compagnie concessionnaire sera tenue, conformément à l'art. 7 de la loi du 17 avril 1838, de désigner, par une déclaration authentique faite au secrétariat de la Préfecture, celui de ses membres ou toute autre personne à qui elle donnera des pouvoirs nécessaires pour correspondre en son nom avec l'autorité administrative, et en général pour la représenter vis-à-vis l'administration tant en demandant qu'en défendant.

Elle devra, en outre, justifier, aux termes du même art. 7, qu'il a été pourvu, par une convention spéciale, à ce que les travaux d'exploitation soient soumis à une direction unique et coordonnée dans un intérêt commun.

Faute par la compagnie d'avoir fait, dans le délai qui lui aura été assigné, la déclaration et la justification requises par le présent article, ou d'exécuter les clauses de la convention qui auraient pour objet d'assurer l'unité de la concession, les dispositions dudit article 7 de la loi du 27 avril 1838 et celles des articles 93 et suivants, de la loi du 21 avril 1810, pourront lui être appliquées.

ARTICLE ONZE.

Conformément au décret du 23 octobre 1852, les concessionnaires ne pourront, sans l'autorisation du Gouvernement, réunir leur concession à d'autres concessions de même nature, par association, acquisition ou de toute autre manière, sous peine du retrait des concessions réunies et sans préjudice des poursuites qui pourraient être exercées en vertu des articles 414 et 419 du Code pénal.

ARTICLE DOUZE.

Il y aura particulièrement lieu à l'exercice de la surveillance de l'administration des mines, en exécution des articles 47, 49 et 50 de la loi du 21 avril 1810, et du titre II du décret du 3 janvier 1813, si la propriété de la concession vient à être transmise d'une manière quelconque à d'autres personnes.

Ce cas arrivant, le nouveau propriétaire de la concession sera tenu de se conformer exactement aux conditions prescrites par le présent décret et par le cahier des charges y annexé.

Dans le cas où la concession serait transmise à une Société, celle-ci sera tenue de se conformer à ce qui est exigé par l'art. 7 de la loi du 27 avril 1838, sous peine de l'application, s'il y a lieu, des mesures prescrites par ce même article et des dispositions des articles 93 et suivants de la loi du 21 avril 1810.

ARTICLE TREIZE.

Dans le cas prévu par l'art. 49 de la loi du 21 avril 1810, où l'exploitation sera restreinte ou suspendue sans cause reconnue légitime, le Préfet assignera aux concessionnaires un délai de rigueur.

Faute par les concessionnaires de justifier, dans ce délai, de la reprise d'une exploitation régulière et des moyens de la continuer, il en sera rendu compte, conformément audit article 49, au Ministre de l'agriculture, du commerce et des travaux publics, qui prononcera, s'il y a lieu, le retrait de la concession, en exécution de l'article 10 de la loi du 27 avril 1838, et suivant les formes prescrites par l'article 6 de la même loi.

ARTICLE QUATORZE.

Si les concessionnaires veulent renoncer à la totalité ou à une partie de la concession, ils s'adresseront, par voie de pétition, au Préfet, six mois au moins avant l'époque à laquelle ils auraient l'intention d'abandonner les travaux de leurs mines, et ils joindront à ladite pétition :

1º Le plan et l'état descriptif des exploitations ;

2º Un certificat du conservateur des hypothèques, constatant qu'il n'existe point d'inscriptions hypothécaires sur la concession, ou, dans le cas contraire, un état de celles qui pourraient avoir été prises.

Lorsque ces pièces auront été fournies, la pétition sera publiée et affichée, pendant quatre mois, dans les lieux et suivant les formes déterminées par les articles 23 et 24 de la loi du 21 avril 1810, pour les demandes en concession de mines.

Les oppositions, s'il s'en présente, seront reçues et notifiées dans les formes déterminées par l'article 26 de la même loi.

La renonciation ne sera valable que lorsqu'elle aura été acceptée, s'il y a lieu, par un décret délibéré en conseil d'Etat.

ARTICLE QUINZE.

Le présent décret sera publié et affiché, aux frais des concessionnaires, dans les communes sur lesquelles s'étend la concession.

ARTICLE SEIZE.

Notre Ministre secrétaire d'Etat au département de l'agriculture, du commerce et des travaux publics, et notre Ministre secrétaire d'Etat au département des finances sont chargés, chacun en ce qui le concerne, de l'exécution du présent décret, qui sera inséré par extrait au *Bulletin des Lois*.

Fait au palais des Tuileries, le 29 décembre 1855.

Signé : NAPOLÉON.

Par l'Empereur :

Le ministre secrétaire d'Etat au département de l'agriculture, du commerce et des travaux publics.

Signé : E. ROUHER.

Pour ampliation :

Le Secrétaire général,

J. BOUREUILLE.

La concession d'Auchy-au-Bois d'après cet acte ne présente pas une bien grande étendue superficielle. Elle ne comprend que treize kilomètres seize hectares.

Mais nous avons déjà relevé une erreur assez généralement accréditée sur la préférence par trop exclusive donnée par les capitalistes aux actions des compagnies favorisées par un développement considérable de territoire. Sans nier ce qu'a d'important pour l'avenir d'une exploitation la possibilité d'étendre indéfiniment le rayon de ses fosses d'extraction, nous croyons néanmoins qu'il ne faut pas exagérer la valeur intrinsèque des vastes concessions. On voit tous les jours et notamment dans le centre de la France des concessions houillères de cinq de quatre et même de trois kilomètres carrés, avantageusement exploitées, devenir même l'objet de vastes associations.

Si de ce côté, la compagnie houillère d'Auchy-au-Bois, est moins favorisée que ses aînées, au moins a-t-elle trouvé assez facilement des adhérents pour arriver, dès avant l'obtention de la concession, à une constitution sociale appuyée sur un capital de deux millions.

Nous croyons utile de mettre sous les yeux de nos lecteurs ses statuts dans leur ensemble; ils offrent, au point de vue de la répartition du capital numéraire et de l'attribution du capital d'industrie, quelques caractères particuliers que nous examinerons après avoir donné le texte complet de l'acte de société.

STATUTS DE LA SOCIÉTÉ D'AUCHY-AU-BOIS.

Par devant Mᵉ PHILIBERT-LOUIS-RENÉ TURQUET et son collègue, notaires à Paris, soussignés,

ONT COMPARU :

M. ALPHONSE-ROBERT-JEAN MARTIN-LAVALLÉE, directeur de l'École centrale des arts et manufactures, chevalier de la Légion-d'Honneur, demeurant à Paris, rue des Coutures-Saint-Gervais, 1 ;

M. Nicolas-Antoine GARDEUR LE BRUN, chevalier de la Légion-d'Honneur, ancien directeur d'usines métallurgiques, inspecteur des Écoles impériales d'arts et métiers, demeurant à Paris, rue de Chabrol, n° 49 ;

Et M. Pierre-Auguste FAURE, ingénieur civil, professeur à l'École centrale des arts et manufactures, demeurant à Paris, boulevard Saint-Martin, 55 ;

Lesquels ont expliqué ce qui suit :

Par suite de recherches faites par les comparants dans les communes d'Auchy-au-Bois, Saint-Hilaire-Cottes, Ligny-les-Aires, Ames et Norrent-Fontes (Pas-de-Calais), une mine de houille a été découverte.

Ils sollicitent auprès du gouvernement la concession de cette mine, le périmètre demandé se limitant comme suit :

Au sud, par une ligne brisée allant d'Amettes à Westrehem, et Westrehem à Erny-Saint-Julien ; à l'ouest, par une ligne droite allant d'Erny-Saint-Julien à Liettres ; au nord, par une ligne droite allant de Liettres à Lespesses ; et, à l'est, par une ligne droite passant par Amettes et Ames, et venant rencontrer le prolongement de la ligne droite qui passe par Liettres et Lières.

Aujourd'hui, pour arriver à la continuation des travaux nécessaires à la mise en exploitation de la mine, MM. Lavallée, Le Brun et Faure, ont jugé utile de former une Société, et ils en ont arrêté les bases de la manière suivante :

TITRE Ier.

**Création de la Société. — Son objet. — Sa dénomination.
Son siége et sa durée.**

ARTICLE PREMIER.

Il est établi, par ces présentes, une Société civile et particulière entre MM. Martin-Lavallée, Le Brun et Faure, et les personnes qui deviendront propriétaires des actions dont il sera ci-après question.

ARTICLE DEUX.

La Société a pour objet :

1° La continuation des travaux nécessaires à la mise en exploitation de la mine dont la découverte est résultée des sondages exécutés aux lieux indiqués par les comparants, et dont ils demandent la concession ;

2° La vente des charbons à provenir de cette concession ,

3° Et tout ce qui pourra se rattacher à l'exploitation de ladite concession, telle qu'elle sera accordée par le gouvernement.

ARTICLE TROIS.

La Société prend la dénomination de *Compagnie des mines d'Auchy-au-Bois.*

ARTICLE QUATRE.

Le siège de la Société et son domicile sont fixés provisoirement au domicile à Paris sus-indiqué de M. Faure, et ce jusqu'à la mise en exploitation du premier puits d'extraction.

A cette époque, le conseil d'administration déterminera d'une manière définitive le siége social.

ARTICLE CINQ.

La Société commence le 1er mars 1855.

Elle durera jusqu'à ce que les actionnaires aient décidé en assemblée générale, dans la forme et de la manière spécifiées aux art. 36 et 42, qu'il y a lieu de la dissoudre.

TITRE II.

Apport à la Société.

ARTICLE SIX.

Les comparants déclarent apporter à la Société :

1° Les travaux d'exploration faits jusqu'à ce jour aux lieux précédemment désignés, lesdits travaux comprenant ensemble six sondages ;

2° Leurs droits d'invention et autres de toute nature, à l'obtention de la concession de la mine d'Auchy-au-Bois, dans le périmètre demandé ;

Et généralement le résultat de toutes les dépenses faites par eux jusqu'à ce jour et relatives à ces travaux d'exploration, pour, ladite Société, jouir du tout à compter de ce jour.

TITRE III.

Fonds social. — Actions.

ARTICLE SEPT.

Le capital social est fixé à 2,000,000 de francs.

Il est représenté, jusqu'à concurrence de 407,000 fr., par l'apport fait sous l'article qui précède.

Il est représenté, jusqu'à concurrence de 1,593,000 fr. de surplus, par les paiements qui seront effectués par les souscripteurs des actions dont il va être parlé.

ARTICLE HUIT.

Le capital social est divisé en quatre mille actions de 500 francs chacune.

Sur ces quatre mille actions, huit cent quatorze, portant les numéros de un à huit cent quatorze, seront attribuées aux comparants en représentation de leur apport, lesquelles sont, dès ce jour, libérées de tout appel de fonds.

Sur les trois mille cent quatre-vingt six actions restant, il sera fait une première émission de onze cent quatre-vingt-six actions, portant les numéros de huit cent quinze à deux mille.

Les titres de ces actions portant les numéros de un à huit cent quatorze, et de huit cent quinze à deux mille, sont inaliénables jusqu'à la promulgation du décret de la concession, et conséquemment ne pourront être, jusqu'à cette époque, détachés de leur souche et délivrés à qui de droit ; il sera remis des titres provisoires non négociables aux souscripteurs des actions numéros huit cent quinze à deux mille.

Les deux mille actions destinées à former le complément du capital social, et portant les numéros deux mille un à quatre mille, pourront être ultérieurement émises en une ou plusieurs fois.

Le conseil d'administration fixera la date et l'importance de chacune de ces émissions ultérieures.

Chaque émission sera constatée successivement par une déclaration du conseil d'administration publiée dans un des journaux judiciaires de Paris.

ARTICLE NEUF.

Les propriétaires des actions portant les numéros de un à deux mille auront un droit de préférence, proportionnel au nombre d'actions qu'ils possèdent, pour la souscription des actions ultérieurement émises par suite de décisions du conseil d'administration.

Pour user de ce droit, ils devront faire connaître au siége social leur intention à cet égard, dans le mois qui suivra la publication de la décision relative à l'émission, dans le journal désigné à l'article qui précède.

ARTICLE DIX.

Toute action donne droit à une quotité de tout ce qui compose la propriété de la Société.

Cette quotité est déterminée par le nombre d'actions émises.

ARTICLE ONZE.

Aucune solidarité n'existe entre les actionnaires, qui ne peuvent être assujettis à aucune charge, par suite de la possession d'une action.

ARTICLE DOUZE.

Aucun propriétaire d'actions ne peut, sous quelque prétexte que ce soit, provoquer l'apposition des scellés sur les biens et les valeurs de la Société, ni s'immiscer en aucune manière dans son administration.

ARTICLE TREIZE.

Les quatre mille actions sont représentées par quatre mille titres nominatifs extraits d'un registre à souche, dont le talon reste déposé au siége de la Société.

Ces titres portent une même série de numéros de un à quatre mille.

Ils sont revêtus de la signature de deux administrateurs au moins, et frappés du timbre sec de la Société.

ARTICLE QUATORZE.

Les actions peuvent être converties en actions au porteur. Une déclaration de l'actionnaire, faite au dos du titre et visée par deux administrateurs, suffit pour cette conversion.

L'action rendue au porteur peut de nouveau, en remplissant la même formalité, être convertie en action nominative.

L'administration aura également le droit de convertir en actions au porteur toutes les actions nominatives en émission. Il en sera donné avis aux propriétaires d'actions par lettre chargée à la poste, adressée au domicile déclaré lors de la souscription de l'action.

ARTICLE QUINZE.

La cession des actions s'opère, pour les actions au porteur, par simple tradition du titre, et, pour les actions nominatives, par un transfert dont un des doubles est consigné sur un registre spécial tenu au siége social; le transfert est signé du cédant, du cessionnaire, ou de

leurs mandataires, et visé par deux administrateurs.
Une mention de ce transfert, signée des mêmes personnes, est faite au dos du titre.

ARTICLE SEIZE.

Toute cession d'actions opérée régulièrement emporte
à l'égard de la Société cession des droits y afférents.

ARTICLE DIX-SEPT.

Chaque part d'intérêt représentée par une action est
indivisible, et la Société ne reconnaît qu'un seul titulaire pour chaque action.

ARTICLE DIX-HUIT.

Tout souscripteur d'actions devra effectuer immédiatement un versement de 125 francs par action à la caisse
sociale, à Paris, chez la personne désignée par le conseil
d'administration.

Il lui sera délivré une quittance, détachée d'un registre à souche, portant le numéro de l'action, dont le
titre lui sera délivré comme il a été dit à l'art. 8. Cette
quittance sera signée de deux administrateurs.

Le chiffre et l'époque des versements subséquents
seront décidés par le conseil d'administration, au fur
et à mesure des besoins de la Société.

Ils seront portés à la connaissance des actionnaires
par lettres chargées à la poste, adressées au domicile
déclaré lors de la souscription de l'action, et seront de
plus annoncés dans les journaux d'annonces légales de
Paris et de Béthune.

A défaut de versement aux époques déterminées, l'intérêt sera dû, par chaque jour de retard, à raison de cinq pour cent l'an.

Les numéros des actions en retard de paiement seront publiés dans les journaux d'annonces légales de Paris et de Béthune, et autres, si l'administration le juge utile, et sommation sera faite par huissier, au domicile des propriétaires, d'effectuer les versements votés. Quinze jours après l'accomplissement de ces formalités, les actions seront vendues sur duplicata, par le ministère d'un notaire, aux enchères publiques, pour le compte et aux risques et périls des actionnaires, sans préjudice à l'action personnelle contre les retardataires au profit de la Société.

Les titres des actions ainsi vendues seront nuls de plein droit, et il en sera délivré aux acquéreurs de nouveaux, ayant les mêmes numéros que les titres annulés et portant mention de leur création par duplicata.

Le produit de la vente sera employé, d'abord à payer tous les frais, puis les versements en retard, et le surplus sera remis à l'actionnaire évincé.

Les actions nominatives ne pourront être converties en actions au porteur qu'après la remise des titres définitifs.

ARTICLE DIX-NEUF.

Tout actionnaire non domicilié à Paris est tenu d'y faire élection de domicile pour l'exécution du présent acte et pour la signification de toute demande ou procédure y relative.

A défaut de cette élection de domicile, tout acte

sera considéré comme lui étant valablement signifié par l'avertissement dans les journaux indiqués à l'article 18.

ARTICLE VINGT.

Les conditions des présents statuts obligent et suivent chaque action dans quelque main qu'elle passe ; tout actionnaire est réputé avoir pris connaissance des statuts.

TITRE IV.

Conseil d'Administration.

ARTICLE VINGT-UN.

La gestion de toutes les affaires, de tous les intérêts sociaux, appartient à un conseil d'administration composé de cinq membres.

ARTICLE VINGT-DEUX.

Chacun des membres du conseil d'administration doit posséder au moins vingt actions nominatives, lesquelles sont inaliénables pendant la durée de sa gestion.

Chaque membre qui cesse de posséder ce nombre de parts d'intérêt est réputé démisssionnaire.

ARTICLE VINGT-TROIS.

Les membres du conseil d'administration sont nommés pour toute la durée de la Société.

En cas de démission ou de décès de l'un des membres du conseil d'administration, les membres restants pourvoient à son remplacement.

ARTICLE VINGT-QUATRE.

Le conseil d'administration nomme annuellement un président, un vice-président et un secrétaire, pris dans son sein.

La présence de trois membres est nécessaire pour la validité des délibérations.

Celles-ci sont prises à la majorité des voix des membres présents.

En cas de partage, la voix du président est prépondérante.

Elles sont transcrites sur un registre spécial et signées par tous les membres présents.

Il est justifié aux tiers des délibérations du conseil par un extrait ou une copie signée de deux administrateurs.

Le directeur, dont les fonctions seront définies ci-après, peut-être appelé aux délibérations du conseil. Il y a voix consultative seulement.

ARTICLE VINGT-CINQ.

Le conseil d'administration choisit et nomme un directeur, dont il fixe les attributions dans tout ce qui n'est pas prévu aux présents.

Il peut le révoquer à la majorité de quatre voix.

Sur la proposition du directeur, il nomme tous les employés de la Compagnie et fixe leur traitement.

Il représente la Société vis-à-vis des tiers; il exerce en son nom les actions judiciaires; il a tout pouvoir pour vendre, échanger, donner mainlevée avec ou sans quittance; il signe ou autorise tous transferts de rentes sur l'état, sur particuliers, actions industrielles et valeurs, de quelque nature que ce soit, appartenant à la Société.

Il détermine toutes les dépenses, traite de l'entreprise de toutes fournitures, de l'achat ou de la location des terrains ou bâtiments, machines, etc.

Il poursuit l'obtention de toutes concessions nouvelles ou l'extension des concessions déjà obtenues.

Il détermine le prix de vente des charbons et l'importance de l'extraction ; il adopte, à cet égard, telle mesure, tels arrangements qu'il juge utiles aux intérêts communs.

Il représente légalement la Société auprès de l'administration publique ; il fait toutes les opérations qu'exige l'intérêt de la Société, soit pour l'organisation de l'exploitation, soit dans ses rapports avec le commerce ou avec les autorités tant administratives que judiciaires.

Il a tout pouvoir pour s'associer légalement, et suivant les formes imposées par l'état, avec d'autres exploitations ; il pourra même faire toute acquisition de tout ou partie de concessions charbonnières, ou proposer toute vente ou cession de sa propre concession.

Dans ce dernier cas, la vente ne sera définitive qu'après l'approbation de l'assemblée générale, convoquée comme il sera dit plus loin.

Il pourra employer en achat d'actions de la Société une partie du fonds de réserve, lequel, toute fois, ne pourra être affecté à cet usage qu'après qu'il aura atteint le chiffre de 200,000 fr., et seulement pour tout ce qui dépasserait cette somme.

Il pourra, en cas de besoins dont il reste juge, émettre de nouveau les actions rachetées, s'il ne juge préférable d'emprunter sur dépôt de ces actions.

Il convoque l'assemblée générale chaque fois qu'il le juge utile.

Il pourra faire tous emprunts, au nom de la Société, soit au moyen de l'émission d'obligations aux conditions qu'il avisera, soit de tout autre manière. — Il pourra seul proposer des modifiations aux présents statuts.

Il fait les règlements d'administration intérieure et extérieure, vise les transferts.

Il a enfin les pouvoirs les plus étendus pour la gestion et l'administration de toutes les affaires de la Société.

ARTICLE VINGT-SIX.

Les administrateurs ne prennent aucun engagement personnel; la Société est tenue de remplir ceux qu'ils ont pris dans les limites des pouvoirs qui leur sont conférés. Ils ne répondent que de leur malversation ou de leur dol.

ARTICLE VINGT-SEPT.

Sont nommés administrateurs :

MM. Martin-Lavallée,

Gardeur Le Brun,

Faure (Auguste),

Rhoné (Charles),

Péreire (Eugène).

ARTICLE VINGT-HUIT.

Les membres du conseil d'administration recevront

par chaque séance du conseil à laquelle ils assisteront
un jeton de présence, dont la valeur est fixée à 20 f., et
le remboursement de leurs frais de voyage.

ARTICLE VINGT-NEUF.

Un directeur, sous les ordres du conseil d'administration, est chargé par ce conseil de faire exécuter les travaux, de surveiller la comptabilité, et, en général, de
suivre l'exécution de toutes les décisions du conseil.

Il pourvoit, sauf ratification du conseil d'administration, à la nomination de tous les employés de la Compagnie.— Il est nommé et peut être révoqué par le conseil
d'administration.

TITRE V.

Assemblées générales.

ARTICLE TRENTE.

L'assemblée générale représente l'universalité des actionnaires ; ses délibérations sont obligatoires pour tous.

ARTICLE TRENTE-UN.

Elle se réunit chaque année, au local désigné par le
conseil d'administration, le premier lundi d'octobre, à
onze heures du matin.

Elle peut en outre être convoquée exceptionnellement
par ledit conseil, ainsi qu'il a été expliqué à l'art. 25.

Elle se compose de tous propriétaires d'au moins cinq
actions. Chaque membre aura autant de voix qu'il aura
de fois cinq actions ; toutefois, nul ne peut disposer de
plus de cinq voix. Nul ne sera admis à l'assemblée générale s'il n'a déposé au siège de la Société, et dans le

mois qui précède l'assemblée, les titres d'actions, et re-
tiré un reçu mentionnant le nombre de voix dont il peut
disposer.

ARTICLE TRENTE-DEUX.

Les délibérations de l'assemblée générale ne sont va-
lables qu'autant qu'elles auront été prises par une
réunion d'actionnaires propriétaires de la moitié au
moins des actions émises.

Si l'assemblée générale, dûment convoquée, ne s'est
pas trouvée en nombre, le conseil d'administration con-
voquera une nouvelle assemblée dans les deux mois qui
suivront, et, si cette nouvelle assemblée est encore incomplète, la délibération aura lieu à la majorité des
voix représentées, mais seulement sur les affaires à l'ordre du jour de la première réunion.

ARTICLE TRENTE-TROIS.

Le bureau de l'assemblée générale se compose d'un
président, d'un secrétaire et d'un scrutateur.

Le président du conseil d'administration, et, en son
absence, le vice-président, préside les assemblées générales.

Le secrétaire du conseil d'administration, ou, en son
absence, l'un des membres du conseil, est secrétaire de
l'assemblée générale.

Le scrutateur est désigné par l'assemblée, sur la proposition du président.

ARTICLE TRENTE-QUATRE.

Les délibérations de l'assemblée générale sont prises à

la majorité des suffrages exprimés. En cas de partage,
la voix du président est prépondérante.

Les délibérations prises conformément aux statuts
obligent la Société et les absents ou dissidents.

ARTICLE TRENTE-CINQ.

Les délibérations sont rédigées et lues séance te-
nante ; elles sont inscrites sur un registre coté et
paraphé par le président du conseil d'administration.
Elles sont signées par le président et le secrétaire de
l'assemblée.

La justification régulière de ces délibérations vis-à-vis
des tiers résulte d'expéditions ou extraits délivrés par
deux administrateurs.

ARTICLE TRENTE-SIX.

Les convocations annuelles et extraordinaires se feront
toujours par la voie des journaux, par un avis inséré un
mois à l'avance dans un des journaux d'Arras, de Béthune, et dans les journaux de Paris indiqués pour les
publications de sociétés. Si des modifications aux statuts
doivent être proposées par l'administration, il en sera
fait mention dans la convocation, et tout porteur d'actions pourra venir au siége de la Société prendre connaissance des modifications proposées.

ARTICLE TRENTE-SEPT.

Les attributions de l'assemblée générale sont :

1° De nommer la première année trois délégués, choisis parmi les actionnaires, et constituant un comité de

surveillance, et de remplacer les années suivantes les membres sortants de ce comité ;

2° D'entendre le rapport du conseil d'administration sur les comptes annuels, et celui des trois délégués composant le comité de surveillance ;

3° De délibérer sur les modifications proposées par le conseil aux présents statuts, et de les ratifier s'il y a lieu.

TITRE VI.

Comité de Surveillance.

ARTICLE TRENTE-HUIT.

Le comité de surveillance, nommé par l'assemblée générale et composé de trois membres possédant chacun dix actions au moins, se réunira une fois par an pour vérifier et arrêter les comptes annuels de l'administration. Il en fera le rapport à l'assemblée générale.

Il sera renouvelé chaque année par tiers, le plus jeune sortant le premier, le plus âgé le troisième. Après trois ans, les membre sortiront par rang d'ancienneté.

Tout membre sortant pourra être réélu.

ARTICLE TRENTE-NEUF.

Les membres du comité auront droit au remboursement de leurs frais de voyage et à une indemnité annuelle, pour chacun, de cinq jetons de présence, la valeur de chaque jeton étant fixée à 20 fr.

TITRE VII.

Inventaires. — Dividendes. — Réserve.

ARTICLE QUARANTE.

Le 31 juillet de chaque année, les écritures seront

arrêtées et l'inventaire dressé par les soins de l'administration.

ARTICLE QUARANTE-UN.

L'administration fixera le chiffre des dividendes.

Il sera créé un fonds de réserve, qui ne pourra excéder 300,000 fr. Dès que, par un emploi quelconque,
ce fonds de réserve sera moindre que 200,000 francs
en valeurs disponibles, il devra être complété comme il
est dit ci-après.

ARTICLE QUARANTE-DEUX.

Le fonds de réserve sera formé par une retenue du
quart des bénéfices de chaque année, après la répartition de cinq pour cent du capital émis, y compris les
actions des numéros de un à huit cent quatorze.

TITRE VIII.

**Dissolution.— Liquidation. — Modifications aux Statuts.—
Contestations.— Conversion de la Société civile et particulière en Société anonyme.**

ARTICLE QUARANTE-TROIS.

L'assemblée générale pourra prononcer la dissolution
de la Société s'il est reconnu qu'il n'y a plus possibilité
d'extraire avec avantage.

Dans tous les cas, la dissolution ne pourra être prononcée que sur la proposition motivée du conseil d'administration, lequel en aura référé, un mois à l'avance,
au comité de surveillance, et par les trois quarts au
moins des voix représentées à l'assemblée générale, le
comité de surveilllance entendu.

ARTICLE QUARANTE-QUATRE.

Lors de la dissolution de la Société, l'assemblée générale déterminera le mode de liquidation et celui de la vente des biens meubles et immeubles de la Société, soit à l'amiable, soit en justice.

Elle choisit un ou plusieurs liquidateurs, les révoque, fixe par une délibération l'étendue de leurs pouvoirs et leurs émoluments.

Pendant le cours de la liquidation, les droits et pouvoirs de l'assemblée générale se perpétuent, et subsistent, comme pendant le cours de la Société, pour tout ce qui concerne cette liquidation.

ARTICLE QUARANTE-CINQ.

L'assemblée délibère sur les modifications aux statuts proposées par le conseil d'administration, lesquelles ne deviennent définitives qu'après le vote qui les a approuvées.

ARTICLE QUARANTE-SIX.

Toutes contestations entre les associés à raison des affaires sociales sont jugées à Paris par trois arbitres nommés par le président du tribunal civil de la Seine, à la requête de la partie la plus diligente, à moins que cette nomination n'ait été faite préalablement à l'amiable entre les parties.

Les arbitres décident comme amiables compositeurs et en dernier ressort, sans être tenus de s'astreindre aux formes et délais de procédure.

Leur décision ne peut être attaquée par voie d'appel, requête civile ni recours en cassation.

ARTICLE QUARANTE-SEPT.

La présente Société, civile et particulière, pourra être convertie en Société anonyme lorsque le conseil d'administration aura reconnu l'opportunité de cette transformation.

Le conseil d'administration alors en exercice, est, dès à présent, constitué mandataire irrévocable de tous les intéressés à l'effet de passer l'acte contenant les statuts de la Société anonyme, d'en suivre l'approbation auprès du gouvernement, de consentir tous changements ou modifications qu'il pourrait exiger, de passer tous actes à cet effet, et généralement faire tout ce qui sera utile ou nécessaire en vue de ladite conversion.

Le mandat ci-dessus conféré est considéré comme condition essentielle de la présente Société; il sera obligatoire pour tous les intéressés, et même les incapables.

Dont acte fait et passé à Paris, en l'étude dudit M⁰ Turquet, sise rue d'Antin, n⁰ 9, l'an mil huit cent cinquante-cinq, le vingt-huit avril. Et, après lecture, les comparants ont signé avec les notaires. Ensuite est cette mention : Enregistré à Paris, troisième bureau, le deux mai mil huit cent cinquante-cinq, f⁰ 23 r⁰, case 5⁰. Reçu 5 francs, et 50 centimes par décime.   *Signé* : FAVRE.

L'acte de société d'Auchy-au-Bois tel que nous venons de le reproduire, présente quelques particularités que nous devons faire ressortir aux yeux de nos lecteurs.

Et ici qu'on nous permette des considérations qui peuvent avoir une application utile à toutes les compagnies houillères dont nous avons à tracer l'historique. Le capital dans chacune d'elles se compose de deux éléments bien distincts, de même que les intéressés ont deux origines; le capital d'industrie représenté tantôt par une quote part déterminée d'actions libérées, tantôt par une somme d'argent fixe est attribué aux premiers fondateurs de l'affaire; ceux-là, en effet, ont couru seuls tous les risques du début de l'entreprise ; sans autre guide que les données géologiques générales, et les découvertes précédemment opérées dans le voisinage, ils ont exposé leurs capitaux dans une recherche toujours longue, souvent difficile, plus souvent encore infructueuse. C'est ainsi que nous voyons les premiers sociétaires de la compagnie d'Auchy-au-Bois débutant dans l'entreprise par deux sondages donnant des résultats négatifs, découvrir le terrain houiller seulement dans une troisième tentative. Deux ans encore, pour répondre aux nécessités de leur demande en concession, à l'instruction exigée par l'administration des mines, ils sont obligés de pratiquer de nouveaux travaux de reconnaissance, et ce n'est qu'après trois ans de recherches continues et l'exécution de six sondages, dont trois affirment l'existence de la houille, qu'ils constituent une société pour l'exploitation de leur découverte. Dans cette situation, les inventeurs se réservent en échange de leur apport industriel une quote part d'actions libérées, dans l'espèce le chiffre est de huit cent quatorze, soit 407,000 francs. Je sais qu'au premier abord un pareil chiffre paraît un beau denier prélevé sur l'ensemble de l'entreprise. Mais qu'on réfléchisse à toutes les chances qu'ont courues les explorateurs, et dont la première, celle d'insuccès, suffit à elle seule pour justifier les prélèvements opérés, sans compter les éventualités de concurrence, d'éviction même qui peuvent résulter des droits allégués ou justifiés par des compagnies rivales, et l'on restera convaincu que la part libérée des premiers actionnaires est à peine rémunératoire.

Que l'on mette en parallèle cette position avec celle des adhérents et souscripteurs à la société d'exploitation. Ces derniers interviennent dans l'entreprise quand déjà la découverte du combustible n'est plus un problème; souvent même la multiplicité des découvertes, l'approfondissement des sondages a déjà permis de constater d'une manière sûre l'avenir de l'exploitation; le concours des capitaux n'est dû qu'à la valeur même des premiers résultats obtenus, et la même considération que fait affluer les demandes d'actions, détermine en même temps l'élévation des prétentions des inventeurs originaires. On comprend que la confiance publique dans le succès et l'avenir d'une entreprise soit le thermomètre du mérite de l'invention qui y a donné naissance.

Qu'on écarte donc les mesquines considérations qui tendent à représenter les inventeurs de découvertes houillères comme absorbant tout gratuitement la meilleure part de l'affaire. Il faut au contraire savoir gré aux esprits plus audacieux, plus progressistes qui ouvrent ainsi de nouvelles sources à la richesse publique, et préparent

chaque jour à l'industrie de nouveaux germes de fécon-
dation.

Pour nous, nous croyons que la détermination de leurs
droits d'inventeurs ne doit avoir d'autre mesure que
l'importance de la découverte qu'ils ont faite, et que l'ardeur avec laquelle sont recherchées par les capitaux les
valeurs qu'ils créent, sont la meilleure réfutation des
récriminations et des griefs élevés contre les attributions
de parts d'industrie.

Sous le mérite de cette considération, voyons quelle
est à cet égard la constitution de la compagnie d'Auchy-
au-Bois.

Le capital est de 2,000,000 divisé en quatre mille
actions de 500 fr. chacune.

De ces quatre mille actions, deux mille seulement
ont été émises à l'origine de la société, savoir huit cent
quatorze actions libérées, attribuées aux associés originaires et onze cent quatre vingt-six actions de capital
attribuées aux personnes qui ont adhéré aux statuts.

En somme l'émission de ces actions de capital ayant
lieu au pair, c'est avec une somme totale de 593,000 fr.
que la compagnie nouvelle commençait ses travaux d'exploitation.

C'était peu évidemment pour mener complètement à
fin l'entreprise; on sait en effet ce que coûte l'installation
d'une entreprise houillère dans nos pays. Mais la compagnie a compté, et avec raison selon nous, sur la faveur
que devaient dans un jour prochain obtenir toutes les
opérations analogues, pour obtenir économiquement et
au fur et à mesure de ses besoins les nouveaux capi-

taux qui seraient nécessaires au développement de l'entreprise.

L'article 25 des statuts qui détermine les fonctions du conseil d'administration, lui permet d'ailleurs d'user dans l'intérêt de l'entreprise d'un mode d'appel de capitaux dont on ne saurait trop recommander l'emploi aux compagnies dont l'existence est à la fois solide et durable. Nous voulons parler des émissions d'obligations.

Ce mode d'augmentation des ressources d'un société fut d'abord emprunté aux grandes industries anglaises par les compagnies de chemins de fer français. Il ne date chez nous que de quelques années et déjà il a tellement pénétré dans nos mœurs que nous ne doutons pas de le voir d'ici peu généralisé et s'étendant universellement à toutes les entreprises importantes.

Les obligations sont favorables aux actionnaires, en permettant, sans augmenter le capital social, c'est-à-dire sans diminuer les dividendes attribués aux actions, de développer d'une manière continue les exploitations. D'un autre côté, elles offrent aux capitaux timorés qui craignent les chances attachées aux actions originaires, un placement sûr puisqu'il est garanti par la valeur même de l'entreprise affectée par privilége au remboursement desdites obligations. Les intérêts sont également garantis par les produits. Nous avons déjà vu la compagnie d'Aniche, émettant des obligations remboursables en 12 ans, délivrer ces nouveaux titres en paiement de dividende à ses actionnaires, qui ont pu, par ce moyen, sans diminuer leurs produits annuels, se créer en une seule année une ressource de plus de 150,000 fr.

La disposition que nous indiquons dans les statuts d'Auchy-au-Bois pourra exercer une influence analogue sur la répartition des bénéfices parmi les intéressés, en permettant de restreindre les émissions d'actions sans diminuer les ressources de la compagnie.

L'examen des statuts nous conduit également à faire remarquer une disposition dont l'insertion dans le pacte social nous paraît mériter de trouver des imitateurs. Nous voulons parler de l'inaliénabilité des actions jusqu'à la promulgation du décret de concession. En effet, si dans la plupart des circonstances toute demande en concession est favorablement accueillie par le gouvernement, il peut néanmoins arriver dans certains cas que la préférence soit accordée, en vertu de l'omnipotence absolue de l'administration, à d'autres qu'aux inventeurs de la découverte du gisement (Article 16 de la loi de 1810.) Dans ce cas la faculté pour les premiers souscripteurs de vendre ou de céder leurs actions avec des primes plus ou moins considérables, peut entraîner les cessionnaires imprudents dans des chances de pertes assez considérables. Cette réserve qu'ont faite les fondateurs de la société d'Auchy leur était également recommandée par leur position même en présence de la concurrence qui s'était établie entre les compagnies de Marles, Ferfay, Bruay et de la Lys-Supérieure, par laquelle l'existence de l'une des compagnies pouvait être sacrifiée à la nécessité de ne pas morceler outre mesure l'étendue des concessions.

Tels sont les caractères particuliers qui caractérisent l'organisation sociale de la compagnie d'Auchy-au-Bois.

Quant à ses travaux d'exploitation, ils se composent à ce jour d'une fosse en percement; la nature des charbons qu'ont indiquée les forages est exclusivement grasse dans toute l'étendue de la concession; leur qualité vaut celle des meilleures portions du bassin; quant à l'espoir d'un gisement abondant, les travaux du sondage de Bellery ont revelé la puissance de la formation houillère sur cette partie du bassin.

La production future de la concession se présente donc sous un aspect satisfaisant; mais la question qui préoccupe le plus sérieusement les concessionnaires est celle des débouchés, la vente locale ne pouvant pas d'ici beaucoup d'années présenter la chance d'une consommation considérable. Et à ce propos nous renouvelons la proposition que nous énoncions à propos de la concession de Bruay, qu'un jour viendrait où les voies de communication ne manqueraient pas aux exploitations. Le développement de l'industrie des chemins de fer tend à s'accroître de jour en jour. Depuis quelques années, la sollicitude du gouvernement s'est particulièrement étendue sur la satisfaction à donner aux nouvelles exploitations houillères qui se sont créées au milieu du département du Pas-de-Calais. Le chemin de fer projeté d'Hazebrouck à Fampoux, qui paraissait suffisant, en 1852, pour desservir les exploitations de Dourges, Courrières, Lens, Bully et Nœux, est aujourd'hui impuissant à donner les mêmes débouchés aux exploitations, situées à l'ouest de Béthune; les compagnies intéressées à se voir dotées de cette voie de communication ont adressé à l'autorité compétente leurs réclamations pour voir modifier le tracé dans le sens de leurs désirs. De nouvelles études ont été faites, de nouveaux tracés ont été proposés ; mais nous ne pensons pas que malgré tous les sentiments d'équité et de bienveillance qui animent l'administration supérieure à l'égard des houillères du Pas-de-Calais, toutes puissent obtenir immédiatement d'être reliées à la ligne du Nord par une voie de traverse. La compagnie du chemin de fer du Nord ne se lancerait pas dans une entreprise de cette nature au milieu d'une contrée ou la nature du sol présente de notables difficultés d'exécution, qui ne seraient pas compensées par une circulation suffisante de voyageurs ou de marchandises.

Un moyen reste aux compagnies houillères qui sont moins heureusement partagées sous le rapport des voies de communication, de se mettre au niveau de leurs besoins ; c'est de solliciter la création de chemins de fer départementaux ou la traction par les chevaux remplacerait la traction opérée sur les grandes lignes au moyen de machines.

Nous empruntons à un remarquable rapport de M. Davainne, ingénieur en chef des ponts-et-chaussées à Arras, des données intéressantes sur l'établissement d'un chemin de fer de cette nature à travers les houillères du Pas-de-Calais. Nous pensons que nos lecteurs verront avec intérêt les opinions émises par un homme spécial éminemment distingué, et les intéressés eux-mêmes seront convaincus que le mode de transports indiqué par l'auteur donnerait à la fois des résultats et plus prompts et plus sûrs. Déjà au reste la compagnie de Bully, dont chacun connaît l'administration intelligente et active a recours à ce système pour relier sa fosse de Bully au canal d'Aire à la Bassée, et un chemin analogue à celui que propose M. Davainne est commencé par cette cette compagnie.

Voici en quels termes était conçu le rapport présenté au conseil général du Pas-de-Calais, le 3 août 1854.

« .... Le chemin de fer ne produirait aucune amé-
» lioration sensible à l'état actuel. La raison en est,
» comme nous l'avons dit, qu'il ne trouverait pas d'élé-
» ments suffisants de prospérité. Il y a, répétons-le, pour
» les transports comme pour toute autre industrie, des
» lois naturelles auxquelles on ne peut se soustraire. On
» ne fera jamais avec économie un service d'omnibus à
» la vapeur. Il faut proportionner la puissance des
» moyens à l'importance du but que l'on se propose, sous
» peine de rendre mauvaise une opération qui eût pu
» être fort bonne d'ailleurs.

» S'ensuit-il que le centre du département doive être
» à jamais déshérité de communications économiques?
» Je ne le pense pas; je crois même qu'elles pourraient
» être d'une création immédiate; je m'explique:

» L'état de la route influe puissamment sur l'effort
» qu'exige le véhicule; le général Morin a fait à ce su-
» jet des expériences très complètes.

» Sur un accotement recouvert de 0 m. 03 c. à 0 m.
» 04 c. de gravier non frayé, la traction est du neu-
» vième de la charge.

» Sur le même accotement en bon état, du vingt-
» sixième,

» Sur un empierrement peu fréquenté, du dix-sep-
» tième de la charge,

» Sur un très bon empierrement, du quarante-troi-
» sième,

» Sur le pavé de Paris en bon état, du quarante-cin-
» quième,

» Sur un pavé en parfait état, du soixante-quatrième
» de la charge.

» On sait que sur un bon chemin de fer, il est dû deux-
» cent-quarantième, ce qui fait le cinquième de ce qu'il
» est sur un bon pavé, et le dixième de ce qu'il est sur
» une route médiocre. Concluons de là que, sur rails,
» des chevaux traîneraient de six à dix fois autant que
» sur les routes. Or, le transport par roulage coûtant
» environ 0 fr. 20 c. par tonne et par kilomètre, le
» transport sur rails, par chevaux, pourrait coûter de
» 0 fr. 02 c. à 0 fr. 04 c. C'est moins que la seule dé-
» pense du péage sur le canal d'Aire à Labassée, et
» moins que le frêt sur les canaux du Nord, qui est de
» 0 fr. 05 c. à 0 fr. 06 c.

» On dira à cela que le roulage ne paie pas la route et
» que nul ne serait disposé à construire des chemins de
» fer pour les livrer gratuitement à un roulage spécial.
» Cela est vrai. Des rails tels qu'ils conviennent pour
» ce roulage spécial coûteraient, pose comprise, de 20 à
» 30,000 fr. par kilomètre ; ils exigeraient donc par ki-
» lomètre une recette de 2 à 3,000 fr.

» On admettra bien que, sur un chemin de fer rédui-
» sant des huit dixièmes au moins la traction, les trans-
» ports ne seraient pas moindres que sur nos routes im-

» périales les mieux partagées. Or, ils y sont de cent
» trente mille tonnes par an; pour en tirer 3,000 fr., il
» faut taxer le tonneau à 0 fr. 23 c. l'un, ce qui fait re-
» venir le transport, route payée, à 0 f. 43 c. ou 0 f. 63 c.
» par tonne et par kilomètre.

» Mais il n'est pas douteux que, sur des lignes bien
» choisies, le transport ne fut beaucoup plus considéra-
» ble que la moyenne de nos routes.

» Le frêt sur ces chemins de fer serait encore compa-
» rable à celui des canaux.

» Ces chemins offrent donc le moyen de fertiliser des
» contrées jusqu'ici délaissées par les capitaux; d'y ap-
» peler la houille et les industries qu'elle alimente, et
» d'y doubler la valeur du sol.

» Ils ont sur les canaux et les autres chemins de fer
» une supériorité marquée, en ce qu'ils peuvent être di-
» rigés par tous les centres de population intermédiaires
» et passer au cœur même des villes.

» Ici se présente une autre objection; la plus grave
» de toutes. Pour faire un tel chemin avec une telle éco-
» nomie, il faut donc le placer sur les routes et jusque
» dans les rues? Sans nul doute. L'exemple en est
» donné, et la force des choses le fera passer en usage.
» Mais dira-t-on encore, pour que la traction soit réduite
» à ce point, il faut que ces chemins n'aient pas de
» pentes, ou du moins qu'ils n'aient que des pentes
» faibles. Comment alors les mettre sur nos routes et
» dans nos rues? Par certains redressements partiels, et
» c'est là l'étude vraiment utile à faire.

» Mais qui fera ces redressements partiels? Sera-ce

» l'Etat? Non probablement, quoique ce fut chose très
» désirable. Sera-ce la compagnie concessionnaire du
» chemin de fer? Cela n'est pas vraisemblable, la dé-
» pense en serait trop forte. Qui donc ? Je crois que ce
» doit être le departement. Si les fabriques se multiplient,
» si des arrondissements s'enrichissent, si les valeurs
» foncières y augmentent dans une forte proportion, le
» département y gagne. Le département a l'intelligence
» de ses besoins; il ne manque pas de ressources et il
» consacre avec une grande sagesse, chaque année, des
» sommes importantes au perfectionnement de ses voies
» de communication. Un chemin de fer de second ordre,
» tel que nous venons de le définir, serait aux chemins
» de premier ordre ce que les routes départementales
» sont aux routes impériales.

» On fait sur le chemin du Nord de dix à quinze lieues
» à l'heure, on en ferait de deux à quatre sur le chemin
» départemental. Le chemin du Nord a des stations es-
» pacées de huit kilomètres, le chemin départemental
» en aurait une dans chaque commune. Le tarif du che-
» min du Nord serait celui du chemin départemental,
» et la compagnie concessionnaire aurait comme celle
» du Nord, grand intérêt à le réduire pour aller à charge
» pleine. Ainsi, au Cours-la-Reine on monte en omni-
» bus pour 10 centimes et les deux chevaux ont souvent
» soixante voyageurs à conduire.

» La dépense d'ailleurs ne serait pas bien forte. Le dé-
» partement pourrait donner le chemin préparé. La
» compagnie y poserait la voie. Le chemin étant plus
» étroit coûterait moins qu'une route départementale

» ordinaire. Les clôtures seraient inutiles et les fossés
» seraient souvent supprimés. Je dois ajouter que j'ai
» acquis la certitude que des capitalistes sérieux s'atta-
» cheraient dans le Pas-de-Calais à l'entreprise immé-
» diate d'un réseau départemental dans les conditions
» qui viennent d'être posées. Le chemin du Nord, d'ail-
» leurs, ne pourrait voir qu'avec une très vive satisfac-
» tion l'établissement d'un réseau qui alimenterait et
» complèterait les lignes sans leur faire une ruineuse
» concurrence. »

Les sérieuses considérations développées dans le travail que nous venons de rapporter nous ont semblé de
nature à éveiller l'attention des compagnies qui n'auront
pas satisfaction de leurs intérêts dans l'établissement du
chemin de fer d'Hazebrouck à Fampoux, en même temps
que la sollicitude du conseil général et des administrations municipales; une pareille initiative trouverait
certainement des imitateurs, et ouvrirait une ère nouvelle à l'industrie des transports par terre.

Elles reçoivent surtout leur application immédiate
pour la concession d'Auchy-au-Bois qui, par suite de sa
position à l'extrémité du bassin se trouve moins favorisée que tout autre dans les projets de chemin de fer à
exécuter par la compagnie du Nord.

On comprend qu'il nous soit impossible de donner à
ce jour aucune évaluation des produits de la concession
d'Auchy, ses travaux de reconnaissance ne sont pas encore terminés, son exploitation n'est pas encore commencée. Les intéressés ne peuvent donc espérer avant

quelques années la réalisation de bénéfices qu'une administration prudente et sage se fera, au reste, un devoir de retarder jusqu'à ce que les bases de l'exploitation soient sérieusement établies, et que les travaux de développement soient arrivés au point que l'on puisse donner des dividendes annuels sans compromettre l'avenir de la société.

Le commencement des travaux de foncement d'une fosse avait été, nous l'avons dit, retardé par la prudence de l'administration de la compagnie jusqu'à l'obtention de la concession. Mais comme les capitaux nécessaires à l'exécution de ces travaux étaient depuis longtemps déjà réunis, et que par suite, la compagnie avait pu emmagasiner les approvisionnements et passer les marchés nécessaires pour leur mise en œuvre, le temps perdu pour les intéressés, pourra être promptement regagné, et les résultats atteints dans la même période que promettent les compagnies déjà en activité antérieurement.

Quant à la valeur des actions, il est également fort difficile de la déterminer bien exactement. Les titres en circulation étant à ce jour fort peu nombreux et leur émission étant encore fort récente, les transactions opérées ne permettent pas de faire une estimation moyenne des cours. Nous croyons néanmoins pouvoir dire que l'avenir et le développement toujours croissant de la consommation des houilles promettent à la concession un succès assuré.

Les intéressés sont au reste pleins de confiance dans l'administration qui s'est placée à la tête de l'entreprise, et la sagesse dont elle a fait preuve dans l'organisation sociale et la conduite des travaux jusqu'à ce jour, est un sûr garant du succès qu'elle réalisera et de la valeur croissante qui s'attachera aux titres de la compagnie.

FIN DU TOME PREMIER.

TABLE

CHAPITRE II.

CHAPITRE III.

CHAPITRE IV.

CHAPITRE V.

CHAPITRE VI.

CHAPITRE VII.

FIN DE LA TABLE DU TOME PREMIER.

PRIX DE L'OUVRAGE

...mes in-8°. — Une Carte à l'échelle du dépot de la guerre...

PRIX : 20 FRANCS.

...Il paraîtra le 15 Août. — Le Tome III paraîtra le 1er Octobre...